U0136049

文革史料叢刊第二輯

第二冊：文論類（三）

李正中　輯編

只有不漠視、不迴避這段歷史，中國才有希望，中華民族才有希望！忘記歷史意味著背叛！

——摘自「文革史料叢刊·前言」

蘭臺出版社

巴金先生說在文革

愛盡火上血磨煉

的人是不會沉默的

八十又
五叟

李正平

著名中國古瓷與歷史學家、教育家。
李正中　簡介

祖籍山東省諸城市，民國十九年（1930）出生於吉林省長春市。
北平中國大學史學系肄業，畢業於華北大學（今中國人民大學）。
歷任：天津教師進修學院教務處長兼歷史系主任（今天津師範大學）。
　　　天津大學冶金分校教務處長兼圖書館長、教授。
　　　天津社會科學院中國文化研究中心主任、研究員。
現任：天津理工大學經濟與文化研究所特聘教授。
　　　天津文史研究館館員。
　　　天津市漢語言文學培訓測試中心專家學術委員會主任。
　　　香港世界華文文學家協會首席顧問。
　　　（天津理工大學經濟與文化研究所供稿）
為加強海內外學術交流，應邀赴日本、韓國、香港、臺灣進行講學，
其作品入圍德國法蘭克福國際書展和美國ABA國際書展。

样英勇。德田球一同志转入地下的时候，宫本显治这些人仍留在地上，继续搞它的合法斗争。这时候两条路线的斗争越来越明显。一九五一年，日本共产党在地下的同志开了一次第四次全国代表会，研究日本的革命问题，会议的决议就决定日本要搞武装斗争，要建立根据地，要打游击，要建立人民解放军。到了1951年日本在地下又召开了第五次全国代表会。这个会议正式批判了在日本搞和平过渡的错误论调，这就是很有名的"五一纲领"，日本共产党叫"新纲领"。这个纲领是主张暴力革命的。一九五二年在日本共产党中央的决议里边，规定日本共产党员要好好学习毛泽东著作，象《论持久战》、《新民主主义论》、《论联合政府》这些毛主席光辉著作都列入日本共产党员的必读文件。在这以后，批判了和平过渡，党内学习了毛泽东思想，学习毛主席著作，所以一九五〇年到一九五三年日本共产党在地下工作和军事工作方面是有成绩的。在朝鲜战争的时候，日本成为美军侵朝的重要基地。这时候日本共产党就发动很多的人对美军作战的后方基地进行破坏工作，譬如说在美军的机场，派人到机场里面去，把砂子放在喷气飞机的要害部分，使飞机因事故不能起飞。或者是把飞机装炸弹的装置搞成故障，没等飞到朝鲜的时候，炸弹在日本海就脱落掉下去了不能轰炸。很多日本工人做了这样的炮弹，打出去以后不爆炸；修理飞机、坦克、军舰不能按期出厂，譬如要一个月修理好，他就怠工，想办法两个月、三个月修理不好。

为了建立根据地搞武装，日本共产党也组织了一些人向日本统治集团手里抢枪。那个时期日本报纸上也经常看到，有警察、派出所里的枪被抢走，所以这段时期，日本共产党搞暴力革命，搞武装斗争还是有成绩的。正在这种情况下，一九五一年"五一"劳动节在东京宫廷前的广场，后来日本人民叫"人民广场"，发生了一个很大的反美斗争。这次斗争就是群众初步掌握了武器，想用武器来打击敌人，当然也有急躁的情绪。最初日本共产党中央分析情况，认为这个时候搞不一定好，时机不够成熟，但是群众起来了，日共中央还是支持。当时日本人民发明一种叫"火焰瓶"，就是在啤酒瓶里面装上汽油，向吉普车上打，一打就起火，很多美军吉普车当时在广场上都烧起来。后来宫本集团就利用这个事件向左派进攻，说是"五一"劳动节的人民广场的斗争是"左倾冒险主义"。我们认为，尽管这样一个事件有这样那样的缺点，但是大方向是正确的。

那时候一些日本共产党员也是到农村，特别到深山里去搞根据地工作。我是一九五四年跟红十字代表团第一次到日本，这个代表团也是我们建国以后第一次到日本去的代表团，那时候美日反动派，还有台湾蒋介石匪帮，对我们代表团准备进行破坏，准备搞暗杀，当时日本共产党员从山里又回到城市来保卫我们。保卫我们的两个青年告诉我们："我们刚从山里来，你们走后我们还要回去！"当时是根据搞武装斗争的路线进行了革命。但是这个时候，现在的总书记，我们报纸点名的宫本显治，还有他的同谋，他的一类东西志贺义雄（尽管他俩还有矛盾）、神山茂夫这些人就跳出来反对武装斗争。他们说日本是一个资本主义发达的国家，不能搞游击战争，不能搞武装斗争，只能够用政治斗争来搞和平过渡。在德田球一同志坚持地下斗争的时候，他们听从了驻日美军的命令，驻日美军命令说你们要继续存在的话，你要向他登记。他们就向警察当局去登记。为了合法存在嘛，保命，就去登记！这样的登记，今天看来实际就是一种自首。他们在地上合法存在搞什么东西呢？不是搞革命，而是搞分裂活动，准备分裂党，实际也分裂了，五二年以后就分裂了。

一九五五年左右两派又开了一次会，因为一九五三年德田球一同志已经死掉了，这个会左右两派开实际上是有妥协的。右派就想利用这个机会把"五一纲领"否决掉。左派顶住了，但是左派在人事安排上有让步，象宫本显治、志贺义雄、神山茂夫这些人都允许他们回到了中央。这些人回到中央以后，就搞集团，就搞宗派主义，打击左派。象德田球一时代的，当时负责搞武装斗争的有个军事委员长叫治田（音），被他们撵出了中央委员会。紧接着他们就在党内搞反对德田球一的所谓"家长制"，实际上和赫鲁晓夫搞"反对个人崇拜"一个道理，而它的反对"家长制"比赫光头还早好几个月就在党内开始了。一九五六年二月，苏共开二十大，赫鲁晓夫的和平过渡，一套完整的修正主义东西出笼，三个月以后，日共就召开了六届七中全会，完全接受了苏共的二十大纲领。所以，如果说野坂参三在一九四七年和一九五〇年主张在日本搞和平过渡是修正主义贩上第一次冲击日本的话，这是第二次冲击，而且这次冲击得更厉害。

到了五八年日共开七大的时候，宫本就爬上了总书记的宝座。他上台以后就是进一步搞修正主义的纲领，很快就成立了所谓"新纲领修改委员会"。修改的核心是什么东西呢？修改的核心就是要把武装斗争的内容修改掉，搞和平过渡的纲领。从五八年就开始准备的就是现在的和平过渡纲领，但是没有通过，当时党内的左派有相当的力量，抵制住了。一直到一九六一年七月日共召开第八次代表大会，这样的纲领就通过了。这个纲领的文章一共有十六万字，又臭又长，但是如果解剖起来，两句话就说清楚了，就是搞议会斗争，搞和平过渡。它这个东西实际上是抄赫鲁晓夫的。我可以念一下赫鲁晓夫在二十大报告里所谈的东西，赫鲁晓夫夫说："工人阶级只要把劳动人民、知识分子和一切爱国力量团结在自己的周围，就可以取得议会中的稳定多数，可以把议会变成为人民的政权机关。这就意味着粉碎资产阶级的军事官仃机构，建立议会形式的新的即无产阶级人民的国家体制。"他的意思是通过议会多数就可以打碎旧的国家机器，这是违反马列主义的。宫本的和平过渡完全抄他的。宫本在他的七大纲领里怎样讲呢？他这样讲：如果能够在国会中拥有稳定的过半数，就能够把国会从反动统治的工具变成为人民服务的工具。——这个调子和赫鲁晓夫的一个样。然后依靠这种议会，成立一个民族民主统一战线的政府，就能够成为革命的政府，从根本上改变反动的国家机构，建立人民共和国。这就很清楚，宫本显治的这套东西是抄赫鲁晓夫的，所以到第八次代表大会，日共和平过渡的纲领出笼以后，宫本显治集团篡党的活动已经完全达到目的。从"五一纲领"到"六一纲领"，正好是十年，十年也是宫本集团篡党的十年。毛主席说："混进党里、政府里、军队里和各种文化界的资产阶级代表人物，是一批反革命的修正主义分子，一旦时机成熟，他们就会要夺取政权"。日本共产党现在没有政权，它有一个党权，象宫本这些人，一旦时机成熟就把党权夺掉了。所以日共修正主义不是现在才开始，两条路线的斗争由来已久，宫本是经过长期的篡党活动之后，在一九六一年已经完全修掉了。

现在有这样的一个问题，就是为什么它这样的修正主义还"反对"苏修？而且我们的报纸还报道了很多，原因是宫本集团的"反修"，不是基于马列主义的原则，而是修正主义集团内部之间的利害冲突。这个问题，过去我们的报导里没有很好的揭露我们从一九六〇年三篇文章发表以后，在一些国际会议上就已经开始反修了，就和老修斗开了。但是日共一直到一九六二年秋天，表面上还打着"不介入"的态度，对中苏的争论它"不介入"。在一九六三年二月的一个秘密会议上，宫本派还捧苏修是"共产主义"，"向共产主义前进"，"是国际共产主义运动里边的先锋队"。这是到了一九六三年，那时候我们已经大量反修文章发表了。同年五月它召开了一个五中全会，通过了一个错误的决定，调子是这么句话，很长——日本的文章有个特点，都是又臭又长，但是说出来，一句话就解决问题了。这个决议说：如果苏联破坏了原则反对中国，你中国反击它的话，你自己也破坏了原则。就是不让反击。一直到什么时候它才明显来"反修"呢？就是日共里面有一个志贺义雄成为一个派别，一九六四年赫鲁晓夫公开支持了志贺义雄这一派来反对宫本。这一下把宫本惹火了，他才开始反对苏修。但是到了赫鲁晓夫下台以后，宫本的调子很快就改变。到"九大"的时候（一九六五年十一月），他讲，只要苏修不干涉日本共产党的內政，那么日苏两党的关系恢复是可能的。一九六四年下半年以后，日共派出去的代表，在国际会议上已经公开主张和苏修搞联合行动，所以它的反修不是基于马列主义原则，而是利害冲突。苏共修正主义新领导上台以后，在作法上有些变化，所以他们很快就开始接近。

日本共产党修了以后，在一系列问题上是起了很坏的作用，破坏了日本的革命，破坏了日中友好。很多事情都是做得非常坏的，譬如一九六〇年日本人民曾经反对日美军事同盟，六〇年的五月展开了非常大的斗争，规模之大，持续之久，时间之长，在历史上是没有的。我们的《人民日报》每天一个版，都是报日本人民的斗争，形势非常好。那时候每天在东京都有几十万，在全国都有几百万工人农民去请愿，去游行示威，冲击国会。当时毛主席在上海接见日本代表的时候曾经这样评价过日本的运动的，说：看来日本人民已经找到了一个在目前反对美军在日基地，驱逐美帝国主义的一个好的办法，就是团结一切可以团结的力量，同美帝国主义作斗争。原话我现在背不下来，是这么个意思。这个谈话当时我们报过。毛主席对日本人民的斗争是高度评价的。宫本集团当时虽然一九六一年的纲领还没有通过，可是实际上它已经是那样干了，就是用它和平过渡的纲领来指导运动，它就限制日本人民的斗争，强调什么秩序井然的斗争。毛主席教导我们说："革命不是請客吃飯，不是做文章，不是繪画绣花……。"它要秩序井然的，实际要绣花式的运动。譬如一个学校或者一个团体要示威游行，要先到日本警察局去备案，然后按照日本警察局规定地点去排队，去游行。游行为几个行列，都给你规定，这样来进行"革命"也就是請许可的革命。在这样轰轰烈烈的群众运动面前，宫本集团吓破了胆，怕群众运动起来以后，惹起美日反动派的鎮压，它也不能合法存在了，它的议会迷梦也做不成了，实际上是怕革命，所以多方面限制日本人民。当时有些日本青年非常爱国，热血青年冲击日本国会，和日本警察赤手空拳地、激烈地搏斗。东京大学有一个女学生叫华美智子，在冲击国会的时候在警察的警棍下被打死。毛主席曾经说：華美智子是世界人民的日本民族英雄。当时象这样一个民族英雄却被宫本集团打成"托派反革命"，所以它也是执行资产阶级反动路线，（笑声）把群众打成"反革命"。后来它不让我们作报道，甚至我们访问日本的代表团和华美智子的父母接触他们都想办法破坏。但是，这一次在文化大革命的浪潮里面，我们给华美智子平了反，就是在六月二十日《人民日报》上，我们又对华美智子这个日本民族英雄报道了。青年人冲击力大，革命性强，日本反美斗争是那样有希望的运动，日修就是把华美智子打成"反革命"，看你还敢不敢干，日本各县的县委会，象山口县当时提出了批评意见，说你这样做是右倾机会主义，它就向山口县施加压力。日本的一些记者，就是秘密的日共党员，在这场斗争里边和群众一起斗争，有的记者一边和警察搏斗，一边采访。我就看过一个录音记者，他的头已经打出血来，还是拿着录音机录现场情况，而且向日本警察提出抗议。但是，日修却让日共那些进步的记者写"检讨"。日修就是用这些办法把当时日本人民反美斗争的烈火压下去，起了消防队的作用。

现在日共宫本集团领导的群众运动是什么样子呢？就是一点没有阶级斗争的内容，也没有反美内容，虽有反美口号，实际上没有內容，就象我们过去庙会一样，大家打着旗，穿着形形色色奇怪的衣服到那里去哄一顿，而且是按照警察的指挥。警察说你们那个那个学校的，你们的旗打得太高了，要下降一点！他就把旗下降一点。说是你们口号声音喊得太响，声音要小一点！他就小一点，完全听日本警察的指挥。这样一个反美运动，只能够当日本资产阶级议会民主的一个装饰品，是为日共拉选票的一个运动，根本不是什么反美运动。所以日本反动政府对日共所组织的群众运动非常放心，它只要去两个警察到那里去指挥就完了。资产阶级的左翼——日本社会党，它有时组织游行还敢和警察干、打，所以社会党组织游行警察还出动几十人，几辆警车在那里警戒，日共组织的游行它就去几个警察指挥就行了。

对于群众运动，宫本集团所起的破坏作用，是美日反动派的刺刀所起不了的。譬如日中友好运动也是这么一个问题。因为美帝国主义是中日两国人民的共同敌人，所以日中友好运动实际上是两国人民互相鼓舞来共同反对美帝国主义，很多反美斗争里面的积极分子也是日中友好运动里面的积极分子。宫本集团为了破坏日本人民的革命，它的黑手也伸进日中友好运动里去。它首先是反对毛主席，它怕毛泽东思想就象老鼠怕见阳光一样，非常的害怕，恶毒地攻击，限制它的党员不准读毛主席著作。日共的党刊《赤旗报》，现在日本的朋友不叫《赤旗报》，叫《黑旗报》，登载世界各地还有日本国内的电台的波长，最近一年以来北京电台的波长它就不登，它怕日本党员来收听北京电台。另外还讲，中国革命经验具有特殊性，日本还要走日本的道路，用这个办法来诋毁毛泽东思想的普遍真理。同时打起"独立自主"的牌子，我不倾向于苏联，我也不倾向于中国，我是"独立自主"。但是，马列主义和修正主义之间就没有一个独立自主，要末就是马列主义，要末就是修正主义。另外就是破坏和攻击我们的文化大革命，我们的文化大革命怎么样坏，这些坏话，我们不替他传播了，不讲了。特别恶劣的是它散布谣言，说这场文化大革命呀将来刘少奇还会起来。他在党内就这样散布去年运动起来不久的时候，它就这样讲，说一两个月以后刘少奇还会起来，一两个月过去了，他就讲半年、一年，现在又说将来。当时有很多党员——左派党员说你这样对中国共产党不友好是不行的，破坏了两党的关系。它就讲，只要刘少奇再上台，两党关系还会好。他用这个方法安抚他的党员，现在他所说的一年已经过去了，我们的文化大革命取得全面胜利，它的谎言也破产了。

它也准备对于在中国的日本留学生学苏修那个办法，苏联不是撤了专家吗？撤退留学生，他只是作准备，有些学生还不回去，它作准备，秘密调查那些留学生对中国是什么态度，对那些问题什么态度，今天换句话说是写黑材料，准备回国以后迫害。去年夏天以后准备搞第二次青年友好大联欢，日修就把它破坏掉了，深怕我们红卫兵小将造反精神影响日本青年。

去年冬天，我们在日本举行了一次经济贸易展览会。我们建国十七年来的经济建设成就都是毛泽东思想的胜利，当然我们要到展览会上宣传毛泽东思想。由于一开始展览会是日修帮助我们作了些筹备工作，它就利用这样的机会来反对，说是你们不能在展览会上来搞政治宣传，这种谬论让咱们给顶了。日修就派一些爪牙到展览会里边企图搞破坏活动。在北九州展览的时候，它搞汽油准备烧东西，这时候山口县有五十多个青年骑着机器脚踏车赶到现场将这些人揪走了，他们说："我们就是日本的红卫兵。"到了今年三月，日修又搞了一个善邻学生会馆事件。我们在东京有一个学生会馆，叫善邻学生会馆，就是我们的留学生在那里住。他们在那里挑起武斗，当然我们的华侨学生本着文攻武卫的精神，和他们打的也很厉害。当时日共中央委员到现场去指挥，煽动资产阶级民族情绪，打伤了很多华侨青年，有的青年头骨都被打塌下去。这些青年在昏迷不醒的时候，手里还拿着毛主席语录，和他们斗争的时候就是口念下定决心，不怕牺牲，排除万难，去争取胜利。一边喊着口号，一边就文攻武卫。善邻会馆这个事件，它完全仿照莫斯科打我们留学生一样的办法来反华，这是中日人民往来史上没有的。当时它有一个阴谋，它知道我们国际上也是支左的，我们支持日本的左

了大动荡、大分化、大改组的局面。

紧接着在日本的进步团体里边也都分化。刚才提到日中友好协会（正统）总部就是为了区别原来的那个东西，因为日本原来的进步团体都是日共所领导，后来被它控制，这些人现在起来造反。十月，日中友好协会一批造反出来的成立了正统总部，然后在贸易界，新闻界也都起来成立了组织。这些组织有一个特点，他们都是高举毛泽东思想伟大红旗，活学活用毛主席著作，很多组织都是学一点用一点，指导他们的斗争，这一点很可贵。去年以前我们看到日本也有一些知识分子、教授向我们新华社记者发表谈话，谈到毛主席著作的意义，但是他们多数并不执行，讲完以后，不触及灵魂。（笑声）现在的造反派起来造反 那 是 活 学活用，譬如来北京演出的"齿轮座"——这个"座"就是"剧团"的意思，齿轮"座"就是齿轮剧团——这个齿轮座就是根据毛主席在延安文艺座谈会上的光辉著作来指导 他 们 的 艺术创造，指导他们演出。一开始他们组织剧团到小城市演出，有一个时期他们走上了大、洋、古的路线，也不下乡。后来他们又一次学习了毛主席的延安文艺座谈会上的文章，学习为工农服务，（当然日本不能为兵，它的兵还是统治阶级的工具）。他们再次下乡，到那里去也是"三同"，同老乡一块劳动，然后从工人、农民中吸取了很多宝贵的材料，编了很多好的剧本。他们的剧团所以能取得今天这样的成绩，主要就是活学活用毛主席著作，每天都学。现在演话剧的时候，一开始就是毛主席语录，每一个场中间念毛主席语录。还有很多例子，譬如左派纷纷造反，要求声明退出日共，日共就骂他："你是中国的盲从！你是……"骂得不象话。他就说，被敌人反对是好事而不是坏事。（笑声）他就念那一段语录：**对我們來說，一个人，一个党，一个軍隊，或者一个学校，如若不被敌人反对，那就不好了，……**。有一个老工人，他出于对毛主席的热爱，推销毛主席著作和语录，包括我们的《人民中国》——《人民中国》里面有些文章也是介绍主席思想。老板发现以后还没有怎么限制他，后来日修发现了，通过老板调他去烧锅炉，他原来是一般工人，因为烧锅炉只有一个人，他就没法推销了。用这个办法来破坏。但是，这个老工人就是念主席的语录，他念：**下定决心，不怕牺牲，排除万难，去爭取勝利**。他每天利用业余时间照样去卖，而且比以前卖得多，就这样来传播革命的道理，鼓舞人民的斗争。

现在日本有很多学习毛主席著作学习小组，这有非常深远的战略意义。和宫本集团搞议会斗争针锋相对，现在日本的革命左派开始考虑武装斗争的问题。我们说搞不搞议会斗争，搞不搞武装斗争，这是马列主义和修正主义的分水岭。（这里有一个纸条说，《参考消息》上提到"东方社"是什么样性质的通讯社？这个"东方社"和新华社有非常的战斗友谊。这个社长我和他来往的比较密切，这个人去年六月参加了亚非作家北京紧急会议，我们谈得很多，回去以后就造了反，成立了"东方社"。他现在替新华社发消息，我们报纸上看到的新华社东京电，这就是我们记者写的，新华社北京电东京消息，多半是"东方社"写的，有的我们就干脆"据东方社报道"。）去年日共在召开"十大"的时候，大谈"和平过渡"，日本的革命左派就发表声明，说是毛主席"**槍杆子里面出政权**"这个真理是非常重要的，毛主席教导我们："**革命的中心任务和最高形式是武裝夺取政权，是战爭解决問題。这个馬克思列寧主义的革命原則是普遍地对的。不論在中國在外國，一概都是对的。**"这在日本也是对的。今天日本的左派还都分散，还没有大联合，革命的核心还没有产生，还是在 分 散 的 造反，但是有了毛泽东思想，找到了日本革命的正确道路之后，这个联合很快就会实现，因为大方向是一致的。现在他们的左派已经警惕了这个问题，就是现在既然造了宫本集团的反，今后不搞武装斗争，将来还可以变成修正主义 。 左派今天自己已经觉悟到这个问题，但是有个别人认为日本是不是能搞武装斗争？刘少奇就有谬论嘛，刘少奇说有三个不能搞武装斗争：一个是国家小不能搞武装斗争；一个是国家交通非常发达不能搞武装斗争；一个是不和社会主义国家邻壤的不能搞武装斗争。刘少奇是修正主义，按照他的道理，非洲的武装斗争不能搞，离我们那么远。非洲有些比较小的国家，象坦桑尼亚、莫三鼻给这些国家很小，但照样搞武装斗争。日本也是这样，日本的面积大概三十七万平方公里，地形是又细又长，这么个岛屿，九千多万人口在那里住，交通是比较发达的，如果按照刘少奇的道理就不能搞武装斗争。我们说要按照毛主席的道理，按照毛主席的英明论断，"枪杆子里面出政权"。要搞武装斗争。日本的森林、山地占百分之七十，海岸线比较长，有二万六千公里。有森林，有那样长的海岸线，因此就有发展武装斗争的回旋余地。我们说日本武装斗争的道路非走不可；不搞武装斗争，人民始终不能掌握政权。日本人民掌握武装斗争，毛主席思想掌握早一天，日本的革命就会早来一天，一定是这个道理。现在的左派还没有联合起来，但是很快会联合起来，他们对于我们的文化大革命跟得很紧，譬如北京市成立革命委员会，我们新华社收到消息第一个是日本的。我们头一天成立北京市革命委员会，他们第二天就举行庆祝会，消息就来了，非常关心。我们说革命左派大联合，他们也说要大联合，我们说那里成立造反团，他们有的也成立造反团，跟得很紧，说明我们文化大革命毛泽东思想对日本人民的影响是很快的，能接受的，特别他们掌握了活学活用毛主席著作，学一点用一点的道理。所以日本现在的形势是空前的好。

宫本集团做了那么多坏事，破坏了日本的革命，破坏了日中友好，搞议会道路，也搞麻痹工人阶级；搞阶级调和，这些事情，如果我们从毛主席关于反面教员的真理来看，也并不是坏事，它为日本人民提供了大批判的反面教材。日本左派现在就批判它，这个坏事可以变成好事。五十多年前第二国际叛徒考茨基搞和平过渡，"和平长入社会主义"，反对列宁的俄国革命道路，搞了很多谬论，但是考茨基的谬论为俄国人民提供了大批判的材料。列宁彻底批判了考茨基，在这个过程为俄国革命奠定了基础。抗日战争的时候，我们党内出了王明路线，右倾机会主义路线，那就是要把一切统一在蒋介石底下，要完全归他领导。毛主席领导全国人民，全党彻底批判粉碎了王明路线，为我们的抗日战争、解放战争的胜利奠定了基础。今天宫本集团正在向日本人民提供反面教材，日本左派已经兴起了，继续进行大批判。完全有理由可以相信，当日本人民彻底批判了宫本集团，真正掌握起毛泽东思想，那么日本革命的高潮一定能够到来！

附　　记

日本革命左派同宫本修正主义集团决裂之后，先后有山口、佐贺、爱知、福冈、兵库、大坂、京都、福岛、千叶等府县成立了日共左派的府、县委员会。最近，又成立了东京都和神奈川县日共（左派）筹委会。

一九六八年四月三十日

（这是新华社一位同志的讲话，本刊根据济南军区政治部联络部稿翻印、本刊对个别字句略有删节）

最高指示

> 党組織应是无产阶级先进分子所組成，应能領导无产阶级和革命群众对于阶級敌人进行战斗的朝气蓬勃的先鋒队組織。

> 我們现在思想战綫上的一个重要任务，就是要开展对于修正主义的批判。

更高地举起毛泽东思想伟大紅旗
彻底批判中国赫鲁晓夫的修正主义建党路綫

天津市革命委员会政治部组织组印
一九六八年十月

前　　言

无产阶级文化大革命，是一次伟大的整党运动。毛主席教导我们："党组织应是无产阶级先进分子所组成，应能领导无产阶级和革命群众对于阶级敌人进行战斗的朝气蓬勃的先锋队组织。"这是我们整党建党的伟大纲领。

毛主席还教导我们："**既要革命，就要有一个革命党。**"中国共产党是由当代最伟大的马克思列宁主义者、我们心中最红最红的红太阳毛主席亲自缔造和培育的伟大的、光荣的、正确的党。在长期革命斗争的伟大实践中，我们党的伟大领袖毛主席对党的性质、指导思想、纲领路线、奋斗目标、组织原则、党内斗争等一系列重大问题，作了最科学、最完整、最精辟、最透彻的论述，创造性地、全面地、划时代地继承和发展了马克思列宁主义的建党学说。

中国赫鲁晓夫，长期以来推行了一整套修正主义建党路线，恶毒地攻击我们的伟大领袖毛主席，攻击我们党的指导思想——光焰无际的毛泽东思想，散布阶级斗争熄灭论，否定无产阶级专政，拼命鼓吹"全民党"，"生产党"，"福利党"，掩盖党内两条路线斗争，散布"党内和平论"；歪曲和破坏民主集中制，宣扬奴隶主义的"驯服工具论"，竭力反对群众路线，镇压革命群众；用伪装起来的资产阶级利己主义的世界观毒害共产党员和革命群众。其根本目的，就是要从政治上、思想上、组织上篡党，妄图使我们党演变成为他们复辟资本主义的工具。

毛主席最近指示我们："建立三结合的革命委员会，大批判，清理阶级队伍，整党，精简机构、改革不合理的规章制度、下放科室人员，工厂里的斗、批、改，大体经历这么几个阶段。"在斗、批、改中，要把整党、建党，放到非常重要的地位。

为了从政治上思想上整顿党的组织，加强党的建设，我们选录了伟大领袖毛主席和他的亲密战友林副主席有关整党建党的指示，以供学习。同时还把中国赫鲁晓夫的修正主义建党路线黑话摘录示众（所摘黑话，凡有△记号的是党内另一个最大走资派讲的），以供批判。另外，我们还把中国赫鲁晓夫在天津的代理人反革命修正主义分子万晓塘、张淮三的修正主义建党路线黑话，摘录示众，以供批判。

坚持无产阶级专政下的革命，最重要的是要开展无产阶级文化大革命

阶级斗争并没有结束。无产阶级和资产阶级之间的阶级斗争，各派政治力量之间的阶级斗争，无产阶级和资产阶级之间在意识形态方面的阶级斗争，还是长时期的，曲折的，有时甚至是很激烈的。

《关于正确处理人民内部矛盾的问题》人民出版社版第二六——二七页

阶级斗争、生产斗争和科学实验，是建设社会主义强大国家的三项伟大革命运动，是使共产党人免除官僚主义、避免修正主义和教条主义，永远立于不败之地的确实保证，是使无产阶级能够和广大劳动群众联合起来，实行民主专政的可靠保证。不然的话，让地、富、反、坏、牛鬼蛇神一齐跑了出来，而我们的干部则不闻不问，有许多人甚至敌我不分，互相勾结，被敌人腐蚀侵袭，分化瓦解，拉出去，打进来，许多工人、农民和知识分子也被敌人软硬兼施，照此办理，那就不要很多时间，少则几年、十几年，多则几十年，就不可避免地要出现全国性的反革命复辟，马列主义的党就一定会变成修正主义的党，变成法西斯党，整个中国就要改变颜色了。

转引自《关于赫鲁晓夫的假共产主义及其在世界历史上的教训》，一九六四年七月十四日《人民日报》

无产阶级对资产阶级斗争，无产阶级对资产阶级专政，无产阶级在上层建筑其中包括在各个文化领域的专政，无产阶级继续清除资产阶级钻在共产党内打着红旗反红旗的代表人物等等，在这些基本问题上，难道能够允许有什么平等吗？……我们对他们的斗争也只能是一场你死我活的斗争，我们对他们的关系绝对不是什么平等的关系，而是一个阶级压迫另一个阶级的关系，即无产阶级对资产阶级实行独裁或专政的关系，而不能是什么别的关系，例如所谓平等关系、被剥削阶级同剥削阶级的和平共处关系、仁义道德关系等等。

转引自中国共产党中央委员会一九六六年五月十六日《通知》，一九六七年五月十七日《人民日报》

党内一小撮走资本主义道路的当权派，就是资产阶级在党内的代表人物。他们"是一批反革命的修正主义分子，一旦时机成熟，他们就会要

宣扬阶级斗争熄灭论，破坏无产阶级文化大革命

现在我们的国家已经组成了。这个国家机构有两条任务：一条是实现专政，另一条是组织社会生活。第一条任务愈来愈小了，不是愈来愈大了。阶级斗争基本结束，反革命分子少了，刑事犯也少了，所以国家专政的机构可以缩小，……今后国家最重要的任务是组织社会生活。

《在各省、市委组织部长会议上的讲话》（一九五六年十二月四日）

社会主义制度要注意调整，阶级已基本消灭了，就不应该强调阶级斗争。

△《在清华大学的讲话》（一九五七年一月十二日）

现在我国人民和党的主要任务，就是尽快的发展生产力，尽可能高速度的发展工农业生产，这是一切工作的任务。现在我们所作的一切工作，是如何尽快的发展生产力。

《在四川省劳动工资座谈会上的报告》（一九五八年四月二十五日）

按：党内两个最大的走资派，历来就是反对无产阶级革命和无产阶级专政的老机会主义者。在民主革命时期，他们就为巩固国民党蒋介石的反动统治而效劳，妄图把共产党变为大地主大资产阶级的附属品，葬送中国革命。在社会主义革命时期，他们鼓吹"阶级斗争熄灭论"，妄图"缩小"国家专政机构，阴谋把无产阶级的先锋队组织篡改为"生产党"、"福利党"，实际上是要把她变成修正主义的党，以便复辟资本主义，对无产阶级实行资产阶级专政。

写大字报的人就是打着红旗反红旗，大字报谁都能利用，写大字报的人很可疑……

一九六六年六月二十一日对刘××的指示，转引自中共中央党校无产阶级革命派编印的资料

现在出现了假左派真右派和我们激烈地争夺领导权，破坏性很大，对此方针是，坚决揭露，分化、瓦解，把头子孤立起来，在适当的时候是要反击的。

夺取政权、由无产阶级专政变为资产阶级专政"，我们要巩固无产阶级专政，就必须充分注意识破"睡在我们的身旁"的"赫鲁晓夫那样的人物"。

> 转引自一九六七年十一月六日《人民日报》、《红旗》杂志、《解放军报》编辑部文章：《沿着十月社会主义革命开辟的道路前进》

无产阶级专政下继续进行革命，最重要的，是要开展**无产阶级文化大革命**。

> 转引自一九六七年十一月六日《人民日报》、《红旗》杂志、《解放军报》编辑部文章：《沿着十月社会主义革命开辟的道路前进》

可是在五十多天里，……站在反动的资产阶级立场上，实行资产阶级专政，将无产阶级轰轰烈烈的文化大革命运动打下去，颠倒是非，混淆黑白，围剿革命派，压制不同意见，实行白色恐怖，自以为得意，长资产阶级的威风，灭无产阶级的志气，又何其毒也！

> 《炮打司令部》（一九六六年八月五日）

必须坚持社会主义道路，为在中国和全世界实现共产主义而奋斗

每个共产党员须知，中国共产党领导的整个中国革命运动，是包括民主主义革命和社会主义革命两个阶段在内的全部革命运动；……而一切共产主义者的最后目的，则是在于力争社会主义社会和共产主义社会的最后的完成。

> 《毛泽东选集》第二卷第六四六页

科学共产主义有它确切的涵义。根据马克思列宁主义，共产主义社会是彻底消灭了阶级和阶级差别的社会，是全体人民具有高度的共产主义思想觉悟和道德品质的社会，是全体人民具有高度的劳动积极性和自觉性的社会，是具有极其丰富的社会产品的社会，是实行"各尽所能，按需分配"的原则的社会，是国家消亡了的社会。

> 转引自《关于赫鲁晓夫的假共产主义及其在世界历史上的教训》，一九六四年七月十四日《人民日报》

我们共产党人从来不隐瞒自己的政治主张。我们的将来纲领或最高纲领，是要将中国推进到社会主义社会和共产主义社会去的，这是确定的和毫无疑义的。我们的党的名称和我们的马克思

对于假左派要坚决揭露，他们实际上是要夺权，免不了有些混战的场面。这是几种原因造成的。有从敌人来的，有从假左派来的，……凡是混战的地方，还是把假左派，真右派打退……。

> 一九六六年六月的指示，转引自中共中央党校无产阶级革命派编印的资料

你们不是无产阶级左派吗？你们的目的不就是解放全人类吗？所谓全人类就包括地、富、反、坏、右五类分子。这些人不多，这些人不解放，无产阶级自己也就不能最后解放。……解放全人类也包括这些反动派，他们也解放。

> 《在听取北京师范大学一附中工作组汇报时的讲话》（一九六六年七月十一日）

取消社会主义革命，兜售假共产主义黑货

党员的任务是为巩固新民主主义制度而奋斗。

> 《在中国共产党第一次全国组织工作会议上的报告》（一九五一年三月）

党章条文中不必加为共产主义奋斗，因为农民入党也不懂这几个字。要求过高！

> △《解释关于修改党章的报告时的讲话》（一九五六年十月十二日）

明年全国平均每人口粮可有二千斤，这已经是共产主义因素了。一九六三年开始，住房子、穿衣都可以作到"各取所需"，这就是共产主义！……主要是在主要生活资料方面作到"各取所需"就可以是共产主义。

> 《在接见某国共产党代表团团长时的谈话》（一九五八年十月十二日）

现在苏联的情况当然已与那时不同，那里已经什么都变得很漂亮了。人民在一起常讲生活，女人搽胭脂，抹口红，戴宝石戒指……等等。

> 《对留苏学员的讲话》（一九五三年七月二十九日）

又如物质刺激，我们革命都靠物质刺激。……社会主义建成后，就靠物质刺激走向共产主义。

> △《接见印尼〈人民日报〉代表团和越南〈学习〉杂志代表团的谈话》（一九六四年九月二十八日）

现在，在新民主主义当中，你们这些资本家可以充分发挥你们的积极性，将来过渡到社会主

主义的宇宙观，明确地指明了这个将来的、无限光明的、无限美妙的最高理想。

《毛泽东选集》第三卷第一〇五九页

社会主义阵营是国际无产阶级和劳动人民斗争的产物。社会主义阵营不仅属于社会主义各国人民，而且属于国际无产阶级和劳动人民。必须真正实行"全世界无产者联合起来"和"全世界无产者和被压迫民族联合起来"的战斗口号，坚决反对帝国主义和各国反动派的反共、反人民、反革命的政策，援助全世界被压迫阶级和被压迫民族的革命斗争。

转引自《关于赫鲁晓夫的假共产主义及其在世界历史上的教训》，一九六四年七月十四日《人民日报》

如果社会主义国家在对外政策上实行民族利己主义，甚至热中于同帝国主义合伙瓜分世界，那就是蜕化变质，背叛无产阶级国际主义。

转引自《关于赫鲁晓夫的假共产主义及其在世界历史上的教训》，一九六四年七月十四日《人民日报》

义的时候，怎么办呢？……将来召集大家来开个会，讨论怎样转变为社会主义，大家一定不会皱着眉来，一定是眉笑眼开的来开会。

《在工商业家座谈会上的讲话》（一九四九年四月二十日）

按：党内两个最大的走资派所鼓吹的"社会主义"、"共产主义"是些什么货色呢？不要多加说明，一眼就看出是赫鲁晓夫"土豆烧牛肉"的假共产主义的翻版，是资本家"眉笑眼开"的"社会主义"，是老修正主义的"和平长入社会主义"的活标本。对于这样的"社会主义"、"共产主义"，必须彻底砸烂！

我们希望目前世界上这三种主义——社会主义、资本主义、民族主义的国家和平竞赛，从易北河到十七度，从十七度到三八线来个"黄河为界"，人不犯我，我不犯人。

△《在清华大学的讲话》（一九五七年一月十二日）

我们希望世界其他国家不要妨碍我们；如能在互利的条件下援助我们，那就更好。……至于外国是否搞社会主义、共产主义，那是它们的事情，我们不干涉人家内政。

《同外宾谈话》（一九六一年九月）

按：中国赫鲁晓夫在这里竭力鼓吹民族利己主义。他所说的"世界其他国家"，是指资本主义国家和修正主义国家。他要这些国家来"援助"我们，可见他的所谓"共产主义"就是卖国主义。

（三）中国共产党应是无产阶级先进分子所組成，应能領导无产阶级和革命群众对于阶级敌人进行战斗的朝气蓬勃的先鋒队組織

必须按照无产阶级先锋队的要求来整頓党，建设党

党组织应是无产阶级先进分子所組成，应能领导无产阶级和革命群众对于阶级敌人进行战斗的朝气蓬勃的先锋队组织。

转引自《人民日报》、《红旗》杂志、《解放军报》一九六八年元旦社论

既要革命，就要有一个革命党。没有一个革命的党，没有一个按照马克思列宁主义的革命理论和革命风格建立起来的革命党，就不可能领导工人阶级和广大人民群众战胜帝国主义及其走狗。

《毛泽东选集》第四卷第一三六〇页

党是无产阶级的先锋队和无产阶级组织的最高形式，……

转引自《毛泽东同志论教育工作》，人民教育出版社版第六六页

共产党員应是阶级斗爭的先鋒战士

你们要关心国家大事，要把无产阶级文化大革命进行到底！

毛主席会见首都革命群众时的讲话（一九六六年八月十日）

每个共产党员入党的时候，心目中就悬着为现在的新民主主义革命而奋斗和为将来的社会主义和共产主义而奋斗这样两个明确的目标，……

《毛泽东选集》第三卷第一〇五九——一〇六〇页

必须注意有步骤地吸收觉悟工人入党，扩大党的组织的工人成份。

《为争取国家财政经济状况的基本好转而斗争》（一九五〇年六月六日），人民出版社版第九页

（三）中国赫鲁晓夫抹煞党的阶级性，妄图把我們的党篡改为"全民党"

抹煞党的阶级性，鼓吹"全民党"的反动謬論

我们的党是群众的党，是人民的党……

《关于建党中的几个问题的报告》（一九四四年十月二十三日）

什么是党性，党性就是人性。

《关于建党中的几个问题的报告《（一九四四年十月二十三日）

中国党是中华民族最聪明的优秀的男女組織起来的。

《中国革命的战略与策略》（一九四一年）

我们的党是代表一切人們的希望与光明的。

△《在西南地区紀念"七一"大会上的报告》（一五一年六月二十五日）

妄图把共产党員溶化为埋头生产，不問政治的所謂"好人"

我们的党员，团员和革命知識分子，都要下苦功学习，認真鑽研业务，良好地掌握各种专門技术和科学知识。

《在北京各界庆祝十月社会主义革命四十周年大会上的讲话》（一九五七年十一月）

有一个人向我吹牛皮，说他自己会做人。但是他同他的父亲，同他的老婆，同他的弟兄，同他的朋友都吵得一塌糊涂。我問他："你是人家的儿子，丈夫，哥哥，朋友，你不会做一个好儿子，好丈夫，好哥哥，好朋友，你怎么能做一个好人呢？"其实，他說会做人是空的。做一个好人不是空的，做一个好党员也不是空的。

《论党员在组织上和纪律上的修养》（一九四一年）

共产党员的先锋作用和模范作用是十分重要的。共产党员在八路军和新四军中，应该成为英勇作战的模范，执行命令的模范，遵守纪律的模范，政治工作的模范和内部团结统一的模范。

《毛泽东选集》第二卷第五一〇页

见群众不宣传，不鼓动，不演说，不调查，不询问，不关心其痛痒，漠然置之，忘记了自己是一个共产党员，把一个共产党员混同于一个普通的老百姓。

《毛泽东选集》第二卷第三四八页

纯洁我们党的队伍，把钻进党内的阶级敌人清洗出去

共产党必须扩大自己的组织，向着真诚革命、信仰党的主义、拥护党的政策、并愿意服从纪律、努力工作的广大工人农民和青年积极分子开门，使党成为一个伟大的群众性的党。

《毛泽东选集》第二卷第五一二页

在这种大量吸收政策之下，毫无疑义应该充分注意拒绝敌人和资产阶级政党派遣进来的分子，拒绝不忠实的分子。对于这类分子的拒绝，应取严肃的态度。这类分子已经混进我们的党、我们的军队和政府者，则应依靠真凭实据，坚决地有分别地洗刷出去。

《毛泽东选集》第二卷第六一二页

严禁地主富农分子混入农民协会和贫农团。

《毛泽东选集》第四卷第一二八一页

钻进来的反革命分子、地主富农和其他坏分子，都要开除党籍。

《农村社会主义教育运动中目前提出的一些问题》（一九六五年一月）

对于叛徒，除罪大恶极者外，在其不继续反共的条件下，予以自新之路；如能回头革命，还可予以接待，但不准重新入党。

《毛泽东选集》第二卷第七六五页

……不可因为大胆发展而疏忽对于奸细分子和投机分子乘机侵入的警戒。

《毛泽东选集》第二卷第五一二页

在我们党内是中国最好的人，中国的好人有很大一部分都集中到我们党内来了。……在党外还有很多优秀的人物，甚至还有很多更好人，比我们共产党员还要好，但是没有进来。

《在中国共产党第一次全国组织工作会议上的报告》（一九五一年三月二十八日）

按：共产党员应该怎么样发挥先锋作用和模范作用？在这个重大问题上，党内两个最大的走资派，一贯宣扬"党的主要任务就是尽快地发展生产力"，要"围绕生产和中心工作建党"。只要在"生产上"、"业务上"能起模范作用，做个"好人"，以此来磨灭共产党的党性和革命性，诱使广大共产党员充当其资产阶级反动路线的工具。

招降纳叛、结党营私，明目张胆地为阶级敌人混入党内提供"合法"地位

工商界有几个参加共产党好不好？有点榜样，搞几个。……你资本家也当了，也没有整你，又入了党，则更好了。

《与王光英一家的谈话纪要》（一九六〇年一月三十一日）

支部内如有地主、富农党员，要洗刷，如果他不愿意出党，则调到外省当党员。

《在全国土地会议上的报告》（一九四七年八月）

东北有一万富农党员也不可怕。

《对东北农村工作的指示》（一九五〇年一月十三日）

过去自首过，以后工作很好……是不是可以加入党？我想可以。这条不解决，要利用自首过的人就不可能。

《关于建党中的几个问题的报告》（一九四四年十月二十三日）

有自首变节行为的人，也可以选为中央委员。

《在"七大"期间讨论党章时的讲话》（一九四五年四月）

还有的同志问，以前是叛徒，现在他有部队要带过来要不要？我说要好，要他立功，至于他要党籍，你告诉他，这会立功了，以后再建功，党籍可以考虑。

《关于建党中的几个问题的报告》（一九四四年十月二十三日）

我刚才讲了，那么这样做是不是要做错一些？是不是特务也要混进来呢？是不是奸细也要混进来呢？那是一定要混进来的，要混进多少来，多少要混进来的。即使这样，所以要混进来那有什么办法？没有办法不让他们混进一点来。

《关于建党中的几个问题的报告》（一九四四年十月二十三日）

搞田汉的变节问题干什么？你是抓大是大非，还是抓历史问题。

△《在中央书记处会议上的讲话》（一九六五年三月三日）

（四）我们的党是从两条路綫斗争中发展壮大起来的

党内斗争是社会阶级斗争在党内的反映，中国共产党是在两条路线斗争中发展壮大起来的

党内不同思想的对立和斗争是经常发生的，这是社会的阶级矛盾和新旧事物的矛盾在党内的反映。

《毛泽东选集》第一卷第二九四页

共产党内正确思想和错误思想的矛盾，如前所说，在阶级存在的时候，这是阶级矛盾对于党内的反映。这种矛盾，在开始的时候，或在个别的问题上，并不一定马上表现为对抗性的。但随着阶级斗争的发展，这种矛盾也就可能发展为对抗性的。

《毛泽东选集》第一卷第三二三页

历史告诉我们，正确的政治的和军事的路线，不是自然地平安地产生和发展起来的，而是从斗争中产生和发展起来的。一方面，它要同"左"倾机会主义作斗争，另一方面，它又要同右倾机会主义作斗争。不同这些危害革命和革命战争的有害的倾向作斗争，并且彻底地克服它们，正确路线的建设和革命战争的胜利，是不可能的。

《毛泽东选集》第一卷第一七九页

不是东风压倒西风，就是西风压倒东风，在路线问题上没有调和的余地。

《文汇报的资产阶级方向应当批判》一九五七年七月一日《人民日报》

一九二七年中国大资产阶级战败了无产阶级，是通过中国无产阶级内部的（中国共产党内部的）机会主义而起作用的。当着我们清算了这种机会主义的时候，中国革命就重新发展了。

《毛泽东选集》第一卷第二九一页

修正主义是一种资产阶级思想。修正主义者抹杀社会主义和资本主义的区别，抹杀无产阶级专政和资产阶级专政的区别。他们所主张的，在实际上并不是社会主义路线，而是资本主义路线。在现在的情况下，修正主义是比教条主义更有害的东西。我们现在思想战线上的一个重要任务，就是要开展对于修正主义的批判。

《在中国共产党全国宣传工作会议上的讲话》人民出版社版第二〇——二一页

从党内一小撮走资本主义道路当权派手里夺权，是在无产阶级专政条件下，一个阶级推翻一个阶级的革命，即无产阶级消灭资产阶级的革命。

转引自《红旗》杂志一九六七年第二期评论员文章《无产阶级革命派联合起来》

（四）中国赫鲁晓夫抹煞党内两条路綫斗争，鼓吹"党内和平"

歪曲党内斗争的性质，抹煞党内两条路綫的斗争

因为各种党員看問題的方法不同，就使他們处理問題的方法也各不相同，就引起党內許多不同意見、不同主張的分歧和爭論，就引起党內的斗爭。

《論共产党員的修养》（一九六二年）

现在我国还存在两条路綫的斗爭，但主要是两种方法的斗爭。……这是一场在建設問題上方針或路綫的斗爭，不是社会主义与資本主义两条道路的斗爭，而是方法的斗爭。

△《在成都会議上的講话》（一九五八年四月七日）

在我們党內公开提出系統的組織上的右傾机会主义的理論，是还沒有的。

《論党內斗爭》（一九四一年七月二日）

即使在陈独秀的錯誤路綫时期，我們全党亦統一在陈独秀的路綫下，以后統一在"左"傾路綫之下，后来又統一在毛澤东同志的路綫之下，我們党无論何时都保持党的統一，不分裂，保持党的紀律，不是各干各的。……就是說无論党的路綫正确或錯誤，党都保持統一。……党的分裂造成的损害更大于革命失败所造成的损失，因此应当忍耐，而且要忍痛。

《接見即共古斯塔和添尼亚的談话》（一九五七年十二月一日）

这次文化大革命是一件新的事情，我們也沒有經驗。……确实是老革命碰上了新問題。

△《在中国人民大学的講話》（一九六六年八月二日）

按：党內两个最大的走資派别有用心地歪曲党內斗爭的性质，說什么党內斗爭只是"看問題的方法不同"，是"两种方法的斗爭"，說什么：在我們党內没有提出系統的右傾机会主义的理論，什么"老革命碰上了新問題"，蓄意掩盖党內两条路綫斗爭的阶级实质，他們这样做，不过是为了掩护自己，掩护党內一小撮走資派篡党、篡政的阴謀活动而已。

党内斗争是坚强党的组织、增强党的战斗力的有力武器

党内如果没有矛盾和解决矛盾的思想斗争，党的生命也就停止了。

《毛泽东选集》第一卷第二九四页

我们主张积极的思想斗争，因为它是达到党内和革命团体内的团结使之利于战斗的武器。每个共产党员和革命分子，应该拿起这个武器。

但是自由主义取消思想斗争，主张无原则的和平，结果是腐朽庸俗的作风发生，**使党和革命团体的某些组织和某些个人在政治上腐化起来。**

《毛泽东选集》第二卷第三四七页

我们党最大的特点之一，就是党内生活是斗争的，不是和平的，不是妥协的。

我们党要成为坚强的进步的党，有战斗力的党，**就要进行党内斗争。**

林彪同志的话，（一九四八年七月）

凡是错误的思想，凡是毒草，凡是牛鬼蛇神，都应该进行批判，决不能让它们自由泛滥。

《在中国共产党全国宣传工作会议上的讲话》人民出版社版第二〇页

党内也常常有敌人和敌对思想混进来，……对于这种人，**毫无疑义地是应该采用残酷斗争或无情打击的手段的，因为那些坏人正在利用这种手段对付党，我们如果还对他们宽容，那就会正中坏人的好计。**但是不能用同一手段对付偶然犯错误的同志；……

《毛泽东选集》第三卷第八三六页

庐山出现的这一场斗争，是一场阶级斗争，是过去十年社会主义革命过程中资产阶级与无产阶级两大对抗阶级的生死斗争的继续。在中国，在我党，这一类斗争，看来还得斗下去，至少还要斗二十年，可能要斗半个世纪，总之要到阶级完全灭亡，斗争才会止息。

转引自《红旗》杂志一九六七年第十三期社论《从彭德怀的失败到中国赫鲁晓夫的破产》

混进党里、政府里、军队里和各种文化界的资产阶级代表人物，是一批反革命的修正主义分子，一旦时机成熟，他们就会要夺取政权，由无

鼓吹"党内和平"，诬蔑党内斗争，大刮翻案风

許多同志是机械的錯誤的了解列宁的原则，把列宁的原则絶对化，他們認为：……党内斗争的必要，就否定了党内和平。

《论党内斗争》（一九四一年七月二日）

按照这些似乎瘋癲的人看来，任何党内和平，即使是在原則路綫上完全一致的党内和平，也是要不得的。……他們認为只有这样"平地起風波"，故意制造党内斗争，才算是"布尔什維克"。

《论共产党员的修养》（一九六二年）

党内也有大民主小民主問題，党内斗争也是小民主好，大民主虽然在一个时候可以見效，打倒一批人，又一批人起来了，可以見效，但是后患无穷。此風一起，影响很大，既然这一批人可以起来打倒另一批人，那末另一批人难道就不可以起来打倒这一批人吗？

△《在清华大学的讲话》（一九五七年一月十二日）

看見有些不正确的事情，你們不要看到就講，你們至少三年到五年少講些話，多看，少批評。

《对部分工会和团工部讲話》（一九五七年）

按：我们党的一条原则，党内矛盾和斗争是社会阶级矛盾和斗争的反映，矛盾只有通过斗争才能解决，党内最大的走资派鼓吹"党内和平"，提倡自由主义、调和主义，是为了抹煞党内斗争，扼杀党的生命。所謂"党内和平"，不过是一层烟幕，正是在这一道烟幕掩护下，站在反动的资产阶级立场上向毛主席和毛主席的革命路綫猖狂进攻，其用心何其毒也！

他們常用开展斗争的办法，去开展工作，推动工作，故意去寻找"斗争对象"（党内的同志）作为"机会主义者"代表来开展斗争，牺牲与打击这一个或这几个同志"杀鷄給猴看"，以推动其他的干部党员去努力工作，完成任务。

《论党内斗争》（一九四一年七月二日）

庐山会議后反右是不对的……。本来反"左"，结果会后反了右，搞的全国后遺症，中央要負责。

《在河北地委书记座谈会上的讲话》（一九六四年七月二日）

和彭德怀有相同观点的人，只要不里通外国的就可以翻案。

《在扩大的中央工作会议上的讲话》（一九六二年一月二十七日）

在几次的运动中，确实发生了一些偏差，伤害了一部分干部，有的地区伤害了大批干部……由于这些偏差的影响，我们党的許多好的傳統受到了削弱。

△《在扩大的中央工作会议上的讲话》（一九六二年二月六日）

产阶级专政变为资产阶级专政。这些人物，有些已被我们识破了，有些则还没有被识破，有些正在受到我们信用，被培养为我们的接班人，**例如赫鲁晓夫那样的人物**，他们现正睡在我们的身旁，各级党委必须充分注意这一点。

转引自中国共产党中央委员会一九六六年五月十六日《通知》，一九六七年五月十七日《人民日报》

干部绝大多数是好的，要团结百分之九十五以上的干部以打击党内一小撮走资派

我们绝大多数的干部是好的。其中有些人犯了一些毛病，经过领导和群众的帮助，是可以改好的。应当而且可以团结这些同志共同做好工作，以利进一步地孤立敌对分子。

《中共中央关于目前农村工作中若干问题的决定》（草案）（一九六三年五月二十日）

相信大多数干部和群众，这是最基本的一条。

转引自《解放军报》一九六七年六月二十七日社论《正确对待群众》

要相信百分之九十以上的干部是好的和比较好的。犯了错误的人，大多数是可以改的。

转引自《人民日报》、《解放军报》一九六八年五月十二日社论《东北大地红烂熳》

干部问题，要从教育着手，扩大教育面。

转引自《解放军报》一九六七年十月二十日社论《从教育着手解决干部问题》

毛主席教导我们，**无产阶级文化大革命所要解决的根本矛盾，是无产阶级和资产阶级两个阶级，社会主义和资本主义两条道路的矛盾。这次运动的重点，是斗争那些党内走资本主义道路的当权派。**

林彪：《在接见全国各地来京革命师生大会上的讲话》（一九六六年九月十五日）

按：一九五九年庐山会议打退了右倾机会主义分子的猖狂进攻，保卫了毛主席的革命路线，取得了具有历史意义的伟大胜利。可是敌人是不甘心失败的，党内最大的走资派竭力反对这场斗争，一九六二年，他们配合国内外阶级敌人的进攻，抛出了重新修改过的黑《修养》，公然为右倾机会主义分子翻案，大刮翻案风，叫嚣"一风吹"，向毛主席的革命路线疯狂反扑，阴谋实现篡党、篡政，复辟资本主义的野心。

炮制和推行"打击一大片，保护一小撮"的资产阶级反动路线

有一些大队，就是找不出一个比较可靠的真正的领导核心，相当有一批，至少有三分之一，需要从外地派好的支部书记去，不派支部书记派个指导员也行。

《在中央工作会议上谭震林作报告时的插话》（一九六四年五月）

公社党委书记、支部书记不能参加领导核心。是不是可靠的可以参加核心呢？问题是你不知道他可靠不可靠，查一两个月还查不清楚。

《在湖南省直属机关及地市委负责干部会议上的讲话》（一九六四年八月十日）

有意的整一下干部。要彻底算帐，要退赔清楚。……

《接见工作队负责人、县委书记、工委书记、公社党委书记、炭冲大队和四个生产队干部、部分队员的谈话》（一九六一年五月七日）

彭德怀，××这一类问题你们不好管，要由中央来管。贪污腐化你们能够管，要好好管。

《在全国组织工作座谈会上的讲话》（一九六二年十一月）

黑帮里的，也不要个个都那么恨他，他们中间还有能用的。

《在听取北京师范大学一附中工作组汇报时的讲话》（一九六六年七月十一日）

按：党内最大的走资派是老右倾机会主义分子，一贯站在资产阶级反动立场上与毛主席的革命路线相对抗。机会主义者的特征是实用主义。他们一忽儿鼓吹"党内和平"，一忽儿又大搞残酷斗争，推行一条形"左"实右的资产阶级反动路线。在史无前例的无产阶级文化大革命中，他们还想负隅顽抗。可是，在毛泽东思想的无比威力下，再也混不过去了，终于被广大革命群众揪了出来，这是毛主席革命路线的伟大胜利！

（五）高舉毛澤東思想偉大紅旗，堅持黨的民主集中制，發揚無產階級革命造反精神

一个政党要引导革命到胜利，必须依靠自己政治路线的正确和组织上的巩固。

《毛泽东选集》第一卷第二九一页

处在伟大斗争面前的中国共产党，要求整个党的领导机关，全党的党员和干部，高度地发挥其积极性，才能取得胜利。所谓发挥积极性，必须具体地表现在领导机关、干部和党员的创造能力，负责精神，工作的活跃，敢于和善于提出问题、发表意见、批评缺点，以及对于领导机关和领导干部从爱护观点出发的监督作用。没有这些，所谓积极性就是空的。而这些积极性的发挥，常赖于党内生活的民主化。

《毛泽东选集》第二卷第五一七页

共产党员对任何事情都要问一个为什么，都要经过自己头脑的周密思考，想一想它是否合乎实际，是否真有道理，绝对不应盲从，绝对不应提倡奴隶主义。

《毛泽东选集》第三卷第八二九页

我们说上级领导机关的指示是正确的，决不单是因为它出于"上级领导机关"，而是因为它的"指示内容"是适合于斗争中客观和主观情势的，是斗争所需要的。不根据实际情况进行讨论和审察，一味盲目执行，这种单纯建立在"上级"观念上的形式主义的态度是很不对的。

《反对本本主义》人民出版社版第三页

危害革命的错误领导，不应当无条件接受，而应当坚决抵制。

转引自《人民日报》、《红旗》杂志一九六七年元旦社论《把无产阶级文化大革命进行到底》

党性不是抽象的东西。对于⋯⋯共产党员和干部来说，坚强的党性，应当表现在任何时候和任何情况下，都坚决维护党的团结，全心全意地为党的纲领和路线奋斗。这就要时时刻刻关心和

（五）中国赫鲁晓夫歪曲民主集中制，妄图在党内建立法西斯统治，使党員成为他們的"馴服工具"

有人說："党內斗争所注重的是原則問題，是政治問題，如果原則問題上和政治問題上对了，組織方式是次要問題，可以不必計較的。"这种說法是錯誤的。組織方式恰是一个大問題，是一个重大的原則問題。如果組織方式錯了可以破坏党的团结和統一；要保证和巩固党的团结和統一，首先要拿稳这个組織原則。

《论党员在组织上和紀律上的修养》（一九四一年）

民主集中制的原则规定：只要是大多数，是上级或中央通过决定了的，就要服从，就是不对也要服从，恰恰在这时候，特别要遵守紀律，要服从多数，要服从上级或中央，不管多数和上级或中央对与不对。

《论党员在组织上和紀律上的修养》（一九四一年）

有时也可能你們对了，党的組織錯了，这样，也要按組織原則办事，向上申诉。不能因为意見有了分歧，就可以不服从党的領导。

△《对青年团省、市书记谈话》（一九五七年五月二十一日）

所有一切附有条件的服从都是不对的，应该是无条件的、絕对的服从。

《论党员在组织上和紀律上的修养》（一九四一年）

共产党员的党性，表现在服从党、尊重组织的絕对性上，表现在对于一切党员一切党的組織，对于党的一切决议、命令、文件，对于党的一切东西的尊重、执行与爱护上。

《反对党内各种不良倾向》（一九四一年）

按：左一个"組織原則"，右一个"无条件服从"。党内两个最大的走资派在"組織原則"第一的幌子下，推行他們资产阶级的政治路线，大搞分裂党、瓦解党，另立一个资产阶级司令部的反革命篡党活动。他們一面打出"无条件服从"

注意政治形势、政策、路线等方向性的问题，站稳立场，分清是非，避免在大是大非面前摇摆不定，迷失方向。

林彪：《高举党的总路线和毛泽东军事思想的红旗阔步前进》《红旗》杂志一九五九年第十九期

彻底的唯物主义者是无所畏惧的，我们希望一切同我们共同奋斗的人能够勇敢地负起责任，克服困难，不要怕挫折，不要怕有人议论讥笑，也不要怕向我们共产党人提批评建议。"舍得一身剐，敢把皇帝拉下马"，我们在为社会主义共产主义而斗争的时候，必须有这种大无畏的精神。

《在中国共产党全国宣传工作会议上的讲话》人民出版社版第一二——一三页

无论何时何地，坚持正确的原则，同一切不正确的思想和行为作不疲倦的斗争，……这样才算得一个共产党员。

《毛泽东选集》第二卷第三四九页

中央出了修正主义，你们怎么办？很可能出，这是最危险的。

转引自《红旗》杂志一九六七年第十三期社论《彻底摧毁资产阶级司令部——纪念党的八届十一中全会召开一周年》

马克思主义的道理千条万绪，归根结底，就是一句话："造反有理。"……根据这个道理，于是就反抗，就斗争，就干社会主义。

《在延安各界庆祝斯大林六十寿辰大会上的讲话》（一九三九年十二月）

无产阶级革命派联合起来，向党内一小撮走资本主义道路当权派夺权！

转引自《人民日报》一九六七年八月十七日社论《做革命大联合的模范》

的旗子，一面却在鼓吹"什么都可以怀疑"，"任何那一个个人都不值得服从"的无政府主义，否定无产阶级的绝对权威，把矛头直接指向我们伟大领袖毛主席，真是罪该万死。

不做工具，做什么？作党的工具好不好？作驯服的工具好不好？很好。

《在旧《北京日报》的谈话》（一九五八年六月三十日）

不论对与不对都要服从，——看起来，这样好像有些用蛮，但是要把几十万党员组织起来，而且维持党的统一，不用些蛮有什么办法呢？

《论党员在组织上和纪律上的修养》（一九四一年）

按：党内两个最大的走资派歪曲党员的党性原则，宣扬"驯服工具"论，扼杀广大党员的无产阶级革命造反精神，其目的就是要驱使共产党员变成他们推行资产阶级反动路线的驯服工具，变成他们篡党篡政、复辟资本主义的忠实奴仆。

如果中国党内发生了赫鲁晓夫政变，……也要"少数服从多数"。

《在中央工作会议上的讲话》（一九六四年六月十六日）

按：一句话泄露了天机。原来以中国赫鲁晓夫为首的资产阶级司令部所需要的"少数服从多数"、"下级服从上级"完全是为他们在中国搞赫鲁晓夫式的反革命政变服务的。

(六) 全心全意为人民服务，用毛澤東思想来建設我們的党

人民群众是创造世界历史的动力

人民 只有人民，才是创造世界历史的动力。

《毛泽东选集》第三卷第一○三页

人民民主专政需要工人阶级的领导。因为只有工人阶级最有远见，大公无私，最富于革命的彻底性。

《毛泽东选集》第四卷第一·四八三页

我们必须全心全意地依靠工人阶级，……

《毛泽东选集》第四卷第一四二九页

工人阶级必须领导一切。

转引自周恩来总理在北京市革命群众庆祝大会上的讲话（一九六八年九月七日），一九六八年九月十日《人民日报》

没有贫农，便没有革命。若否认他们，便是否认革命。若打击他们，便是打击革命。

《毛泽东选集》第一卷第二二页

"农民这个名称所包括的内容，主要地是指贫农和中农"。"贫农……是农村中的半无产阶级，是中国革命的最广大的动力，是无产阶级的天然的和最可靠的同盟者，是中国革命队伍的主力军。" "中农不但能够参加反帝国主义革命和土地革命，并且能够接受社会主义。因此，全部中农都可以成为无产阶级的可靠的同盟者，是重要的革命动力的一部分。"

《毛泽东选集》第二卷第六三八页

群众中蕴藏了一种极大的社会主义的积极性。那些在革命时期还只会按照常规走路的人们，对于这种积极性一概看不见。他们是瞎子，在他们面前出现的只是一片黑暗。他们有时简直要闹到颠倒是非、混淆黑白的程度。

《这个乡两年就合作化了》一文的按语，《中国农村的社会主义高潮》中册第五八七页

(六) 中国赫鲁晓夫妄图用资产阶级世界观来改造我們的党

丑化工农群众，否定群众创造历史的偉大作用

假若象某种人所設想的那样，群众都是觉悟的、团结的，在群众中不存在剥削阶级的影响和落后的现象，那么革命还有什么困难呢。

《论共产党员的修养》（一九六二年）

在中国工人阶级中，有比较浓厚的行会性与流氓性，……

《中国职工运动简史》（一九三九年五月）

工人阶级也不是自然而然可以依靠的，要靠党去工作，椅子本来可以依靠的，有了毛病，不好靠了，修好了，又可以依靠，工作做不好就不能依靠。

《在七届二中全会上的讲话》（一九四九年）

不能过高地估計农民，农民总是农民，……

△《传达广州中央工作会议时的讲话》（一九六一年三月二十九日）

散漫性、保守性、狹隘性、落后性，对于财产的私有观念，对于封建主的反抗性及政治上的平等要求等等。这就是农民阶级的特性。

《人的阶级性》（一九四一年六月）

……要和群众中的落后意識、落后现象进行斗争，才能提高群众的觉悟……这就是我們在实现共产主义事业过程中的困难之所在。

《论共产党员的修养》（一九六二年）

按：什么"散漫性"、"保守性"、"狹隘性"、"落后性"、"行会性"、"流氓性"等等，凡是党内两个最大的走资派所能想出的最恶毒的字眼，都从他们的咀里贲到工农群众身上，完全否定了人民群众创造世界历史的偉大作用。他们甚至把人民群众說成是"实现共產主义事业过程中的困难之所在"。这是对人民群众最恶毒的丑化和污蔑，充分暴露出他们是劳动人民的死敌。

共产党员必须相信群众，依靠群众，尊重群众的首创精神

群众是真正的英雄，而我们自己则往往是幼稚可笑的，不了解这一点，就不能得到起码的知识。

《毛泽东选集》第三卷第七九〇页

要信任群众，依靠群众，尊重群众的首创精神。要放手发动群众，让群众自己起来革命，自己教育自己，自己管理自己，自己解放自己。

转引自《人民日报》一九六六年八月二十日社论《毛主席和群众在一起》

只有代表群众才能教育群众，只有做群众的学生才能做群众的先生。如果把自己看作群众的主人，看作高踞于"下等人"头上的贵族，那末，不管他们有多大的才能，也是群众所不需要的，他们的工作是没有前途的。

《毛泽东选集》第三卷第八六五——八六六页

要很好地解决上下级关系问题，搞好干部和群众的关系。以后干部要分别到下面去走一走，看一看，要坚持群众路线，遇事多和群众商量，做群众的小学生。在某种意义上来说，最聪明、最有才能的，是最有实践经验的战士。

转引自《人民日报》一九六七年十一月十六日在转载《文汇报》社论《要热情地支持革命的新干部》时加的编者按

共产党员绝不可脱离群众，绝不可高踞于群众之上，做官当老爷，而应当以普通劳动者的姿态，出现在群众面前，深入于群众之中，同群众打成一片。

转引自《人民日报》一九六六年八月二十日社论《毛主席和群众在一起》

我们共产党人不是要做官，而是要革命，我们人人要有彻底的革命精神，我们不要有一时一刻脱离群众。只要我们不脱离群众，我们就一定会胜利。

《关于共产国际的解散》，一九四三年五月二十八日延安《解放日报》

既然作了第一书记，对于工作中的缺点错误，就要担起责任。不负责任，怕负责任，不许人讲话，老虎屁股摸不得，凡是采取这种态度的人，十个就有十个要失败。

转引自《解放军报》一九六六年四月五日社论《关键在于党委的领导——七论突出政治》

对于某些犯有重大错误的干部和党员，……群众不但有权对他们放手批评，而且有权在必要时将他们撤职，或建议撤职，或建议开除党籍，直至将其中最坏的分子送交人民法庭审处。

《毛泽东选集》第四卷第一二七一——一二七二页

要党员控制群众，把群众当作"阿斗"

我从前作工人运动、农民运动的工作，会判断情况，告诉他们怎样组织，怎样斗争，斗争胜利了，大家都鼓掌，以为我帮了他们忙，把功劳放在我一个人身上。因为你一走，他们就要糟糕，你的事情别人干不了。

《民主精神与官僚主义》

我们对群众运动，一定要在领导上控制得住，……没有纪律、没有秩序的群众运动，不算群众运动。

《关于群众工作的几个问题》（一九四二年十二月）

为什么不听工作队的指挥，不听党的话，听谁的话？肯定听黑帮的话，搞地下活动，非法地煽动群众，是非法的反革命活动。

《对北京师范大学一附中的指示》（一九六六年六月二十四日）

工作组要摸几个典型经验，不然，过几天（工作组）统统被赶出来也不利。娃娃们自己去闹到底不好。

△一九六六年六月二十日讲话

过去考上秀才就可以做官，现在加入了共产党，也可以做官，这个党员就是干部的后备名单。

《在全国第一次组织工作会议上的报告》（一九五一年三月）

一些大干部完全编在支部监督有困难，这是多少年的经验，但是完全可以在党委或者党组内，一个季度、半年结合工作搞点批评和自我批评，……

△《在全国监察工作会议上的报告》（一九六二年十一月二十九日）

不要将党内斗争的方式拿到党外去使用，也不要将党外斗争的方式拿到党内来使用，更不要利用党外的力量和条件来向党进行斗争与恐吓。

《论党内斗争》（一九四一年七月二日）

按：党内两个最大的走资派采取愚民政策，大搞国民党"训政"，要党员把群众当成"阿斗""群氓"，成为高踞于群众头上的贵族和控制群众的工具，严重地破坏党与群众的血肉关系，其用心何其狠毒。

共产党员必须全心全意为人民服务

我们共产党人区别于其他任何政党的又一个显著的标志，就是和最广大的人民群众取得最密切的联系。全心全意地为人民服务，一刻也不脱离群众；一切从人民的利益出发，而不是从个人或小集团的利益出发；向人民负责和向党的领导机关负责的一致性；这些就是我们的出发点。

《毛泽东选集》第三卷第一○九五——一○九六页

白求恩同志毫不利己专门利人的精神，表现在他对工作的极端的负责任，对同志对人民的极端的热忱。每个共产党员都要学习他。

《毛泽东选集》第二卷第六五三页

共产党员无论何时何地都不应以个人利益放在第一位，而应以个人利益服从于民族的和人民群众的利益。

《毛泽东选集》第二卷第五一○页

我们的共产党和共产党所领导的八路军、新四军，是革命的队伍。我们这个队伍完全是为着解放人民的，是彻底地为人民的利益工作的。

《毛泽东选集》第三卷第一○○三页

无产阶级文化大革命在思想领域中的根本纲领是"斗私，批修"。"无产阶级要按照自己的世界观改造世界，资产阶级也要按照自己的世界观改造世界。"因此，无产阶级文化大革命是触及人们灵魂的大革命，是要解决人们的世界观问题。

转引自《人民日报》、《红旗》杂志、《解放军报》一九六七年十一月六日编辑部文章：《沿着十月社会主义革命开辟的道路前进》

要党员蜕变成为资产阶级利己主义者

全心全意为人民服务，个人利益就会来。……一心一意搞个人利益的人是搞不到个人利益的，相反，一心一意为人民服务的，人民会给他报酬的，因此，应当一心一意、一边倒、顾一头，不要三心二意、顾两头，这样才能掌握自己的命运。

《同民建会中央、全国工商联领导人的谈话纪要》（一九六○年二月十二日）

占小便宜，吃大亏，吃点小亏，占大便宜，这是合乎马列主义无产阶级世界观的。

《与王光英一家的谈话纪要》（一九六○年一月三十一日）

个人利益一定要照顾，没有个人利益即无整体利益，个人利益集中起来即是集体利益。国家的利益，还不是由六亿五千万个个体利益集成的。因此，不是大公无私，而是大公有私，公私兼顾，先公后私。

《同民建会中央、全国工商联领导人的谈话纪要》（一九六○年二月十二日）

人人为我，我为人人，这是共产主义风格。

△《在军委扩大会议上的讲话》（一九五八年七月十九日）

一个普通党员……只要他真有本领，真能起积极作用，则虽然今天没有重要地位，到明天、后天仍会有重要地位给他们的。党会提拔他的。

《论党员在组织上和纪律上的修养》（一九四一年）

按：毛主席教导共产党员要为实现共产主义而奋斗到底。而党内两个最大的走资派却要党员成为资产阶级利己主义者，还说什么"这是合乎马列主义无产阶级世界观的"。我们千万不要上当，要警惕糖衣炮弹的进攻。

打倒中国赫鲁晓夫！
打倒党内另一个最大的走资派！

中国赫鲁晓夫在天津的代理人
反革命修正主义分子万晓塘、張淮三
反对毛主席建党路綫的黑话摘录

一、反革命修正主义分子万晓塘、张淮三疯狂反对伟大領袖毛主席，反对以毛泽东思想作为党的指导思想，大肆吹捧中国赫鲁晓夫及其反革命修正主义的建党路綫

谁马列化了？！毛主席也没马列化喱！

万晓塘一九五五年的谈话

在这次讨论中，有人提议在文件中加一个"伟大的领袖毛主席"，其实可以加，也可以不加。

万晓塘一九六二年十二月二十七日在天津市党校干部轮训班第六期结业会上的讲话

对毛主席无限崇拜的提法不好。

万晓塘一九六六年在突出政治大讨论时对干部的讲话

我今天听到重要的传达，关于苏共二十次大会的，对我感触很多。我个人崇拜、教条主义是重的。这次也启发了对事物的看法，对错误的斗争勇气。我准备向错误的现象展开批评。

张淮三一九五六年五月四日给××的信

按：毛主席是当代最伟大的马克思列宁主义者。毛主席天才地、创造性地、全面地继承、捍卫和发展了马克思列宁主义，把马克思列宁主义提高到一个崭新的阶段，毛主席不仅是中国人民的伟大领袖，也是全世界革命人民的伟大领袖。我们对毛主席就是要无限热爱，无限忠诚，无限信仰，无限崇拜，谁反对毛主席，我们就打倒谁！

毛泽东思想是可望而不可及的。

万晓塘一九六六年在电梯厂的讲话

对毛泽东思想以后不要再提最高最活，什么达到顶峰这类话。

万晓塘的一次讲话

新党章要删去"以毛泽东思想做一切工作的指针"这句话，因为这个问题在国内已经解决了，再写上去就可能在国际上起付作用。

万晓塘一九五六年传达八大的讲话

党员课本，不要引主席的话。

万晓塘一九六五年在电梯厂的讲话

毛主席的一句话也不能算作指示。

万晓塘一九五九年一月在旧《天津日报》创刊十周年大会上的讲话

我反复考虑，主席的话，不宜引用太多。

张淮三一九六五年给××的信

按：毛主席的话，句句是真理，一句顶一万句。林彪副主席说："毛泽东思想是反对帝国主义的强大的思想武器，是反对修正主义的强大的思想武器。""我们要用毛泽东思想统一全党的思想，统一全国人民群众的思想。"反革命修正主义分子万晓塘、张淮三用什么"可望而不可及"，"不要引用主席的话""一句话也不能算作指示"，来反对光焰无际的毛泽东思想，反对我们把毛泽东思想作为全党、全军和全国一切工作的指导方针，这是痴心妄想。

首先重要的是研究××同志（指中国赫鲁晓夫）的指示。

　　　　　　　　万晓塘一九六四年十一月六日在针织厂对三车间工作组的讲话

要多多表现××同志（指中国赫鲁晓夫），××同志对天津党的发展有很大贡献。

　　　　　　　　万晓塘一九五九年对历史博物馆工作人员的谈话

《论共产党员的修养》是马列主义的新发展，是对马列主义理论宝库的贡献。……想不通的问题，学习论《修养》就想通了。

　　　　　　　　万晓塘对×××的谈话

《论共产党员的修养》是建党的主要文件。

　　　　　　　　万晓塘一九六二年十二月二十七日在天津市党校干部轮训班第六期结业会上的讲话

《论共产党员的修养》在困难时期重新发表，有特殊重大意义。我越学越想学。这本书是马列主义，可不能离开这本书。

　　　　　　　　万晓塘一九六二年在旧市委会议上的讲话

现在党内有些人连党的基本原则都不懂了，应该好好地学学《论共产党员的修养》。

　　　　　　　　万晓塘对×××的谈话

按：反革命修正主义分子万晓塘、张淮三大肆吹捧中国赫鲁晓夫，把黑《修养》作为"建党的主要文件"，作为党员"不能离开"的教科书，这就完全暴露了他们是中国赫鲁晓夫在天津的代理人的反动面目。

二、反革命修正主义分子万晓塘、张淮三妄图篡改无产阶级政党的性质，把无产阶级先锋队变成修正主义的"生产党"、"工业党"、"技术党"

党组织的根本任务就是保证完成国家计划，党委必须把工作落实到生产上，引导职工经常在同行业、同产品、同工种、同业务之间对比经济技术指标。

　　　　　　　　张淮三一九六三年三月在基层工作会议上的报告

工厂党的中心任务是抓好生产。

　　　　　　　　张淮三一九六二年八月十三日给工业团的黑指示

党对技术工作、经济工作要实行具体领导。党的组织、宣传、统战、监察部门的工作也要紧紧围绕生产这一中心来进行安排。

　　　　　　　　张淮三一九六二年在工业会议上的报告

加强党委领导，政治要渗透到业务中，领导干部要参加到业务中、科学实验中去才能办到。

　　　　　　　　张淮三一九六六年在开展技术革新动员大会上的报告

政治工作的目的，是为了发展社会主义生产，为生产服务。

　　　　　　　　张淮三一九六三年三月在基层工作会议上的报告

政治思想工作，四个第一，必须落在质量提高，赶超先进的实际效果上，特别是主要产品一定要抓紧。

张淮三一九六五年的一次谈话

今后几年少讲点政治挂帅，多讲点实际问题。

万晓塘在一次旧市委常委会上的讲话

党的工作人员应该深入到业务、技术的实际活动中去，研究创造和总结各种生产技术、经济活动特点的政治工作方法。例如产品对比展览，技术、经济指标对比，现场观摩、操作表演、算细帐、挖潜力等。

张淮三一九六三年三月在基层工作会议上的报告

教育、生产、生活，团组织在这方面都要抓。青年的任务是学习，团的发展任务是教育，党的中心任务是生产，抓思想的中心是生产。

张淮三一九六二年和×××的谈话

车间主任有指挥生产的决定权，支部对车间生产只能提出组织措施和技术措施；支部的中心任务是组织技术表演、生产竞赛和推广先进经验，思想工作要围绕生产来进行。

张淮三一九六三年一次谈话

每个支部必须围绕生产，车间党支部要对生产行政工作实行保证监督。

张淮三一九六三年三月在基层工作会议上的报告

党委必须把工作落实到生产。

张淮三的一次讲话

工厂中党团干部，基本是工人提拔的，对知识分子不了解，要从改变领导成份上解决。

张淮三的一次讲话

党团支部工作，要吸收技术人员的党团员参加，改变现在工厂中党团干部由工人提拔的状况。

张淮三的一次讲话

管技术干部的应有懂技术的参加，要老干部加上大中专的人，安子文提出组织部要工程师当副部长。

张淮三的一次讲话

对新兴行业的配备（指领导班子）要年轻，有一定文化程度，能钻研生产业务。对尖端企业除上述条件外，要选一些技术干部参加支部。

张淮三一九六三年的一次讲话

一切由你们（指反动学术"权威"）决定，你们的意见就是市委的意见。

张淮三的一次讲话

按：毛主席教导我们："**党组织应是无产阶级先进分子所组成，应能领导无产阶级和革命群众对于阶级敌人进行战斗的朝气蓬勃的先锋队组织。**"党的根本任务是高举毛泽东思想伟大红旗，突出无产阶级政治，搞好人的思想革命化，为在中国和全世界实现共产主义而奋斗。反革命修正主义分子万晓塘、张淮三提出的"党组织的根本任务就是保证完成国家计划"，"工厂党的中心任务是抓好生产"，"党对技术工作、经济工作要实行具体领导"，"突出政治要落实到生产"，并妄图用"技术人员"、"工程师"来"改变领导成分"，这就完全暴露了他们紧跟中国赫鲁晓夫妄图篡改无产阶级政党的性质，把无产阶级先锋队变成修正主义的"生产党"、"工业党"、"技术党"的反革命嘴脸。

三、反革命修正主义分子万晓塘、张淮三极力散布阶级斗争熄灭論，取消党內斗争，提倡奴隶主义，鼓吹党員做"馴服工具"，妄图把战斗的馬克思列宁主义、毛泽东思想的党变为修正主义党

社会主义国家阶级消灭了，只剩下一些残余。

万晓塘一九六二年九月十八日在天津市党校的报告

我国由社会主义革命进入社会主义建设时期，谁战胜谁的问题，在经济上、政治上基本上解决了。

张淮三一九五七年三月"整风中的几个问题"的报告

我看不要提阶級斗争为纲的问题。……都挂上阶级斗争的标签，并不解决问题。

万晓塘一九六四年在针织厂的一次讲话

资产阶级进攻的形势减弱了，现在形势不是很严重，资产阶级猖狂进攻是庐山会议前夕，会议后阶级斗争就完了，党外还没敢于全面猖狂进攻…

万晓塘一九五九年的一次讲话

工厂里阶级斗争不严重。

张淮三的一次讲话

有的小业主，有的是富农，当了十几年二十年工人了……已经工人阶级化了。

张淮三一九六四年和×××的谈话

用调和的办法可以解决矛盾，要采取革命的办法全增加矛盾。

万晓塘一九六四年九月二十日在针织厂的讲话

（对资本家）就是要团结，越困难，越要团结，不闹意见，免得分散力量。

万晓塘的一次讲话

资产阶级本来就很紧张，我们要清醒，不要搞得过于紧张。××同志（指中国赫鲁晓夫）说，减少不必要的震动。

万晓塘一九六四年在一次会议上的讲话

党内的同志可以不吃肉，让资本家吃，目的是叫他们跟着我们走。

万晓塘的一次讲话

有些厂里有资本家，成天和他们在一起，搞不好就不好相处。相处共事，一握手一说话就是阶级界限不清，那就不好办了。

万晓塘一九六五年十二月十日对皮带机厂四清工作队的讲话

按：毛主席教导我们："**在社会主义这个历史阶段中，还存在着阶级、阶级矛盾和阶级斗争**"，"**阶级斗争并没有结束**"，"**千万不要忘记阶级斗争**"。而反革命修正主义分子万晓塘、张淮三却拼死命地鼓吹"阶级斗争熄灭论"、"阶级调和"、"阶级合作"，从而掩护资产阶级向无产阶级的进攻，变无产阶级专政为资产阶级专政。用心何其毒也！

党员为什么认识水平不一致，根本问题是觉悟水平、认识水平问题，其他都是次要的。这个问题解决了，都好通。

万晓塘一九六二年十二月二十七日在天津市党校干部轮训班第六期结业会上的讲话

说我们是当权派是不对的，党内不能有派，这样讲容易搞混乱。

万晓塘一九六五年十二月一日在风动工具厂检查工作时的讲话

我犯了错误你整我，你犯了错误我整你，二整两整谁也不敢讲话了。

万晓塘一九六二年十二月二十七日在天津市党校干部轮训班第六期结业会上的讲话

党的历次政治运动中，有些干部整错了，跟党结成疙瘩，很不好解，这一次一定要注意，别整错了。

万晓塘一九六五年对四清工作队员的讲话

按：这是反革命修正主义分子万晓塘、张淮三对我们党的历次政治运动的恶毒攻击和诬蔑。我们对阶级敌人和党内一小撮走资派就得整，只有灭资兴无，才能巩固无产阶级专政。

这篇社论 指中国赫鲁晓夫炮制的"驯服工具论"）写得很好，大家要好好学习，不能当个人的驯服工具，但是要当党的驯服工具。

万晓塘在一次旧市委扩大会议上的讲话

党的领导不是抽象的，具体到你们单位就是党支部。

万晓塘一九六六年一月在电梯厂的讲话

以后不经过市委同意，不准直接向中央反映问题。

张淮三一九六六年七月在旧市委书记处会议上的讲话

按：反革命修正主义分子万晓塘、张淮三紧跟中国赫鲁晓夫，鼓吹"驯服工具论"，取消党内斗争，提倡奴隶主义，妄图把战斗的马克思列宁主义、毛泽东思想的党变为修正主义的党，这是痴心妄想！

四、反革命修正主义分子万晓塘、张淮三妄图用资产阶级世界观来改造我们的党，以"叛徒哲学"、"活命哲学"和资产阶级利己主义毒害广大党员和群众

现在的主要问题是怎么样活着的问题 …留得青山在，不怕没柴烧。

万晓塘一九六〇年十月对各区中层党委书记的讲话

现在主要是抓生活，**抓健康，保命。**

谁也不知道共产主义是什么样的，一百年以后，谁知道是什么样的?!再过几十年我们就没了!

万晓塘的一次讲话

人都是怕死的，谁不怕死?

万晓塘的一次讲话

从现在开始，用二分之一时间抓工作，用二分之一时间抓生活，"建立休养班"，"大抓副食品"。

万晓塘一九六〇年十月二十日在县委农业书记会议上的报告

生活第一，健康第一。

万晓塘一九六〇年十一月 十九日在布置工作会上的讲话

睡八小时，躺十二小时，节省热量。

万晓塘一九六〇年十二月的讲话

回家躺在床上，少消耗热量。

万晓塘的一次讲话

按：共产党员为人类的解放事业死而后已。而反革命修正主义分子万晓塘从他的叛徒哲学、怕死鬼的世界观出发，完全兜售赫鲁晓夫的要脑袋不要理想的活命哲学，不惜一切要活着，用以消磨革命人民的斗争意志，使党员成为怕死鬼。真是阴险至极。

要学会吃亏，在小问题上吃亏，才能在大问题上占大便宜。

万晓塘一九五七年的一次谈话

干部要懂得，吃小亏的人，将来占大便宜；占小便宜的人，将来吃大亏……你搞投机倒把，非法得五百元，但五百元买不到个党员。

万晓塘一九六一年九月在市工会基层工作会议上的讲话

按：毛主席教导我们，要"**毫不利己专门利人**"，"**毫无自私自利之心**"，"**一切从人民的利益出发，而不是从个人或小集团的利益出发**"。反革命修正主义分子万晓塘大肆贩卖黑《修养》中的市侩哲学，鼓吹什么"吃小亏占大便宜"，甚至公然提出以吃小亏来"买个党员"。真是卑鄙至极。"吃小亏占大便宜"，是资产阶级个人主义最集中的表现，是赤裸裸的修正主义货色。它与大公无私的共产主义思想，是两种根本对立的世界观，是两个阶级、两条道路、两条路线的斗争。

五、反革命修正主义分子万晓塘、张淮三包庇叛徒、特务，网罗牛鬼蛇神，招降纳叛，结党营私，在无产阶级政党内部搞反革命修正主义集团

反革命分子也可以用。反革命分子是有本事的，不然的话，他怎么进行反革命活动呢？

张淮三一九六四年二月在工业会议上的讲话

反革命有一技之长，我们也要使用。

张淮三的一次讲话

提拔工程师，看人家技术，别受政治历史限制。这又不是提拔党政干部，技术称职主要有技术，管他什么历史问题，只要不是现行反革命、破坏分子，应当提什么，就是什么。不要受级别限制。不是几个、几十个　而是成百地提。

张淮三一九六四年二月布置工作时的讲话

不管有港、台关系，还有杀父之仇，以及历史反革命分子或是政嫌分子，只要有突出技术成就的，就可以提拔。

张淮三一九六四年二月二日在工交系统干部会上的讲话

阶级异己分子是混进来的。还有的不是人家混进来的，是被我们拉进来的，说成是阶级异己分子，他怎么服气呢？

阶级异己分子不能只看入党时的成分，而且要看他入党后的表现。如果入党时隐瞒了剥削阶级成分，但入党后一直表现不错，就不能看作阶级异己分子。

万晓塘一九六六年一月的一次谈话

有些人入党时，就是投机的，投来投去弄假成真了，这也好嘛。

会有投机分子，投机也好，投革命之机嘛。

万晓塘一九六六年一月的一次谈话

我知道那个人可能是投机的，但是有什么可怕！？他投机有什么不好！？你们胆子太小，思想放不开，这样就不能团结更多的人。我说过多少次，你们的脑子就是顽固不化。

万晓塘一九六四年在针织厂的一次谈话

昨天我们（到）一个农场（青年教养所），在那劳动的都是城市调皮的，象劳动教养似的，可是改造得不错。有个青年有流氓作风，自己起名字叫"铁京津"，在北京、天津都乱搞男女关系，现在改得不错。我就跟他们（农场干部）说："好了也可以入党。人总是会变的。"

万晓塘一九六六年一月的一次谈话

（大叛徒张淮三）没有暴露党员身分，做为一般历史问题。

万晓塘对张淮三叛党问题亲自修改的结论

（张）淮三的历史问题早做结论了！

万晓塘的一次讲话

（张）淮三有干劲，是个干将。

万晓塘的一次讲话

（宋）景毅同志的历史问题（投敌、日伪特务）已经解决了，可以提为书记了。

万晓塘在一次会议上的讲话

他（宋景毅）还带病工作，是否给轻处分（指宋包庇其反革命、日伪特务的哥哥问题）。

万晓塘的一次谈话

（对宋景毅包庇反革命哥哥的问题）按警告处分起草。因为景毅同志血压高，又坚持工作。

万晓塘对×××的黑指示

王光英到外国，比那里的共产党员还要左。

王光英是赤色资本家，是树立资本家左派的标杆。（注：万张反革命修正主义集团把反动资本家王光英列入党员发展对像）

万晓塘的一次讲话

他妈的，将来天津市一定都换上我从山东带来的干部。

万晓塘对其亲信的一次讲话

按：万张反革命修正主义集团招降纳叛，重用坏人，在无产阶级政党内部搞反革命修正主义集团，就是要篡党篡政，妄图把天津变成中国赫鲁晓夫复辟资本主义的桥头堡。

我们要奋起毛泽东思想千钧棒，彻底砸烂万张反革命修正主义集团！

最 高 指 示

党組織应是无产阶級先进分子所組成，应能領导无产阶級和革命群众对于阶級敌人进行战斗的朝气蓬勃的先鋒队組織。

高举毛泽東思想伟大紅旗

坚决执行毛主席的馬克思列宁主义建党路綫
彻底批判刘少奇的反革命修正主义黑"六論"

文 汇 报 革 命 委 員 会 編

天津市粮食局革命委員会整党办公室翻印

一九六八年十二月

最　高　指　示

　　党組織应是无产阶级先进分子所组成，应能領导无产阶級和革命群众对于阶級敌人进行战斗的朝气蓬勃的先鋒队組織。

　　我們现在思想战綫上的一个重要任务，就是要开展对于修正主义的批判。

毛主席教导我們：

千万不要忘記阶級斗争。

　　在拿枪的敌人被消灭以后，不拿枪的敌人依然存在，他們必然地要和我們作拚死的斗争，我们决不可以輕視这些敌人。

《毛泽东选集》第四卷，第一四二八頁

　　阶級和阶級斗争的存在是一个事实；有些人否認这种事实，否認阶級斗争的存在，这是錯誤的。企图否認阶級斗争存在的理論是完全錯誤的理論。

《毛泽东选集》第二卷，第五一三頁

　　被推翻的地主买办阶級的殘余还是存在，资产阶級还是存在，小资产阶級刚刚在改造。阶級斗争并沒有結束。无产阶級和资产阶級之间的阶級斗争，各派政治力量之间的阶級斗争，无产阶級和资产阶級之间在意識形态方面的阶級斗争，还是长时期的，曲折的，有的甚至是很激烈的。

《关于正确处理人民内部矛盾的問題》

　　从馬克思主义关于国家学說的观点看来，军队是国家政权的主要成份。誰想夺取国家政权，并想保持它，誰就应有强大的军队。

《毛泽东选集》第二卷，第五三五頁

　　我們同资产阶級和小资产阶級的思想还要进行长期的斗争。不了解这种情况，放弃思想斗争，那就是錯誤的。

《在中国共产党全国宣传工作会議上的講話》

中国赫魯晓夫刘少奇鼓吹的

"黑六論"之一：
"阶級斗爭熄灭論"

　　中国革命的敌人——帝国主义、国民党、官僚资本家跑掉了，消灭了，沒有了。

一九四九年在青代会上的講話

　　阶級斗爭基本結束，反革命分子少了，……今后国家最主要的任务是組織社会生活。

一九五六年在各省市委組织部长会議上的講話

　　现在国内敌人已經基本上被消灭，地主阶級早已消灭了，资产阶級也基本上消灭了，反革命也算是基本上消灭了，……我們說国内主要的阶級斗爭已經基本上結束了，或者說基本上解决了，……

一九五七年在上海党員干部会議上的講話

　　中国革命主要斗争形式已变为和平的、議会的，斗争是合法的群众斗争和議会斗争。……军队也要整編，我們的军队成为国軍、国防军、保安队、自卫队，我军的支部、党委会、政治委員会取消，在軍队中是取消党的組織，……停止对军队的直接領导、指揮，统一于国防部，……

一九四六年二月一日《时局問題的报告》

　　經过统一战綫工作，资产阶級，上层小资产阶級及其知識分子和政治代表不造社会主义的反，相反地，他們服从社会主义，为社会主义服务，这就少省了大麻煩。

一九五三年在全国统一战綫工作会議上的講話

千万不要忘記阶级斗争，千万不要忘記突出政治，千万不要忘記巩固无产阶级专政，必须采取各种措施防止修正主义篡夺领导，防止资本主义复辟。

転引自《紅旗》杂志一九六六年第八期社論《无产阶級文化大革命万岁》

帝国主义者和国内反动派决不甘心于他們的失败，他們还要作最后的挣扎。在全国平定以后，他們也还会以各种方式从事破坏和搗乱，他們将每日每时企图在中国复辟。这是必然的，毫无疑义的，我們务必不要松懈自己的警惕性。

在中国人民政治协商会議第一届全体会議上的开幕詞（一九四九年九月二十二日《人民日报》）

整个过渡时期存在着阶级矛盾、存在着无产阶级和资产阶级的阶级斗争、存在着社会主义和资本主义的两条道路斗争。忘記十几年来我党的这一条基本理論和基本实践，就会要走到斜路上去。

転引自《紅旗》杂志一九六六年第十三期社論《在毛泽东思想的大路上前进》

决不可以認为反革命力量順从我們了，他們就成了革命党了，他們的反革命思想和反革命企图就不存在了。决不是这样。他們中的許多人将被改造，他們中的一部分人将被淘汰，某些坚决反革命分子将受到鎮压。

《毛泽东选集》第四卷，第一四二七頁

社会主义制度要注意調整，阶級已基本消灭了，就不应該强調阶級斗争。

一九五七年一月在清华大学的講話

敌人消灭的差不多了，资产阶级公私合营了，已經基本上解决了，反革命已解决的差不多了，他們鬧不了大事。

一九五七年在上海党員干部会議上的講話

公私合营以后，无产阶级与资产阶级的主要矛盾也解决了。……現在应該講人民內部的矛盾已成为主要矛盾。

今天我們国內的主要矛盾是无产阶級的思想与非无产阶級思想的矛盾。

同　上

你們不是无产阶级左派嗎？你們的目的不是解放全人类嗎？所謂全人类就包括地、富、反、坏、右五类分子。这些人不多，这些人不解放，无产阶级自己也就不能最后解放。……解放全人类也包括这些反动派，他們也解放。

一九六六年七月十一日对师大一附中工作组部分成员的第二次講話

毛主席教导我們：

危害革命的錯誤领导，不应当无条件接受，而应当坚决抵制。

組織任务須服从于政治任务。

《毛泽东选集》第二卷，第五三七頁

中国赫鲁晓夫刘少奇鼓吹的

黑"六論"之二：
"馴服工具論"

民主集中制的原則規定：只要是大多数，是上級或中央通过决定了的，就要服从，就是不对也要服从。恰恰在这时候，特别要遵守纪律，要服从多数，要服从上級或中央，不管多数和上級或中央对与不对。

一九四一年《論党員在組织上和纪律上的修养》

共产党员对任何事情都要問一个为什么，都要經过自己头脑的周密思考，想一想它是否合乎实际，是否眞有道理，絕对不应盲从，絕对不应提倡奴隶主义。

《毛泽东选集》第三卷，第八二九頁

我們說上级领导机关的指示是正确的，决不单是因为它出于"上级领导机关"，而是因为它的"指示内容"是适合于斗争中客观和主观情势的，是斗争所需要的。不根据实际情况进行討論和審察，一味盲目执行，这种单純建立在"上级"观念上的形式主义的态度是很不对的。

《反对本本主义》

要人家服，只能說服，不能压服。压服的結果总是压而不服。以力服人是不行的。对付敌人可以这样，对付同志，对付朋友，絕不能用这个方法。

《在中国共产党全国宣传工作会議上的講話》

自由主义有各种表现。
…………
听了不正确的议論也不争辯，甚至听了反革命分子的話也不报告，泰然处之，行若无事。这是第六种。

《毛泽东选集》第二卷，第三四七——三四八頁

……"自覺的能动性"，是人之所以区别于物的特点。一切根据和符合于客观事实的思想是正确的思想，一切根据于正确思想的做或行动是正确的行动。我們必須发揚这样的思想和行动，必須发揚这种自覺的能动性。

《毛泽东选集》第二卷，第四六七頁

危害革命的錯誤领导，不应当无条件接受，而应当坚决抵制。

摘自《人民日报》、《紅旗》杂志一九六七年元旦社論
《把无产阶级文化大革命进行到底》

所有一切附有条件的服从都是不对的，应该是无条件的、絕对的服从。

同　上

即使大多数和上级或中央眞错了，你也还要服从，先照錯誤的去执行。如果不这样，就会引起組織上的分裂，行动上的不一致，削弱了党的力量。

同　上

有一种人說，要我服从上级和多数是可以的，但上级和多数在原則上，在政治上先要正确。若在政治上錯了，我就不服从。这就是以多数的，或上级的，或中央的正确不正确为服从的条件。这个条件提出是不对的，这就是破坏了民集中制。

同　上

不論对与不对都要服从，——看起来，这样好象有些用蛮，但是要把几十万党員組織起来，而且維持党的统一，不用些蛮有什么办法呢？

同　上

看見有些不正确的事情，你們不要看到就講，你們至少三年到五年少講些話，多看，少批評。

一九五七年对部分工会和团干部講話

是作馴服的工具，还是作調皮的工具呢？是作容易駕駛的工具呢？还是作不容易駕駛的工具呢？当然要作馴服的工具，要作容易駕駛的工具。

一九五八年六月在旧《北京日报》的談話

有时也可能你們对了，党的組織錯了，这样，也要按組織原則办事，向上申訴。不能因为意见有了分歧，就可以不服从党的领导，……

一九五七年五月三十日对青年团省、市書配談話

馬克思主義的道理千条万緒，归根結底，就是一句話："造反有理。"……根据这个道理，于是就反抗，就斗争，就干社会主义。

《在延安各界庆祝斯大林六十寿辰大会上的講話》轉引自一九六六年八月二十七日《人民日报》

我們有批評和自我批評这个馬克思列宁主义的武器。我們能够去掉不良作风，保持优良作风。

《毛泽东选集》第四卷，第一四四〇頁

无产阶级革命派联合起来，向党内一小撮走资本主义道路当权派夺权！

轉引自《人民日报》一九六七年八月十七日社論《做革命大联合的模范》

为了党和革命的利益，他对待同志最能宽大、容忍和"委曲求全"，甚至在必要的时候能够忍受各种误解和屈辱而毫无怨恨之心。

一九六二年《修养》

有些同志在某些时候，在某些事情上，受到某些不正确的批評和打击，甚至受到某些委屈和冤枉，这也是难免的。这些同志没有估計到这一点，所以一遇到这些情况，就觉得奇怪，就出乎意外地难过和伤心。

一九六二年《修养》

如果中国党内发生了赫鲁晓夫政变，……也要"少数服从多数"。

一九六四年在中央工作会議上的講話

毛主席教导我们：

人民，只有人民，才是創造世界历史的动力。

我国有七亿人口，工人阶级是领导阶级。要充分发挥工人阶级在文化大革命中和一切工作中的领导作用。工人阶级也应当在斗争中不断提高自己的政治觉悟。

摘自《人民日报》、《解放軍报》一九六八年八月十五日社論《热烈欢呼云南省革命委員会成立》

我们必须全心全意地依靠工人阶级，……

《毛泽东选集》第四卷，第一四二九頁

人民民主专政需要工人阶级的领导。因为只有工人阶级最有远见，大公无私，最富于革命的彻底性。

《毛泽东选集》第四卷，第一四八三頁

群众是眞正的英雄，而我们自己则往往是幼稚可笑的，不了解这一点，就不能得到起碼的知識。

《毛泽东选集》第三卷，第七九〇頁

中国赫鲁晓夫刘少奇鼓吹的

黑"六論"之三：

"群众落后論"

在中国工人阶級中，有比較浓厚的行会性与流氓性。

一九三九年五月《中国职工运动简史》

工人阶級在一定的时候也可能是不能依靠的，……不要以为依靠工人阶级是没有問題的。

一九四九年对天津工作的指示

工人阶級也不是自然而然可以依靠的，要靠党去工作，椅子本来可以依靠的，有了毛病，不好靠了，修好了，又可以依靠，工作做不好就不能依靠。

一九四九年在七届二中全会上的講話

民众是什么，民众是人群，是有思想、有要求，能动的人群。民众不是木头或机器。

一九三九年《論組织民众的几个基本原则》

67

"农民这个名称所包括的内容，主要地是指贫农和中农。""贫农，……是农村中的半无产阶级，是中国革命的最广大的动力，是无产阶级的天然的和最可靠的同盟者，是中国革命队伍的主力军。""中农不但能够参加反帝国主义革命和土地革命，并且能够接受社会主义。因此，全部中农都可以成为无产阶级的可靠的同盟者，是重要的革命动力的一部分。"

《毛泽东选集》第二卷，第六三八页

没有贫农，便没有革命。若否认他们，便是否认革命。若打击他们，便是打击革命。

《毛泽东选集》第一卷，第二二页

很短的时间内，将有几万万农民从中国中部、南部和北部各省起来，其势如暴风骤雨，迅猛异常，无论什么大的力量都将压抑不住。他们将冲决一切束缚他们的罗网，朝着解放的路上迅跑。……一切革命的党派、革命的同志，都将在他们面前受他们的检验而决定弃取。

《毛泽东选集》第一卷，第一三页

乡村中一向苦战奋斗的主要力量是贫农。从秘密时期到公开时期，贫农都在那里积极奋斗。他们最听共产党的领导。他们和土豪劣绅是死对头，他们毫不迟疑地向土豪劣绅营垒进攻。

《毛泽东选集》第一卷，第二一——二二页

我们的权力是谁给的？是工人阶级给的，是贫下中农给的，是占人口百分之九十以上的广大劳动群众给的。我们代表了无产阶级，代表了人民群众，打倒了人民的敌人，人民就拥护我们。共产党基本的一条，就是直接依靠广大革命人民群众。

摘自《红旗》杂志一九六八年第四期社论《吸收无产阶级的新鲜血液———整党工作中的一个重要问题》

对广大人民群众是保护还是镇压，是共产党同国民党的根本区别，是无产阶级同资产阶级的根本区别，是无产阶级专政同资产阶级专政的根本区别。

摘自《人民日报》、《解放军报》一九六八年六月二日社论《七千万四川人民在前进———热烈欢呼四川省革命委员会成立》

散漫性、保守性、狭隘性、落后性，对于财产的私有观念，对于封建主的反抗性及政治上的平等要求等等。这就是农民阶级的特性。

一九四一年《人的阶级性》

我从前作工人运动、农民运动的工作，会判断情况，告诉他们怎样组织，怎样斗争，斗争胜利了，大家都鼓掌，以为我帮了他们忙，把功劳放在我一个人身上。因为你一走，他们就要糟糕，你的事情别人干不了。

一九四一年《民主精神与官僚主义》

我们对群众运动，一定要在领导上控制得住，……没有纪律、没有秩序的群众运动，不算群众运动。

一九四二年十二月《关于群众工作的几个问题》

在农村我们曾经宣传过劳动致富。什么是劳动致富呢？就是劳动发财，农民是喜欢发财的。

一九五一年在政协全国委员会民主人士学习座谈会上的讲话

假若象某种人所设想的那样，群众都是觉悟的、团结的，在群众中不存在剥削阶级的影响和落后的现象，那末革命还有什么困难呢？

一九六二年《修养》

要和群众中的落后意识、落后现象进行斗争，才能提高群众觉悟，……

一九六二年《修养》

几千万戶的农民群众行动起来，响应党中央的号召，实行合作化。……这是大海的怒涛，一切妖魔鬼怪都被冲走了。

《机会主义的邪气垮下去，社会主义的正气升上来》一文的按語、《中国农村的社会主义高潮》第七二九──七三〇頁

落后队的問題，……勉强搞下去，农民是担心的，群众沒信心，你今年搞不好，明年还搞不好，你不讓单干，不行嘛，今年不单干，明年要单干，你不讓他单干，他暗单干。

一九六二年八月对于加强生产責任制、提高农活質量問題汇报时的插話

毛主席教导我們：

我們共产党人不是要做官，而是要革命

共产党员无論何时何地都不应以个人利益放在第一位，而应以个人利益服从于民族的和人民群众的利益。因此，自私自利，消极怠工，貪汚腐化，风头主义等等，是最可鄙的；而大公无私，积极努力，克己奉公，埋头苦干的精神，才是可尊敬的。

《毛泽东选集》第二卷，第五一〇頁

我們共产党人不是要做官，而是要革命，我們人人要有彻底的革命精神，我們不要有一时一刻脱离群众。只要我們不脱离群众，我們就一定会胜利。

《关于共产国际的解散》一九四三年五月二十八日延安《解放日报》

任何一个共产党员，不論資格大小，职位高低，都必須把自己看成是人民的儿子，老老实实地，誠誠恳恳地，当人民的勤务员。

轉引自《人民日报》一九六六年七月二十八日社論《人民的好儿子》

共产党员絕不可脱离群众，絕不可高踞于群众之上，做官当老爷，而应当以普遍劳动者的姿态，出现在群众面前，深入于群众之中，同群众打成一片。

引自《人民日报》一九六六年八月二十日社論《毛主席和群众在一起》

这个军队之所以有力量，是因为所有参加这个军队的人，都具有自觉的紀律；他们不是为着少数人的或狭隘集团的私利，而是为着广大人民群众的利益，为着全民族的利益，而结合，而战斗的。紧紧地和中国人民站在一起，全心全意地为中国人民服务，就是这个军队的唯一的宗旨。

《毛泽东选集》第三卷，第一〇三九頁

中国赫魯晓夫刘少奇鼓吹的

黑"六論"之四：
"入党做官論"

共产党出风头的，就是最不想出风头的人，如果你愿做一些人家不愿做的事，不怕倒霉，不怕困苦，自然得到同志的拥护爱戴与推荐，这风头便是你們出了。相反的，你們专門想出风头，好的事情你便去居功占便宜，倒霉的事总想推别人，沒有你的份，这样，党和同志决不会捧你的。

一九四一年四月对盐城保卫人员訓練班的講話

过去考上秀才就可以做官，现在加入了共产党，也可以做官，这个党员就是干部的后备名单。

一九五一年三月在全国第一次組织工作会議上的报告

做工作，总会要提升的。……你想要得的，一定得不到；你不想得的，倒能得着。你看，我以前根本沒有想当国家主席，杀头也不顾，现在不也当上国家主席了嗎？

一九六五年的一次談話

我也是中学毕业，沒进大学，和我一起的有許多人进了大学，我不是吃了亏嗎？不见得。我看許多人还不如我。……参加革命我是第一代，现在当了中央委员。

一九五七年在河南許昌学生代表座談会上的講話

当然，要起作用，必須要有相当的地位。一个普通党员起的作用就小，一个領导者起的作用就大。但这是沒有多大关系的，只要他眞有本領，眞能起积极作用，则虽然今天沒有重要地位，到明天、后天仍会有重要地位給他的。党会提拔他的。

一九四一年《論党员在組织上和紀律上的修养》

全心全意地为人民服务，一刻也不脱离群众；一切从人民的利益出发，而不是从个人或小集团的利益出发；向人民負責和向党的领导机关負責的一致性；这些就是我们的出发点。

《毛泽东选集》第三卷，第一〇九五——一〇九六頁

我们一切工作干部，不論职位高低，都是人民的勤务員，我们所做的一切，都是为人民服务，我们有些什么不好的东西舍不得丢掉呢？

《一九四五年的任务》，一九四四年十二月十六日延安《解放日报》

无产阶级革命事业的接班人，是在群众斗争中产生的，是在革命大风大浪的鍛炼中成长的。应当在长期的群众斗争中，考察和識别干部，挑选和培养接班人。

轉摘自《关于赫魯晓夫的假共产主义及其在世界历史上的教訓》，一九六四年七月十四日《人民日报》

党的历史上，这样的事情很多，党号召干什么就干什么，党号召土地改革，上山打游击，他就干，不是成功了嗎？当时当农民的人，现在当了将军。如果不根据党的指示，順这一方向去做，不能当将军。那时候，有不少人比现在当将军的人聪明的多，他们以为上山打游击，划不来，不去，就当不了将军。

一九五八年六月在旧《北京日报》的談話

比較起来，还是上山（指"一二·九"以后——編者）的个人成就比較大。那时上了山的北京大学生，现在有的都是地委书記，部长助理，有的是副部长，不上山的现在也在工作，但当不了地委书記。地質部副部长××，当时学地質，后来上了山，现在当副部长。但老学地質的，不能当部长，当不了。这是历史事实。

同   上

不怕吃亏，不怕流血流汗，为了大家。长期这样坚持做下去，不要为一时的挫折而动摇，这样經过一个时期，你就可能入团，再經过长期的努力，你就可能入党。……不管作什么，当农民也一样，干得好，工作能力强，就会当生产队长、大队长，公社书記……不要自己向上爬，别人也会选举你。

一九五九年的一次談話

党内如果沒有矛盾和解决矛盾的思想斗争，党的生命也就停止了。

对立的統一是有条件的、暂时的、过渡的，因而是相对的，对立的斗争则是絕对的。这个规律，列宁講得很清楚。

《关于正确处理人民内部矛盾的問題》

一九二七年中国大资产阶级战败了无产阶级，是通过中国无产阶级内部的（中国共产党内部的）机会主义而起作用的。当着我们清算了这种机会主义的时候，中国革命就重新发展了。

《毛泽东选集》第一卷。第二九一頁

中国赫鲁晓夫刘少奇鼓吹的

黑"六論"之五：

"党内和平論"

許多同志是机械的錯誤的了解列宁的原则，把列宁的原则絕对化。他们認为……，党内斗争的必要，就否定了党内和平，……

一九四一年七月《論党内斗爭》

在我們党内公开提出系統的組織上的右傾机会主义的理论，是还沒有的。

同   上

党内也常常有敌人和敌对思想混进来，……对于这种人，毫无疑义地是应该采用残酷斗争或无情打击的手段的，因为那些坏人正在利用这种手段对付党，我们如果还对他们宽容，那就会正中坏人的奸计。但是不能用同一手段对付偶然犯錯誤的同志；……

《毛泽东选集》第三卷，第八三六頁

党組織应是无产阶级先进分子所組成，应能領导无产阶级和革命群众对于阶级敌人进行战斗的朝气蓬勃的先鋒队組織。

摘自一九六八年中央两报一刊元旦社論《迎接无产阶級文化大革命的全面胜利》

我们主張积极的思想斗争，因为它是达到党内和革命团体内的团结使之利于战斗的武器。每个共产党員和革命分子，应该拿起这个武器。

《毛泽东选集》第二卷，第三四七頁

历史告訴我们，正确的政治的和军事的路綫，不是自然地平安地产生和发展起来的，而是从斗争中产生和发展起来的。一方面，它要同"左"傾机会主义作斗争，另一方面，它又要同右傾机会主义作斗争。不同这些危害革命和革命战争的有害的傾向作斗争，并且彻底地克服它们，正碓路綫的建设和革命战争的胜利，是不可能的。

《毛泽东选集》第一卷，第一七九頁

共产党内正确思想和錯誤思想的矛盾，如前所說，在阶级存在的时候，这是阶级矛盾对于党内的反映。这种矛盾，在开始的时候，或在个别的問題上，并不一定馬上表現为对抗性的。但随着阶级斗争的发展，这种矛盾也就可能发展为对抗性的。

《毛泽东选集》第一卷，第三二三頁

必须注意有步骤地吸收覺悟工人入党，扩大党的組織的工人成份。

《为争取国家财政經濟状况的基本好轉而斗争》（一九五〇年六月六日），轉引自《紅旗》杂志一九六八年第四期社論《吸收无产阶級的新鮮血液——整党工作中的一个重要問題》

我们同资产阶级和小资产阶级的思想还要进行长期的斗争。不了解这种情况，放弃思想斗争，那就是錯誤的。凡是錯誤的思想，凡是毒草，凡是牛鬼蛇神，都应該进行批判，决不能讓它们自由泛滥。

《在中国共产党全国宣傳工作会議上的講話》

他們常用开展斗争的办法，去开展工作，推动工作，故意去寻找"斗争对象"（党内的同志）作为"机会主义的代表者"来开展斗争，牺牲与打击这一个或这几个同志，"杀鷄給猴看"，以推动其他的干部党員去努力工作，完成任务。

同　上

中国党是中华民族最聪明的优秀的男女組織起来的。

一九四一年《中国革命的战略与策略》

在党内，在群众内部，革命队伍內部，不采取和的方針又想打倒敌人，那就走不通。既不能团结自己，也不能战胜敌人。……所以在我們党内是講統一，講和气，講团结的这个方針。

一九四四年在一次干部会上的講話

即使在陈独秀的錯誤路綫时期，我們全党就統一在陈独秀的路綫下，以后統一在"左"傾路綫之下，后来又統一在毛泽东同志的路綫下，我們党无論何时都保持党的統一不分裂，保持党的紀律，不是各干各的。……就是說无論党的路綫正确或錯誤，党都保持統一。……党的分裂造成的損害更大于革命失败所造成的損失，因此应当忍耐，而且要忍痛。

一九五七年接见某兄弟党代表时的談話

现在我国还存在两条路綫的斗争，但主要是两种方法的斗争。……这是一场在建设問題上方針或路綫的斗争，不是社会主义与资本主义两条道路的斗争，而是方法的斗争。

一九五八年四月七日在成都会議上的講話

工商界有几个参加共产党好不好？有点榜样。搞几个。……你资本家也当了，也沒有整你，又入了党，則更好了。

一九六〇年一月的一次講話

当着党内某种争論已經发生的时候，許多同志把工作放着不做，而去整天整月地进行空洞的争辯，或者任意地放縱起来，在这种争辯中使党内的团结松懈，使党的紀律削弱，使党的威信受到損害，把我們战斗的党的組織和党的机关变为争辯的乐俱部。

一九六二年《修养》

廬山出现的这一場斗争，是一場阶级斗争，是过去十年 会主义革命过程中资产阶级与无产阶级两大对抗阶级的生死斗争的繼續。在中国，在我党，这一类斗争，看来还得斗下去，至少还要斗二十年，可能要斗半个世纪，总之要到阶级完全灭亡，斗争才会止息。

引自《紅旗》杂志一九六七年第十三期社論《从彭德怀的失败到中国赫鲁晓夫的破产》

廬山会議后，不适当地在农村、企业和学校的干部中，甚至在群众中也展开反右傾斗争，在許多地方、部門发生了反右傾斗争扩大化的現象。

一九六二年一月在扩大的中央工作会議上的講話

廬山会議后反右是不对的，搞得全国后遺症，中央要负責。

一九六四年六月在河北地委書記座談会上的講話

毛主席教导我們：

共产党員无論何时何地都不应以个人利益放在第一位，而应以个人利益服从于民族的和人民群众的利益。

每个共产党員入党的时候，心目中就悬着为現在的新民主主义革命而奋斗和为将来的社会主义和共产主义而奋斗这样两个明确的目标，……

《毛泽东选集》第三卷，第一〇五九———一〇六〇頁

以中国最广大人民的最大利益为出发点的中国共产党人，相信自己的事业是完全合乎正义的，不惜牺牲自己个人的一切，随时准备拿出自己的生命去殉我们的事业，难道还有什么不适合人民需要的思想、观点、意見、办法，舍不得丢掉的吗？

《毛泽东选集》第三卷，第一〇九七頁

白求恩同志毫不利己专門利人的精神，表現在他对工作的极端的負責任，对同志对人民的极端的热忱。每个共产党員都要学习他。

我们大家要学习他毫无自私自利之心的精神。从这点出发，就可以变为大有利于人民的人。一个人能力有大小，但只要有这点精神，就是一个高尚的人，一个純粹的人，一个有道德的人，一个脱离了低级趣味的人，一个有益于人民的人。

《毛泽东选集》第二卷，第六五三——六五四頁

中国赫鲁晓夫刘少奇鼓吹的

黑"六論"之六：

"公私溶化論"

个人志願、兴趣是允許的，党分配工作时尽量照顧，但不能完全照顧。……說有个人志願就是个人主义，也过于絕对。

一九五八年六月在旧《北京日报》的談話

在党的利益与党的发展中包括着党員个人的利益与发展。党的阶级的成功与胜利，也就是党員的成功与胜利。党員只能在爭取党的发展、成功与胜利中，来发展自己，不能够离开党的发展而去爭取个人的独立发展。也只有党的发展、成功与胜利，党員才能发展自己，否則党員就不能发展。

一九三九年《修养》

个人利益一定要照顧，沒有个人利益即无整体利益，个人利益集中起来即是集体利益。……因此，不是大公无私，而是大公有私，公私兼顧，先公后私。

一九六〇年二月同民建会中央、全国工商联領导人的談話紀要

一个共产党员，应该是襟怀坦白，忠实，积极，以革命利益为第一生命，以个人利益服从革命利益；无論何时何地，坚持正确的原则，同一切不正确的思想和行为作不疲倦的斗争，用以巩固党的集体生活，巩固党和群众的联系；……

《毛泽东选集》第二卷 第三四九页

一个人做点好事并不难，难的是一輩子做好事，不做坏事，一貫的有益于广大群众，一貫的有益于青年，一貫的有益于革命，艰苦奋斗几十年如一日，这才是最难最难的呵！

《吳玉章同志六十寿辰祝詞》一九四〇年一月二十四发《新中华报》

有許多党员，在組織上入了党，思想上并没有完全入党，甚至完全沒有入党。这种思想上沒有入党的人，头脑里还裝着許多剝削阶级的脏东西，根本不知道什么是无产阶级思想，什么是共产主义，什么是党。……有些人就是一輩子也沒有共产党员的气味，只有离开党完事。

《毛泽东选集》第三卷，第八七六頁

修正主义者，右傾机会主义者，口头上也掛着馬克思主义，他们也在那里攻击"教条主义"。但是他们所攻击的正是馬克思主义的最根本的东西。

《关于正确处理人民內部矛盾的問題》

艰苦的工作就象担子，摆在我们的面前，看我们敢不敢承担。担子有輕有重。有的人拈輕怕重，把重担子推給人家，自己拣輕的挑。这就不是好的态度。有的同志不是这样，享受 讓 給 人家，担子拣重的挑，吃苦在别人前头，享受在别人后头。这样的同志就是好同志。这种共产主义者的精神，我们都要学习。

《毛泽东选集》第四卷，第一一六〇頁

我们应该是老老实实地办事；在世界上要办成几件事，沒有老实态度是根本不行的。什么人是老实人？馬克思、恩格思、列宁、斯大林是老实人，科学家是老实人。什么人是不老实的人？托洛茨基、布哈林、陈独秀、张国燾是大不老实的人。为个人利益为局部利益鬧独立性的人也不是老实的人。一切狡猾的人，不照科学态度办事的人，自以为得計，自以为很聪明，其实都是最蠢的，都是沒有好結果的。

《毛泽东选集》第三卷，第八二四頁

应該把屬于党的公共的事物，当作自己的事物，应把公家的东西当作自己的东西一样来爱惜它，把党的公共的工作当作自己的工作一样尽心努力負責去作。只有这样，……才成为一个好的党员。

——九四〇年《作一个好党员，建設一个好党》

只要一心一意地为国家工作，即使开头有人不相信你，总有一天会相信你。不要顧两头，要奔改造、服务的一头。要一边倒。有了这一头，就有那一头。全心全意为人民服务，个人利益就会来。反之，不顧国家、人民的利益，个人利益也顧不到的。

九六〇年二月同民建会中央、全国工商联領导人的談**話紀要**

我们加入党，是看到个人問題横竪 解 决 不了，先解决国家利益，国家社会問題解决了，个人問題也解决了。随着大家利益的提高，个人利益也会提高。只要有貢献，社会一定有适当的报酬，不会大家都好了，你餓飯，那是阶級社会的事。

一九六〇年的一次談話

占小便宜，吃大亏，吃点小亏，占大便宜，这是合乎馬列主义无产阶级世界观的。

同　上

不要拾了芝麻，丢了西瓜。要看得远些。吃点小亏，有光明的发展前途。不知你們怎么样，我是有这个經驗的。

一九六一年对天华大队几个干部講話

共产党员不要怕吃亏。規律是占小便宜要吃大亏。有些人什么亏也不吃，有威信的事他去做，占小便宜，这样一年二年可以，十年八年就不相信他了，結果吃了大亏。老实人，做老实事，說老实话，暂时看起来是吃了点小亏，十年八年相信你了終究是不吃亏。

一九六四年在天津市委書記座談会上的講話

绝　密　　　　　　　　　　　编号

批判林彪资产阶级
军事路线的若干问题

（之一，未定稿）

中共中央办公厅 印发

军 事 科 学 院

一九七二年八月十五日

林彪在平津战役中的问题

一九四八年冬，西北野战军在陕东澄城、郃阳、蒲城地区发动的、歼敌五万九千余人的三次攻势已胜利结束，东北野战军全歼东北之敌，华东野战军和中原野战军联合进行的淮海战役正在顺利发展，全国形势对我十分有利。在此情况下，平津之敌已成惊弓之鸟。因此，能否稳住平津之敌，使其无法从海上南逃和向绥远西窜，是我军实现就地歼灭该敌的关键。为此，毛主席令淮海前线我军暂时留下杜聿明指挥之邱清泉、李弥、孙元良诸兵团之余部，两星期内不作最后歼灭之部署，令太原前线我军缓攻太原，以麻痹平、津之敌；令华北杨罗耿兵团暂时不打新保安之敌三十五军，以便吸引平、津之敌不好定下从海上逃走的决心；令东北野战军提前秘密入关，并对入关的时间、路线以及入关后的行动方针问题，都作了详细的布置，以求稳住平、津之敌。此外，并令山东军区集中一部分兵力控制济南附近一段黄河，防平、津之敌沿津浦线南下向青岛

逃跑。（附图一）

（一）关于东北野战军的入关时间问题。毛主席早在辽沈战役结束前，即一九四八年十月二十九日和十一月一日就已电示林彪，叫他督促先遣部队"四纵、十一纵等部向北平附近速进。"

毛主席一九四八年十一月十六日四时又电示林彪："你们主力早日入关，包围津、沽、唐山，在包围姿态下进行休整，则敌无从从海上逃跑。"

军委一九四八年十一月十七日再次指示林彪："东北野战军提前于本月二十五日（十一月二十五日）左右起向关内开动。"

但林彪在一九四八年十一月十七日给军委的电报中却说："东北主力提早入关很困难。"并且还为他的所谓"困难"找了两个借口：一是说"东北解放后，部队思想发生很大波动，东北籍战士怕离开家乡，怕走路太远，甚至某些干部已开始生长享受情绪。""同时新兵与俘虏战士的补充还未就绪，争取工作也要有相当时间，否则逃亡减员会更为严重"，对东北籍的广大指战员入关解放全中国的革命积极性作了完全颠倒的反映。二是说"部队冬大衣、棉帽、棉鞋尚未發下。"而實際情況則是部隊冬裝一部已經發下，不足者在我軍已控制了入關鐵路幹線的情況下，完全可以隨後趕運。

毛主席針對林彪的上述藉口，於一九四八年十一月十八日嚴令林彪："你們立即令各縱以一、二天時間完成出發準備，於二十一日或二十二日全軍或至少八個縱隊取捷徑以最快速度行進，突然包圍唐山、塘沽、天津三處敵人，不使逃跑，並爭取使中央軍不戰投降（此種可能很大）。"

林彪經過毛主席和中央軍委的三令五申，才勉強同意部署東北主力於一九四八年十一月二十三日開始入關。

（二）關於東北野戰軍的入關行軍路線問題。毛主席於一九四八年十一月二十日電示林彪說："傅、蔣在山海關的一個軍尚未撤退，其目的是估計你們主力入關必走該地，讓該部先擋一擋，爭取主力逃跑或固守之餘裕時間。因此，你們主力入關應取四縱、十一縱所走道路，不要走山海關。"又說："部隊行動須十分蔭蔽。"

毛主席在一九四八年十一月二十一日電示林彪："你們可以位於錦州、打（大）虎山、營口等地之五個縱隊於二十三日出发，取捷径夜行晓宿荫蔽迅速行进。""各部均走热河境内出冀东，不走山海关。沈阳地区各部及总部大行李则应缓若干天出发，走山海关附近出唐山。如林（彪）、罗（荣桓）、刘（亚楼）决定先走，则携带轻便指挥机构先行，并于走后一星期左右在沈阳报上登出一条表示林尚在沈的新闻，并经新华社广播。各部队均应注意荫蔽。"

毛主席在一九四八年十一月二十四日又电示林彪："你们后尾部队及总部亦不要走山海关。"

林彪却拒不执行毛主席的上述指示。他在一九四八年十二月七日给军委的电报中说："由于山海关以北山地及平泉到遵化的路上人烟稀少，所过部队太多，同时我们大量军队经长途行军南下，敌每日夜均有飞机侦炸，已无秘密可言。昨已令我最后尾之三个军（三十九军、四十九军、四十四军）经兴城、绥中、山海关前进。"（附图二）

（三）关于东北野战军入关后的行动问题。毛主席明确规定第一阶段应首先包围天津、塘沽、芦台、唐山，断敌海上退路，与向张家口、新保安急进的华北部队一道完成对平、津、张之敌的战略包围和战役分割，然后各个歼灭该敌。

林彪却提出要用第三、第五两个纵队先打南口敌十六军的错误主张。他在一九四八年十二月七日二十一时三十分给军委的电报说："为保证确实歼灭傅作义全部及南口之十六军，我们意见以先到之第三、第五两个纵队立即经平谷与顺义附近，以五、六天行程插到南口附近，参加作战。届时如平张间战役结束，则我之先头两个纵队即转至北平、通县以南，防平敌南退。"

毛主席一九四八年十二月八日七时电示林彪："**你们想以第三、第五两纵去打十六军，在全盘计划上是不妥的。现傅作义有十四个师、一个骑兵师集中北平、涿县、通县、顺义、南口区域（下花园、怀来之五个师未计在内），你们的首要任务是不使这些敌人逃至天津。其方法是以四个纵队占领廊坊、香河之线，隔断平津联系。**"又说："**在平津未隔断的条件下，如果你们除程（子华）、黄（克诚）外再使用两个纵队去打南口的十六军，并把十六军消灭了，那就有迫使北平之敌早日逃至天津、塘沽的危险。**"最后毛主席还明确指示林彪："**因此，你们仍应**

静候后续兵力到达，准备实行隔断平津、包围唐山、歼击芦塘之计划。"

林彪却继续坚持他以三、五两纵队使用于南口方面的错误主张。他在一九四八年十二月十日十八时给军委的电报说："已令三、五两纵全力向南口前进，抓住南口之敌和防止平敌继续北援，并在南口以南寻机歼敌。该两纵统归肖（华）、陈（伯钧）指挥。五纵本晚以强行军出发，估计十二号早晨即可到南口附近。"

毛主席针对林彪上述错误，于一九四八年十二月十一日九时急电林彪，严令**"三纵不应去南口"**，并告**"理由详另电"**，才制止了林彪先打南口的错误行动。

毛主席在同一天致电林彪进一步指出："一、张家口、新保安、怀来和整个北平、天津、塘沽、唐山诸敌，除某几个部队例如三十五军、六十二军、九十四军中的若干个别的师，在依靠工事保守时尚有较强的战斗力外，攻击精神都是很差的，都已成惊弓之鸟，尤其你们入关后是如此。切不可过分估计敌人的战斗力。我们有些同志过去都吃了过分估计敌人战斗力的亏，经过批评后他们也已懂得了。现在张家口、新保安两敌确已被围，大体上很难突围逃走。十六军约有一半迅速被歼。怀来敌一〇四军慌忙南逃，估计今日或明日可能被歼。该敌被歼后，你们准备以四纵由西南向东北切断南口和北平间联系。估计此着不易实现，不是九十四军和十六军残部迅速撤回北平，就是九十四军、十六军和九十二军一起集中南口、昌平、沙河镇区域集团防守。但四纵此举直接威胁北平西北郊和北郊，可以箝制这些敌人不敢动。若这些敌人再敢西进接援三十五军，则可以直接切断其后路或直接攻北平，因此，这些敌人大约不敢再西进。我华北杨罗耿兵团以九个师包围三十五军三个师，是绝对优势。他们提出早日歼灭该敌，我们拟要他们暂时不要打，以便吸引平津之敌不好下从海上逃走的决心。他们此次以两个纵队围住三十五军，以一个纵队阻住一〇四军，两敌都被击退。

"二、我们现在同意你们以五纵立即去南口附近，从东北面威胁北平、南口、怀柔诸敌。将来该纵即位于该地，以便将来（大约在十天或十五天之后，即在华北杨罗耿兵团歼灭三十五军之后）腾出四纵使用于东面。如此，请令五纵本日仍继续西进。

"三、三纵决不要去南口，该纵可按我们九日电开至北平以东、通县以南地区，从东面威胁北平，同四纵、十一纵、五纵形成对北平的包围。

"四、但我们的真正目的不是首先包围北平，而是首先包围天津、塘沽、芦台、唐山诸点。

"五、据我们估计，大约十二月十五日左右你们的十纵、九纵、六纵、八纵、炮纵、七纵就可集中于玉田为中心的地区。我们提议，十二月二十日至十二月二十五日数日内即取神速动作，以三纵（由北平东郊东调）、六纵、七纵、八纵、九纵、十纵等六个纵队包围天津、塘沽、芦台、唐山诸点之敌，如果诸点之敌那时大体仍如现时状态的话。其办法是以两个纵队位于以武清为中心的地区，即廊房、河西务、杨村诸点，以五个纵队插入天津、塘沽、芦台、唐山、古冶诸点之间，隔断诸敌之联系。各纵均须构筑两面阻击阵地，务使敌人不能跑掉，然后休整部队，恢复疲劳，然后攻歼几部分较小之敌。此时，四纵应由平西北移至平东。我华北杨罗耿兵团应于四纵移动之前歼灭新保安之敌。东面则应依情况，力争先歼塘沽之敌，控制海口。只要塘沽（最重要）、新保安两点攻克，就全局皆活了。以上部署，实际上是将张家口、新保安、南口、北平、怀柔、顺义、通县、宛平（涿县、良乡已被我占领）、丰台、天津、塘沽、芦台、唐山、开平诸点之敌一概包围了。

"六、此项办法，大体上即是你们在义县、锦州、锦西、兴城、绥中、榆关、滦县线上作战时期用过的办法。

"七、从本日起的两星期内（十二月十一日至十二月二十五日）基本原则是围而不打（例如对张家口、新保安），有些则是隔而不围（即只作战略包围，隔断诸敌联系，而不作战役包围，例如对平、津、通州），以待部署完成之后各个歼敌。尤其不可将张家口、新保安、南口诸敌都打掉，这将迫使南口以东诸敌迅速决策狂跑，此点务求你们体会。

"八、为着不使蒋介石迅速决策海运平津诸敌南下，我们准备令刘伯承、邓小平、陈毅、粟裕于歼灭黄维兵团之后，留下杜聿明指挥之邱清泉、李弥、孙元良诸兵团（已歼约一半左右）之余部，两星期内不作最后歼灭之部署。

"九、为着不使敌人向青岛逃跑，我们准备令山东方面集中若干兵力控制济南附近一段黄河，并在胶济线上预作准备。

"十、敌向徐州、郑州、西安、绥远诸路逃跑，是没有可能或很少可能的。

"十一、唯一的或主要的是怕敌人从海上逃跑。因此，在目前两星期内一般应采围而不打或隔而不围的办法。

"十二、此种计划出敌意外，在你们最后完成部署以前，敌人是很难觉察出来的。敌人现时可能估计你们要打北平。

"十三、敌人对于我军的积极性总是估计不足的，对于自己力量总是估计过高，虽然他们同时又是惊弓之鸟。平津之敌决不料你们在十二月二十五日以前能够完成上列部署。

"十四、为着在十二月二十五日以前完成上列部署，你们应该鼓励部队在此两星期内不惜疲劳，不怕减员，不怕受冻受饥，在完成上列部署以后，再行休整，然后从容攻击。

"十五、攻击次序大约是：第一塘芦区，第二新保安，第三唐山区，第四天津、张家口两区，最后北平区。

"十六、你们对上述计划意见如何？这个计划有何缺点？执行有何困难？统望考虑电告。"（附图三）

由于毛主席在平津战役开始时就为我军制定了完全正确的战役方针，并采取了一系列有力措施，纠正了林彪的错误，于一九四九年一月三十一日完成了平津战役，取得了歼灭和改编五十二万国民党军的伟大胜利。

中 共 中 央 办 公 厅　　　．一九七三年五月三十一日印发

北 京 军 区 政 治 部　　　一九七四年六月十六日翻印

《无产阶级革命和叛徒考茨基》

学习参考材料

中共河北省委党校印

一九七三年五月

列 宁 语 录

无产阶级的革命专政是由无产阶级对资产阶级采用暴力手段来获得和维持的政权，是不受任何法律约束的政权。

毛 主 席 语 录

　　总结我们的经验，集中到一点，就是工人阶级（经过共产党）领导的以工农联盟为基础的人民民主专政。这个专政必须和国际革命力量团结一致。这就是我们的公式，这就是我们的主要经验，这就是我们的主要纲领。

目　录

序　言

考茨基怎样把马克思变成了庸俗的自由主义者

资产阶级民主和无产阶级民主

苏 维 埃 宪 法

什 么 是 国 际 主 义

附录一
关于立宪会议的提纲

附录二
王德威尔得论国家的新书

《无产阶级革命和叛徒考茨基》
学习参考材料

《无产阶级革命和叛徒考茨基》一书，是列宁阐述无产阶级革命和无产阶级专政理论的重要著作，写于1918年10月至11月。

在这部著作中，列宁根据马克思主义的普遍真理，总结了布尔什维克领导十月革命和建立苏维埃政权的经验，阐明了无产阶级革命和无产阶级专政的理论，阐明了无产阶级领导广大贫苦农民以暴力革命打碎资产阶级国家机器、建立无产阶级专政的革命路线。列宁对第二国际思想领袖考茨基的名曰《无产阶级专政》、实际上是攻击无产阶级专政的反动小册子，进行了深刻的批判，指出这是第二国际修正主义路线彻底破产的一个最鲜明的例子。列宁的这一光辉著作在当时对提高无产阶级和广大人民识别真假马克思主义的能力、推动欧洲和全世界无产阶级革命起了重要的作用。

当前，全党全军和全国人民，正在遵照伟大领袖毛主席的教导，深入进行思想和政治路线方面的教育，开展批修整风运动，学习列宁的《无产阶级革命和叛徒考茨基》具有重大的现实意义。通过学习，我们要深刻领会马克思列宁主义关于无产阶级革命和无产阶级专政的理论，深刻领会毛主席关于无产阶级专政下继续革命的理论，揭露和批判刘少奇一类骗子恶毒攻击我国无产阶级专政，妄图从根本上改变党在整个社会主义历史阶段的基本路线和政策，颠覆无产阶级专政，复辟资本主义的滔天罪行，提高识别真假马克思主义的能力，提高阶级斗争、路线斗争和无产阶级专政下继续革命的觉悟，自觉地执行和捍卫毛主席的无产阶级革命路线，加强党的建设，巩固我国的无产阶级专政，夺取社会主义革命和社会主义建设的更大胜利。

序　言

在序言中，列宁说明了写作本书的目的、意义。指出，批判考茨基的反动小册子《无产阶级专政》，既是现实革命斗争的需要，又是过去与考茨基长期斗争的继续。

1 段：批判考茨基反动小册子的必要性。

1914—1918年帝国主义重新瓜分世界的反动战争，激起了各国人民的不满和愤怒。欧洲无产阶级革命日益迫近。在列宁领导下，俄国人民首先以暴力革命的手段，推翻了资产阶级统治，建立了无产阶级专政，为全世界无产阶级和劳动人民树立了光辉榜样，极大地促进了世界无产阶级革命和民族解放运动的发展，震撼和动摇了帝国主义的统治。

十月革命冲破了帝国主义阵线，改变了整个世界历史的方向，划分了整个世界历史的时代。

1918年1月，维也纳爆发了总罢工。接着，柏林五十万工人也举行了总罢工，德国的许多地区掀起了声势浩大的示威游行。1918年10月，捷克、匈牙利相继宣告独立，奥匈帝国土崩瓦解了。11月，波兰也宣告独立。德国的工人和士兵，从10月底起，纷纷起义，成立苏维埃，在许多地区掌握了政权。11月9日，柏林工人和士兵举行起义，德皇被迫退位。英、法、意等国也爆发了大规模的群众性罢工运动。因此，列宁指出："**关于无产阶级革命的问题，在许多国家中已实际地摆在日程上了。**"（第1页）*

帝国主义强盗们面临灭顶之灾。他们动用一切宣传工具，攻击布尔什维克实行"暴政"，造谣诽谤苏维埃政权"紊乱不堪"、"摇摇欲坠"。他们出钱出枪，极力支持俄国地主资产阶级白卫军发动反革命叛乱，同时还直接出兵进行武装干涉，妄图扼死年轻的苏维埃社会主义共和国。

考茨基的《无产阶级专政》这个反动小册子，就是适应帝国主义和俄国地主资产阶级的需要而出笼的。在这个小册子中，考茨基全面地、露骨地歪曲了马克思主义的无产阶级革命和无产阶级专政的理论，竭力攻击列宁领导的十月革命和俄国苏维埃政权，反对暴力革命，鼓吹和平过渡，妄图阻止当时蓬勃兴起的欧洲无产阶级革命运动，为维护帝国主义的统治效劳。考茨基的小册子，说明第二国际进一步遭到了**最彻底最可耻的破产**。

为了揭露考茨基背叛马克思主义、宣扬修正主义的叛徒嘴脸，捍卫马克思主义，提高欧洲和全世界无产阶级的觉悟，指引无产阶级革命运动沿着正确的道路前进，列宁写了《无产阶级革命和叛徒考茨基》这一光辉著作。

---

*引文中只注页数未注书名的，都是指《无产阶级革命和叛徒考茨基》人民出版社1971年单行本的页码。

2—4段：揭露考茨基在战争问题上的叛徒行径和"考茨基主义"的实质。

列宁在1915年发表的《社会主义与战争》一书中，揭露了考茨基在战争问题上的叛徒行径。

在第二国际时期，社会党人由于政治路线的分歧，形成了革命派同机会主义派的斗争。第一次帝国主义大战的爆发，加剧了这种斗争，改变了斗争形式，并且明显地分裂为三派。以列宁为代表的马克思主义左派正确地指出，第一次世界大战是两个帝国主义强盗集团（以德奥为主的同盟国与以英法俄为主的协约国）为重新瓜分世界而发动的掠夺战争，无产阶级必须实行"**变帝国主义战争为国内战争的行动路线。**"（《列宁选集》第2卷，第683页）*号召千百万群众调转枪口推翻本国资产阶级政府，实行社会主义革命。与此相反，谢德曼、普列汉诺夫等右派（公开的社会沙文主义者）抹杀战争的帝国主义性质，用"保卫祖国"的骗人口号，公开跟本国资产阶级政府结成联盟，反对无产阶级革命，支持帝国主义的侵略战争。考茨基以"中派"面目出现，妄图把两者"调和"起来。他一方面要求各国无产阶级"拿出自己的全部力量来使国土的独立和完整不受侵犯"，即承认"保卫祖国"；另一方面主张社会民主党议员在资产阶级议会表决军事拨款时放弃表决权，对左派作表面的让步。考茨基在战前著书立说，论述革命时代的逼近和战争同革命的联系，并在巴塞尔宣言上签了字；但当战争到来时，他背弃诺言，"**千方百计地替社会沙文主义辩护和粉饰**"，"**与资产阶级同流合污，**

---

* 凡引自《列宁选集》的引文，都是指人民出版社1972年10月第二版。

讥笑一切革命意图，讥笑一切直接进行革命斗争的步骤。"（第2页）把无产阶级革命诬蔑为"空想"、"冒险"和"胆大妄为"。考茨基打着无产阶级国际主义的幌子，干着社会沙文主义的卑鄙勾当，是隐蔽的社会沙文主义者。

由此可见，考茨基主义是一种披着马克思主义外衣的修正主义。**"考茨基主义不是偶然现象，而是第二国际矛盾的社会产物，是口头上忠实于马克思主义而实际上屈服于机会主义的社会产物。"**（第2页）自从恩格斯逝世以后，以工人贵族为基础的机会主义嚣张起来了，第二国际内部马克思主义同修正主义的斗争日益激化。考茨基畏首畏尾，犹豫动摇，主张和修正主义者"保持统一"和维持"党内和平"。这样，他就必然背叛马克思主义，滚入修正主义的泥坑。列宁指出：**"'中派'＝机会主义者的奴仆。"**（《列宁全集》第1卷，第9页）考茨基主义比公开的修正主义更有害于无产阶级的革命事业。**"工人阶级不进行无情的战斗，来反对这种叛徒行径、这种没有气节、向机会主义献媚、从理论上把马克思主义空前庸俗化的行为，便不能实现它的世界革命的目的。"**（第2页）

5段：揭露考茨基抹杀帝国主义矛盾，否定社会主义革命，同机会主义调和。

列宁在1916年写的《帝国主义是资本主义的最高阶段》一书中，给帝国主义下了一个科学的定义：**"帝国主义是发展到垄断组织和金融资本的统治已经确立、资本输出具有特别重大的意义、国际托拉斯开始分割世界、最大的资本主义国家已把世界全部领土分割完毕这一阶段的资本主义。"**（第3页）

列宁的定义指出了帝国主义的经济实质是垄断资本主义，即帝国主义是资本主义发展到垄断组织和金融资本统治已经确立了的最新阶段。在资本主义自由竞争的基础上，大企业凭借其优越的技术条件和雄厚的资本逐步吞并中、小企业，出现少数庞大的垄断组织。工业资本和银行资本逐步溶合成金融资本。一小撮金融资本家控制了全国的经济命脉。

垄断资本主义没有消灭竞争，相反，各个垄断组织之间的竞争，以更大的规模、更尖锐的形式出现。生产社会化和私人占有之间的矛盾愈益深化，经济危机愈加频繁。因此，资本主义社会的两个基本阶级——资产阶级同无产阶级的阶级斗争，也在更大的规模上展开。

垄断组织和金融资本的统治使大量资本集中在少数大资本家手中。此时，资本输出具有特别重大的意义。伴随着资本输出而来的政治上、军事上的侵略，加剧了宗主国同殖民地的矛盾。各垄断组织和**各帝国主义国家**之间为了争夺有利的投资场所、商品市场和原料产地，又勾结，又争夺。各国际垄断组织划分势力范围，几个最大的帝国主义国家把世界领土瓜分完毕。但是资本主义政治经济发展是极不平衡的，随着帝国主义国家间经济、**政治、军事**实力的变化，用发动战争的办法重新瓜分世界的斗争成为不可避免。帝国主义国家之间的矛盾必然要导致帝国主义战争。

因此，**列宁**的定义揭示了帝国主义的基本矛盾：资产阶级同无产阶级之间的矛盾、宗主国同殖民地的矛盾、帝国主义国家之间的矛盾。这种矛盾的存在和发展，必然要引起革命。**"帝国主义是无产阶级社会革命的前夜。"**（《列宁选集》第2卷，第737页）

列宁对考茨基在帝国主义问题上的修正主义观点进行了深刻的

批判，指出考茨基对帝国主义下的定义是完全错误的。"因为他不**认为帝国主义是'资本主义的一个阶段'，而断定帝国主义是金融资本'情愿采取'的一种政策，是'工业'国力图兼并'农业'国。**考茨基的这个定义在理论上完全是捏造出来的。帝国主义的特点恰恰**不在于工业资本的统治，而在于金融资本的统治，恰恰不单是力图兼并农业国，而且还力图兼并一切国家。考茨基把帝国主义的政治同它的经济割裂开了，把政治上的垄断制和经济上的垄断制割裂开了，来为他的鄙陋的资产阶级改良主义，即'裁军'、'超帝国主义'之类的谬论扫清道路。这种理论捏造的全部用意和目的，无非是要掩饰帝国主义的最深刻的矛盾，从而为同那些帝国主义辩护士即露骨的社会沙文主义者和机会主义者实行'统一'的理论辩护。**"（《列宁选集》第2卷，第885页）

列宁指出，考茨基对帝国主义的论断甚至比不上资产阶级和市侩。当时英国资产阶级经济学家霍布森，还估计到现代帝国主义国家的竞争和金融资本家控制商人这样两个特点，而考茨基的定义却是抹杀帝国主义之间的竞争，否认金融资本占据首要地位。

6—7段：揭露考茨基对马克思主义国家学说作了机会主义的歪曲。

1917年8．9月间，在俄国十月革命即将来临和欧洲无产阶级革命正在兴起的形势下，列宁写了《国家与革命》一书。在该书的第六章，集中批判了考茨基歪曲马克思主义国家学说的谬论。

根据马克思主义的国家学说，无产阶级必须用暴力革命的手段，打碎资产阶级国家机器，建立无产阶级专政的新型国家，象巴黎公社那样，用人民武装代替资产阶级的军队和警察，用真正的人民权力机关代替资产阶级奴役人民的官僚机构。但是，考茨基完全背叛了马克思主义的国家学说，诬蔑打碎资产阶级国家机器是"无政府主义"，叫嚷什么"内阁中没有一个部是我们……可以取消的"，"非有官吏不可"，反对打碎资产阶级的国家机关和建立无产阶级专政的国家机关。他提出："我们政治斗争的目的，和从前一样，仍然是以取得议会中多数的办法来夺取国家政权，并且使议会变成驾于政府之上的主宰。"列宁指出："**这就是最纯粹最卑鄙的机会主义，口头上承认革命，实际上背弃革命**。"（《列宁选集》第3卷，第274页）

8段：通过以上事实说明：列宁与考茨基之间早就存在着马克思主义同修正主义两条路线的斗争，列宁写作本书批判考茨基的小册子《无产阶级专政》，正是以往长期斗争的继续。

考茨基怎样把马克思变成了
庸俗的自由主义者

本章着重阐明了什么是无产阶级专政以及这一概念的基本标志，批判了考茨基用资产阶级自由主义篡改马克思主义的罪行。

考茨基阉割马克思主义的革命精神，特别是抹杀无产阶级专政的基本标志是革命暴力，把无产阶级专政的概念篡改为"在无产阶级占多数的情况下，从纯粹民主中必然产生出来的一种状态"。列宁批判了考茨基的谬论，捍卫和发展了马克思关于无产阶级专政的学说，并给无产阶级专政下了一个科学的定义："**无产阶级的革命**

专政是由无产阶级对资产阶级采用暴力手段来获得和维持的政权，是不受任何法律约束的政权。"（第9页）

本章共六十四个自然段，分为六个问题介绍：

一、要不要无产阶级专政是马克思主义同机会主义两条路线斗争的焦点（1—7段）

1段：无产阶级专政是无产阶级革命的根本内容。

列宁指出，无产阶级专政是无产阶级革命的根本内容。"**无产阶级革命，无产阶级革命的进展、规模和成绩，只有通过无产阶级专政才能具体实现。**"（《斯大林全集》第6卷，第96页）当时，先进国家即资本主义发展到帝国主义阶段的国家，社会主义革命的客观条件已经成熟，特别是在第一次世界大战后期，欧洲各交战国家发生了政治和经济危机，有些国家出现了一触即发的革命形势，通过暴力革命建立无产阶级专政的任务被提上了日程。但是，第二国际的机会主义领袖们却背叛无产阶级革命，反对建立无产阶级专政，妄图把无产阶级革命运动引上邪路。所以，列宁认为有仔细谈谈这个问题的必要。

2—4段：布尔什维克同孟什维克的斗争，是两条路线的斗争。

孟什维克和社会革命党是小资产阶级政党，是资产阶级的附庸。（参阅第75页）他们坚持要立宪会议，反对苏维埃，即坚持资产阶级专政，反对无产阶级专政。考茨基有意混淆问题，硬说布尔什维克和孟什维克、社会革命党的目标是一致的，都是要搞社会主义，只是前者要采取"专政方法"，后者要采取"民主方法"。列宁指出，布尔什维克同孟什维克、社会革命党的斗争，是建立无产阶级专政还是建立资产阶级专政两条路线的斗争，不是什么"专政方法"同"民主方法"的对立。民主和专政，是任何一种政权的两个侧面，没有民主的专政和没有专政的民主都是不存在的，问题是对哪个阶级民主，对哪个阶级专政。考茨基抽掉了民主和专政的阶级性，大谈两者的"根本对立"，就造成了**骇人听闻的理论上的混乱**。

5—7段：无产阶级专政就是用无产阶级民主代替资产阶级民主。

无产阶级专政是无产阶级国家代替资产阶级国家、无产阶级民主代替资产阶级民主的问题。考茨基在谈论无产阶级专政时，撇开这个明白而又现实的问题，却把资产阶级民主同中世纪的君主专制作比较，以说明资产阶级民主的优越和美妙！列宁说："**这根本是文不对题。**"（第4页）考茨基避开民主的阶级性问题，只谈"一般民主"，不谈资产阶级民主，仿佛"一般民主"总比"一般专政"好些。这些空话的要害是"**粉饰资产阶级民主，抹杀无产阶级革命的问题。**"（第5页）

二、无产阶级专政是马克思一贯的和根本的思想，把它说成是一个"词儿"，是背叛马克思主义（8—14段）

8—12段：考茨基把无产阶级专政说成是无关紧要的一个"词儿"。

马克思在《哥达纲领批判》中指出，从资本主义社会到共产主义社会之间，有一个过渡时期，"**这个时期的国家只能是无产阶级的革命专政。**"（第5页）考茨基把马克思的这一著名论断说成是无关紧要的，是马克思偶然用过的一个"词儿"。

13段：无产阶级专政是马克思总结他全部革命学说的著名论断。

列宁指出，马克思和恩格斯在巴黎公社前后，曾多次谈到无产阶级专政，并指明了无产阶级专政在他们学说中的地位。马克思和恩格斯在《共产党宣言》这一纲领性文献中就提出了无产阶级专政的思想："**无产阶级用暴力推翻资产阶级而建立自己的统治。**"（《马克思恩格斯选集》第1卷，第263页）＊马克思总结了1848年欧洲各国资产阶级民主革命的经验，特别是总结了法国工人六月起义的经验，指出无产阶级的失败"**使它认识了这样一条真理：它要在资产阶级共和国范围内稍微改善一下自己的处境只是一种空想，这种空想在一开始企图加以实现的时候就会成为罪行。于是……就由一个大胆的革命战斗口号取而代之，这个口号就是：推翻资产阶级！工人阶级专政！**"（《马克思恩格斯选集》第1卷，第417页）马克思在1852年3月5日致约·魏德迈的信中指出："**我的新贡献就是证明了下列几点：（1）阶级的存在仅仅同生产发展的一定历史阶段相联系；（2）阶级斗争必然要导致无产阶级专政；（3）这个专政不过是达到消灭一切阶级和进入无阶级社会的过渡……**"（《马克思恩格斯选集》第4卷，第332—333页）

列宁还指出，考茨基特别应该知道马克思和恩格斯谈论了四十年的"打碎"资产阶级国家机器的问题，也就是说的无产阶级专政。"**'无产阶级专政'这个公式不过是在历史上更具体、在科学上更确切地说明了无产阶级'打碎'资产阶级国家机器的任务**"（第6页）

＊凡引自《马克思恩格斯选集》的引文，都是指人民出版社1972年版。

1852年马克思在《路易·波拿巴的雾月十八日》一书中提出了打碎旧的国家机器的思想。（参看《马克思恩格斯全集》第8卷，第216页）马克思总结了1871年巴黎公社的经验，写了《法兰西内战》一书，指出：“**工人阶级不能简单地掌握现成的国家机器，并运用它来达到自己的目的。奴役他们的政治工具不能当成解放他们的政治工具来使用**。”（《马克思恩格斯选集》第2卷，第434页）1891年恩格斯为《法兰西内战》写了一篇导言，指出：“**正是军队、政治警察、官僚这种旧的集权政府的压迫权力……应该在全国各地覆没，正如它已在巴黎覆没一样。**”工人阶级“**应当铲除全部旧的、一直被利用来反对它的压迫机器**”，要“**炸毁旧的国家政权并以新的真正民主的国家政权来代替**”。“**近来，社会民主党的庸人又是一听到无产阶级专政就吓得大喊救命。先生们，你们想知道无产阶级专政是什么样子吗?请看看巴黎公社吧。这就是无产阶级专政。**”（《马克思恩格斯选集》第2卷，第334、335、336页）

从马克思和恩格斯这一系列的重要论述中可以看出，无产阶级专政的思想是马克思学说的实质，是马克思学说的精华，是马克思主义同形形色色的“社会主义”流派相区别的主要标志。考茨基竟然说无产阶级专政是马克思偶然提到的一个“词儿”，这是侮辱马克思主义。

14段：考茨基用折衷主义和诡辩术来偷换辩证法。

考茨基把无产阶级专政这一表达马克思主义的实质的重要公式，歪曲为一个“词儿”，不是偶然的。考茨基的惯用手法是把主要问题说成次要问题，把实质问题说成词句问题，模糊事物的本来面目,抹杀无产阶级革命中一切具体的和确切的东西。在对待无产阶级专政问题上，右派公开反对，左派公开拥护，考茨基耍了一套折衷主义和诡辩："一方面不能不意识到"马克思说过无产阶级专政，"另一方面应该承认"无产阶级专政的意思不是暴力，而是"纯粹民主"。考茨基通过这套诡辩，就把无产阶级专政变成机会主义者、甚至资产阶级都可以接受的东西。考茨基力图在马克思主义者同机会主义者之间，无产阶级同资产阶级之间，进行折衷、调和，但在事实上只能是口头上的马克思主义者，实际上的资产阶级奴才。

三、无产阶级专政是由无产阶级对资产阶级采用暴力手段来获得和维持的政权。考茨基歪曲无产阶级专政的概念，其要害是反对暴力革命和革命暴力（15—41段）

15—19段：考茨基给专政、无产阶级专政下的所谓定义。

考茨基在给无产阶级专政下定义时玩弄了一整套偷换概念的把戏：专政就是消灭民主，专政就是个人独裁，但"阶级专政"不同于"个人专政"，因此，无产阶级专政不是个人独裁，不是消灭民主，而是无产阶级用和平民主的方法"夺得了政权的一切地方必然出现的一种状态。"

20—26段：驳"专政这个词意味着消灭民主。"

考茨基说："按本义来讲，专政这个词意味着消灭民主。"

列宁指出："**第一、这不是定义。**"（第7页）因为它没有揭示专政这一概念的本质，而是在文字上做游戏。专政"意味着消灭民主"，只说的是专政与民主的对立，却没有回答专政是什么，所以说不是定义。"**第二、这显然不正确。**"（第7页）从奴隶社会以来，专政就不是消灭"一般"民主，而是消灭被统治阶级的民主，保护统治阶级的民主。不能离开阶级和阶级斗争的观点来谈民主和专政问题，**要具体地谈对哪个阶级的民主，对哪个阶级的专政**。例如在公元前罗马共和国时期，曾经爆发了斯巴达克领导的奴隶大起义，奴隶主阶级残酷地镇压了这次起义，把六千人钉死在从卡普亚到罗马的大道上。这件事情一下子就暴露了所谓罗马共和国实质上是奴隶主阶级专政。

27—30段：驳专政意味着"一个人的独裁"。

考茨基说：专政"这个词自然还意味着不受任何法律约束的一个人的独裁"。

列宁指出，"不受任何法律约束"的提法虽然是对的，但还没有给专政下定义。至于考茨基说专政就是"一个人的独裁"，这是不符合历史事实的谎话。实行专政的可能是一小群人，例如古罗马奴隶社会的前后三执政，就是职权相同的三个执政官掌握政权；也可能是寡头，例如封建皇帝；也可能是一个阶级，例如所谓"民主"的资产阶级共和国。当然，一小群人、寡头也是属于和代表一定的阶级的。由此可见，个人独裁仅仅是专政的一种形式，因而也没有揭示专政的实质。

考茨基扯起专政同专制的区别来（见16段），说什么专制是"经常的国家制度"，独裁（即专政）是"暂时的极端手段"。这种说法显然是错误的。专制是封建社会的君主专制制度，这种制度的特点就是实行君主的个人独裁，君主专制和个人独裁是没有什么区别的。考茨基把问题愈扯愈乱，为的是避免给专政下定义。

31—34段：列宁给专政、无产阶级专政下的定义。

"专政是直接凭借暴力而不受任何法律约束的政权。"

"无产阶级的革命专政是由无产阶级对资产阶级采用暴力手段来获得和维持的政权，是不受任何法律约束的政权。"（第9页）

专政的必要标志是暴力，没有暴力，任何一种专政都既不能建立，也不能维持。所谓"不受任何法律约束"，是说暴力是最有权威的东西，法律是以暴力为后盾的，否则就是一纸空文。任何专政都是不受法律约束的，为了掌握政权的阶级的利益，它可以制定、修改、废除任何法律。

35—41段：考茨基歪曲专政的定义，目的在于反对革命暴力和暴力革命。

考茨基偷换概念，把无产阶级专政说成是在资产阶级"民主"条件下"和平地"获得多数后出现的"统治的状态"。他还特别指出："必须防止把这种作为状态的专政同那种作为管理形式的专政两者混淆起来。"考茨基的意思是说，他主张的"状态的专政"，是用和平、民主的方法，在议会里面取得大多数；而布尔什维克主张的"管理形式的专政"则是凭借暴力的专政。他诬蔑布尔什维克歪曲了无产阶级专政的本义。

列宁指出，把"状态"同"管理形式"相区别是愚蠢的。因为考茨基所说的那种"统治的状态"所借以表现出来的场所——议会，也是"管理形式"的一部分，政权机构的一部分，政体的一部分。

考茨基把无产阶级专政曲解为和平地争取议会多数，**"这样一来，革命暴力就消失了，暴力革命就消失了。"**（第9页）问题的要害就在这里。

考茨基在讨论专政问题时大谈"管理形式"，即政体问题，而马克思关于无产阶级专政的概念，指的是国体。关于国体和政体的区别，毛主席作过精辟的论述："**国体问题……其实，它只是指的一个问题，就是社会各阶级在国家中的地位。**""**所谓'政体'问题，那是指的政权构成的形式问题，指的一定的社会阶级取何种形式去组织那反对敌人保护自己的政权机关。**"（《新民主主义论》）

考茨基歪曲无产阶级专政的概念，其罪恶用心是排除革命暴力，他的三个遁词的目的就是抽掉暴力革命和革命暴力，为他的"纯粹民主"、"和平过渡"制造论据。

四、暴力革命是普遍规律，不能用例外情形否认普遍规律（42—51段）

42—44段：能否和平变革与管理形式毫无关系。

考茨基断章取义引证马克思的话，说既然英美可能和平变革，可见无产阶级专政不是"管理形式"。他妄图以英美可能和平变革为例，证明建立无产阶级专政不需要用革命暴力打碎旧的国家机器，不需要用无产阶级的国家机器代替它。

列宁指出，是否存在和平变革的可能性同这个国家是君主国形式还是共和国形式毫无关系，而是同军阀制度和官僚制度的有无或强弱相联系的。共和国是资产阶级国家的典型形式。但是有些对资产阶级国家来说不是典型的君主国，如英国，它没有军阀制度，在十九世纪七十年代具有和平变革的可能性；而有些典型的共和国，如法国，却有强大的军事官僚机器，不存在和平变革的可能性。

45段：革命历史规律都有例外情形。

列宁指出，任何革命历史规律，不能把各种情况全包括进去，都有例外情形；不能因为有了例外情形就否认革命历史规律。那种无例外情形的革命历史规律，是没有的。

46段：十九世纪七十年代，英美存在着和平变革的例外因素；到了二十世纪，这种例外因素已经不存在了。

马克思在1872年说："**象美国、英国……工人可能用和平手段达到自己的目的。但是，即使如此，我们也必须承认，在大陆上的大多数国家中，暴力应当是我们革命的杠杆；为了最终地建立劳动的统治，总有一天正是必须采取暴力。**"（《马克思恩格斯全集》第18卷，第179页）马克思还说过："**英国资产阶级在它还垄断着表决权时，总是表示准备接受多数的决议。但是，请您相信，一旦当它在自己认为是生命攸关的重大问题上处于少数时，我们就会在这里遇到新的奴隶主的战争……**"（《马克思恩格斯全集》第17卷，第686页）

列宁指出，在研究英、美和平过渡的可能性时，必须注意造成这种可能性的历史条件，这是历史科学的基本要求，否则就是玩弄诡辩。马克思在1872年谈到英、美可能和平过渡而**大陆上的大多数国家**必须采用暴力革命的时候，他依据的正是关于军阀制度和官僚制度的有无或强弱。英国在1853年仅有一支十三万五千人的军队，且大部分驻在海外。美国在1872年还没有正规军，只有一些民兵，到1890年才建立了一支十三万六千人的军队，其中常备军只有二万七千人。这同当时有五十万官吏和五十万军队的法国相比，确实是个"例外因素"。当时的工人运动又很发展。例如英国1866年7月，在伦敦特拉发加广场上，召开七万人参加的群众大会，通过了要求普选权的决议。随后群众运动的浪潮席卷全国。在曼彻斯特举行的群众集会有十万人参加；在伯明翰举行的群众集会有十五万人参加。在工人运动的强大压力下，1867年8月，国会通过新的选举改革法，扩大了选民范围，选民由一百三十五万人增至二百二十五万人。以上这些，就是马克思说**工人可能用和平手段达到自己的目的**的背景。

列宁进一步指出，经过大约半个世纪，从自由资本主义时期进入了**垄断资本主义时期**。资本主义各种矛盾的尖锐化，促使资产阶级加强其国家机器。在英、美这些国家，中央集权的军事官僚机关发展起来了，国家预算和军费开支有了显著的增长。国家对地方自治的监督也加强起来了。原来的"例外因素"没有了，英、美和平变革的可能性已经不存在了。

47—50段：考茨基玩弄遁词、诡辩，是为了避开暴力革命。

考茨基在帝国主义武装到牙齿的时代，宣扬"和平过渡"，就是劝导工人走改良主义的道路，就是帮助资产阶级破坏无产阶级革命。列宁指出，考茨基别有用心地引用马克思的话，**正是为的避开暴力革命**，掩盖他的叛徒行径。

51段：在帝国主义时代谈论和平变革，就等于堕落为资产阶级的奴才。

政治是经济的集中表现。资产阶级国家的任何政策，都是资产阶级经济利益的集中表现。在十九世纪七十年代以前，是资本主义的上升时期。资产阶级要求自由竞争、自由贸易，希望有一个和平的国际国内环境，有稳定的市场。那时，世界还没有分割完毕，资产阶级走遍全球，各自占领殖民地，各自发展工商业，还打不起世界大战来。这就是书上说的"**垄断前的资本主义……，由于它的根**

本的经济属性……，其特征是比较说来最爱和平，最爱自由。"
（第11—12页）到了十九世纪末和二十世纪初，资本主义发展到了帝国主义阶段，从经济上说，就是代替资本家的自由竞争，出现了少数金融巨头的垄断。垄断是帝国主义的根本经济属性。这时候，殖民地分割完毕了，地球上几乎没有"无主"的土地了。资产阶级政府为了保持和发展本国垄断资本的利益，必须强化"军阀制度"，在国内加强对无产阶级的经济剥削和政治压迫；对外发动帝国主义战争，击败其他争霸的对手，重新分割世界，取得新的殖民地和新的市场。1895年一个英国垄断资本家的头目罗德斯说："我的神圣的主张是解决社会问题，就是说，为了使联合王国四千万居民避免残酷的内战，我们这些殖民主义政治家应当占领新的领土，来安置过剩的人口，为工厂和矿山出产的商品找到新的销售地区。我常常说，帝国就是吃饱肚子的问题。要是你不希望发生内战，你就应当成为帝国主义者。"这种强盗逻辑暴露了帝国主义发动世界大战的深刻根源。由于帝国主义的经济属性，决定它**"最不爱和平，最不爱自由，最大限度地到处发展军阀制度。"**（第12页）叛徒考茨基在帝国主义时代宣扬"和平过渡"，只能说明他是资产阶级的奴才。

五、巴黎公社是从暴力革命中诞生的，不是从"纯粹民主"中产生的（52—61段）

考茨基说，巴黎公社没有剥夺资产阶级选举权，是全民投票选举出来的，是"从纯粹民主中必然产生出来的一种状态。"可见无产阶级专政不是暴力。

列宁指出，第一，巴黎公社不是全民投票产生的。当时巴黎分成了巴黎公社和凡尔赛政府两个交战的营垒，资产阶级的精华都逃到凡尔赛去了，他们没有参加选举。

第二，公社反对凡尔赛政府的斗争，是整个法国工人阶级同资产阶级两个阶级的斗争。在一个国家存在着对立的**两个政权**的情况下，怎么能谈得上"纯粹民主"和"全民投票"呢？公社起义后，参预公社领导的蒲鲁东主义者，就是根据"纯粹民主"一类的原则，没有夺取掌握着法国资产阶级经济命脉的法兰西银行，这家银行源源不断地接济凡尔赛政府，帮助资产阶级政府发动内战，镇压了巴黎公社。马克思、恩格斯认为没有夺取法兰西银行，是一个**严重的政治错误**，是导致公社失败的原因之一。

第三，巴黎公社是靠暴力维持的工人政府。列宁引用了恩格斯的话："**要是巴黎公社不依靠对付资产阶级的武装人民这个权威，它能支持一天以上吗？反过来说，难道我们没有理由责备公社把这个权威用得太少了吗？**"（第13页）依靠武装人民镇压资产阶级，来维持自己的统治，这就是巴黎公社式的无产阶级专政，这里根本没有什么"纯粹民主"。

总之，巴黎公社绝不是从"纯粹民主"中产生出来的，而是无产阶级推翻资产阶级统治，消灭议会制，破坏资产阶级民主，打碎和摧毁资产阶级国家机器的英勇尝试。马克思和恩格斯对公社这一历史功绩非常重视，马克思恩格斯认为对《共产党宣言》必须做的唯一"修改"，就是他们根据巴黎公社社员的革命经验而做出的。马克思恩格斯在《共产党宣言》1872年德文版序言中指出："**尤其是有了无产阶级第一次掌握政权达两月之久的巴黎公社的实际经验，所以这个纲领现在有些地方已经过时了。特别是公社已经证明：'工**

人阶级不能简单地掌握现成的国家机器，并运用它来达到自己的目的。'"（《马克思恩格斯选集》第1卷，第229页）

六、统治阶级既能进行统治，就能进行管理（62—63段）

考茨基捏造了一个论据，说阶级只能"统治"，不能"管理"，能管理的是"组织"或"政党"。

列宁指出，①把专政说成是政体（即"管理形式"）是你考茨基的糊涂，马克思关于专政的概念指的是国体而不是政体。②统治阶级通过政党管理国家，这是近代的事情，在中世纪时，还没有什么完备的政党，但地主阶级照样可以推举自己的代表管理国家。是阶级专政还是政党专政？这种提法就是不科学的，把阶级同政党对立起来，说阶级只能统治不能管理，是"议会迷"的废话。

64段：结论。

考茨基把无产阶级专政学说"解释"成了"纯粹民主"，在议会里和平地获得多数，把革命暴力和暴力革命化为乌有。这样，考茨基在"修正"马克思主义方面，超过了伯恩施坦，完全堕落成了一个鼓吹"民主、自由、平等"的资产阶级自由派。

*　　　*　　　*

在这一章里，列宁阐明了什么是无产阶级专政以及这一概念的基本标志，捍卫了马克思主义关于无产阶级暴力革命的路线，批判了考茨基的"和平过渡"的修正主义路线。坚持用革命暴力打碎资产阶级的国家机器、建立无产阶级专政，还是宣扬"和平过渡"、维护资产阶级的国家机器、反对无产阶级专政，这是一百多年来马克思主义同修正主义、改良主义和形形色色的资产阶级、小资产阶级思想反复斗争的焦点，是国际共产主义运动中两条路线反复斗争的焦点。从第二国际修正主义到以苏修叛徒集团为中心的现代修正主义，恰恰都是在无产阶级专政这个根本问题上，彻底背叛了马克思主义。苏修叛徒集团鼓吹要把革命暴力"压缩到最低限度"，要采取"温和的强制形式"；日修宫本集团，也在那里起劲反对暴力革命，说"暴力"一词的译法"很不贴切"，鼓吹"必须百分之百地"走议会道路；意大利的修字号党则公然提出了"选票箱里出政权"的机会主义口号。

毛主席在中国革命的实践中，坚持了马克思列宁主义关于暴力革命的路线，提出了**枪杆子里面出政权**的著名论断。毛主席指出："**革命的中心任务和最高形式是武装夺取政权，是战争解决问题。**""**帝国主义时代的阶级斗争的经验告诉我们：工人阶级和劳动群众，只有用枪杆子的力量才能战胜武装的资产阶级和地主；在这个意义上，我们可以说，整个世界只有用枪杆子才可能改造。**"（《战争和战略问题》）在抗日战争胜利后，中国革命进入两种命运、两个前途大决战的阶段，叛徒、内奸、工贼刘少奇跳了出来，大肆鼓吹"和平民主新阶段"，胡说什么"不是靠枪杆子逞锋，而是靠选票进城"，幻想去"做中央政府的官"；刘少奇一类骗子也跟着鼓吹"和平民主"，说什么"愿与国民党在东北合作"。毛主席严厉批判了这种"和平过渡"的幻想。毛主席指出："**反动势力对于人民的民主势力的原则，是能够消灭者一定消灭之，暂时不能消灭者准备将来消灭之。针对这种情况，人民的民主势力对于反动势力，亦应采取同样的原则。**"（《关于目前国际形势的几点估计》）"**全党同志和全解放区军民，必须团结一致，彻底粉碎蒋介石的进攻，建立独**

立、和平、民主的新中国。"（《以自卫战争粉碎蒋介石的进攻》）中国人民遵照伟大领袖毛主席的教导，坚持暴力革命的路线，迅速夺取了全国革命的胜利。

资产阶级民主和无产阶级民主

本章着重批判了考茨基的"纯粹民主"的谬论，论述了民主的阶级性和无产阶级民主的优越性。

列宁对民主问题作了精辟的分析，阐明了民主的阶级性，指出，或者是资产阶级民主，或者是无产阶级民主。考茨基所谓"纯粹民主"是愚弄工人的谎话。列宁对比了资产阶级民主和苏维埃民主，列举事实揭穿了资产阶级民主的骗局，说明了无产阶级民主比资产阶级民主要民主百万倍。

本章共二十九个自然段，分为四个问题介绍：

一、只有阶级民主，没有"纯粹民主"（1—3段）

考茨基不讲资产阶级民主还是无产阶级民主，鼓吹超阶级的"纯粹民主"，从而把无产阶级专政问题弄得一塌糊涂。

这里所说的民主是一种国家政治制度。民主作为阶级统治的一种手段，它的另一面不可避免的就是专政。所谓"纯粹民主"，即统治阶级和被统治阶级、剥削阶级和被剥削阶级共同享有的、超阶级的民主，是不存在的，是骗人的。

"民主一词按希腊文直译，意思是人民的政权"。（《列宁选集》

第4卷，第49页）民主制作为国家的一种制度，早在奴隶社会就出现了。比较完备的民主制是中世纪封建制度以后出现的资产阶级民主制。巴黎公社以后又出现了更高类型的民主制，这就是代替资产阶级民主制的无产阶级的民主制。对民主不作历史的和阶级的分析，抽掉民主的阶级性，侈谈"纯粹民主"，是愚弄工人的谎话。

列宁附带指出，国家既然是阶级矛盾不可调和的产物，是一个阶级压迫另一个阶级的机器，"纯粹民主"就是一种无知的论调。到了共产主义社会，阶级消灭了，国家消亡了，作为国家形式之一的民主制，也将消亡下去。所以，考茨基那种"纯粹"的民主，在阶级消灭以前或以后，都是不会出现的。

二、资产阶级民主同封建制度比较起来是一个进步，但它对富人是天堂，对被剥削者、对穷人是陷阱和骗局（4 —14段）

4—6段：马克思主义者应对资产阶级民主进行阶级的批判。考茨基反其道而行之，成为资产阶级的奴才。

民主是资产阶级战胜封建专制制度建立资产阶级统治的口号。当历史已经前进，把资产阶级民主还是无产阶级民主的问题提上日程的时候，考茨基仍然背靠着现实，面对着古代，拿资产阶级民主同中世纪制度作比较，说明资产阶级民主的进步，无产阶级也可以利用等等，掩盖资产阶级民主的阶级性。列宁指出，资产阶级民主是一个历史的范畴，跟中世纪制度比较，它是一个进步，但就在当时的情况下，它也是"**狭隘的、残缺不全的、虚伪的、骗人的民主，对富人是天堂，对被剥削者、对穷人是陷阱和骗局。**"（第16

页）揭穿资产阶级民主的实质，使无产阶级觉醒起来，打碎资产阶级国家机器，以无产阶级民主代替资产阶级民主，是马克思学说最重要的组成部分。在这个根本问题上，考茨基美化资产阶级民主，把资产阶级民主的历史局限性和条件性隐瞒起来，堕落为向资产阶级逢迎献媚的奴才。

7—9段：马克思、恩格斯对资产阶级民主的批判。

列宁引证了马克思、恩格斯关于国家学说的根本观点，从理论上揭穿了资产阶级民主的实质。

（1）资产阶级民主共和国是剥削和镇压无产阶级的机器。

资产阶级的哲学家、法学家都大肆鼓吹对国家的迷信，把国家说成是超然于社会之上的主宰，好象整个社会的公共事业和公共利益，只有通过国家这样一个机关才能得到适当的管理和保护。恩格斯指出："**现代的代议制的国家**"也"**是资本剥削雇佣劳动的工具**"。"**国家无非是一个阶级镇压另一个阶级的机器，这一点即使在民主共和制下也丝毫不比在君主制下差。**"（第16页）

考茨基把资产阶级的议会奉为"纯粹民主"的典范，其实，资产阶级议会只是掩盖资产阶级国家丑恶面目的装饰品，"**那里真正的'国家'工作是在后台决定而由各部、官厅和司令部来执行的。议会专门为了愚弄'老百姓'而从事空谈。**"（《列宁选集》第3卷，第210页）马克思在总结巴黎公社经验的时候指出，公社不应当是议会式的而应当是工作的机构。公社的干部必须是为人民服务的，组织在公社里的人民有选举和撤换任何公社领导人的权力，就象一个工厂主有权选择工人、监工和会计一样。

（2）普选制是资产阶级实行统治的工具。

考茨基把普选制吹得神乎其神。按考茨基编造的"纯粹民主"的童话，无产阶级首先争得普选权，然后争得议会中的多数，就可以和平地夺取政权。恩格斯说："**普选制是测量工人阶级成熟性的标尺。**"意思是说，"**随着无产阶级成熟到能够自己解放自己，它就作为独立的党派结合起来，选举自己的代表，而不是选举资本家的代表了。**"（《马克思恩格斯全集》第21卷，第197页）对于这个资产阶级能够接受的说法，考茨基一再提到；而对恩格斯说的后一句话："**在现今的国家里，普选制不能而且永远不会提供更多的东西**"（第16页）考茨基却闭口不谈。恩格斯说普选制不能提供更多的东西，指的是在资产阶级专政条件下，无产阶级不可能经过普选和议会的道路，和平地取得政权。恩格斯这一唤醒无产阶级起来革命的提法，是资产阶级不能接受的，也是考茨基不能接受的。

从马克思和恩格斯对资产阶级民主的批判中，能够得出一个极其重要的结论：资产阶级民主制是资产阶级国家的一种形式，是资产阶级统治无产阶级的工具，是剥削、镇压无产阶级的手段，绝不是两大对立阶级共同平等享受的"纯粹民主"，绝不应当对其抱有不切实际的幻想，而应利用它，打碎它，代替它。

10—14段：列宁列举事实揭露资产阶级民主的虚伪性。

（1）资本主义国家的法律是保护资产阶级利益、镇压人民群众的依据。

马克思讲到资产阶级宪法时指出："**宪法的每一节本身都包含有自己的对立面，包含有自己的上院和下院：在一般词句中标榜自由，在附带条件中废除自由。**"（《马克思恩格斯选集》第1卷，第616页）例如法兰西第二共和国时代的宪法规定公民有人身、出版、言论、结社、集会、教育和信教等等的自由，同时作一项补充规定："对于这些权利的享受，除受他人的同等权利和公共安全限制外，不受其他限制。"实际上在补充规定中否定了正文中规定的自由。

叛徒考茨基胡说什么民主就是"保护少数"，胡说什么国家愈民主，资产阶级"想要调动必要的权力手段来用暴力废除民主将是十分困难的"，列宁一针见血地指出，保护少数是有阶级性的。"**资产阶级民主国的统治党仅仅对其他资产阶级政党才保护少数，而对无产阶级，则在一切重大的、深刻的、根本的问题上，不仅不'保护少数'，反而实行戒严或横加残害。**"（第18页）毛主席说："**有些资本主义国家也容许共产党合法存在，但是以不危害资产阶级的根本利益为限度，超过这个限度就不容许了。**"（《关于正确处理人民内部矛盾的问题》）

列宁进一步指出："**民主愈发达，在发生危及资产阶级的任何深刻的政治分歧时，残害或内战也就愈容易发生**。"（第18页）资产阶级专政的国家，民主当然是属于资产阶级的。但为了欺骗人民，也允许无产阶级和劳动人民在不危害资产阶级根本利益的前提下，有集会、结社等项民主权利。这就给无产阶级提供了组织、训练阶级队伍、进行阶级斗争的条件。因此，这种资产阶级"民主愈发达"就愈容易导致资产阶级同无产阶级的阶级斗争扩大、展开、明朗化和尖锐化，因此，**残害或内战也就愈容易发生**。例如，二月革命后的俄国，布尔什维克第一次获得了公开活动的机会，工农群众也建立了自己的组织即苏维埃，甚至掌握了武器。但是，就在这个当时是世界上最民主的资产阶级共和国里，发生了一连串的残害和内战：7月，临时政府残酷地镇压了彼得格勒的群众示威运动，把布尔什维克打入地下；9月，发生了阴谋消灭苏维埃、实行军事独裁的科尔尼洛夫叛乱；10月，临时政府调动军队，妄图镇压首都的革命运动，由于布尔什维克举行了武装起义，打倒了临时政府，才使他们的阴谋没有得逞。

（2）资产阶级议会是用形式上的民主掩盖资产阶级事实上的专政。

列宁说："**民主愈发达，交易所和银行家对资产阶级议会的操纵就愈厉害**"。（第19页）资产阶级在民主共和制度下，比在君主制度下更能发挥"财富"的权力。资本家通过制造舆论、资助竞选、直接收买、"个人友谊"以及各种渠道，操纵选举，控制议员，使议会成为自己的驯服工具。这就是资产阶级形式上的民主，事实上的专政。

所以，列宁在这里又一次指出，我们虽然主张参加议会斗争，但绝不可忘记它的**历史局限性和条件性**，而对它抱有不切实际的幻想。决不可以象考茨基之流那样，把议会斗争"**看做主要的、几乎是唯一的斗争形式，因而也就不需要'暴力'、'夺取'、'专政'了。**"（《列宁全集》第31卷，第321页）

三、无产阶级民主是对被剥削劳动者的民主，比任何资产阶级民主要民主百万倍（15—25段）

15段：苏维埃政权是无产阶级民主的一种形式，考茨基用自由主义观点完全歪曲了事实。

16段：苏维埃政权的对外政策是从人民利益出发的。

资本主义国家的对外政策完全是欺骗无产阶级和劳动人民的。

第一次世界大战各交战国都是为了掠夺，为了重新瓜分世界；但资产阶级政府却向人民宣传说，战争是为了保卫民族自由和民族生存而进行的，并提出了"保卫祖国"的口号。这同现在美帝国主义借口"自由世界的安全"侵略越南、苏修社会帝国主义借口"社会主义大家庭的利益"侵略捷克完全一样。帝国主义政府在对外政策方面，口里讲的同实际上做的，完全是两回事。

只有无产阶级专政的国家，才能从人民的利益出发制定对外政策。二月革命后，俄国工农兵群众要求结束战争实现和平，临时政府却置若罔闻。苏维埃夺取政权后，立即在全俄工兵代表苏维埃第二次代表大会上通过一项《和平法令》，向全世界宣告："**本政府认为，各富强国家为了如何瓜分它们所侵占的弱小民族而继续进行战争，是反人类的滔天罪行，并郑重声明，决心根据上述毫无例外对一切民族都公正的条件，立即签订和约，终止这场战争。**""**本政府废除秘密外交，决意在全体人民面前完全公开地进行一切谈判，并立刻着手公布地主资本家政府从1917年2月到10月25日所批准和缔结的全部秘密条约。本政府宣布立即无条件地废除这些条约的全部规定，因为这些规定多半是为俄国地主和资本家谋取利益和特权的，是保持和扩大大俄罗斯人的兼并的。**"（《列宁选集》第3卷，第355页）这样的对外政策，既代表了俄国人民的意愿，又服从了全世界被压迫民族、被压迫人民的共同利益，体现了无产阶级民主的优越性。

17—20段：苏维埃政权是世界上第一个吸引被剥削群众参加管理的政权。

考茨基避开国家机构的阶级实质这个根本问题，抓住一些"小事情"诬蔑苏维埃不民主。列宁指出，苏维埃是劳动人民自己的组织，工人和农民做了国家的主人。苏维埃的组织形式便于无产阶级对国家政权实行领导，便于团结被剥削群众，保障劳动人民真正享有民主权利，参加建设国家和管理国家。列宁论述了苏维埃吸引群众参加管理的种种优越性。

21—23段：俄国劳动人民的民主和自由，得到了政治上和物质上的全面保证。

关于这个问题，列宁在一次回答资产阶级攻击布尔什维克"破坏了集会自由"的谰言时，作了非常生动的说明。列宁说：**你们的自由只是纸上的自由，而不是事实上的自由。**这就是说，如果在大城市中有象这样的大厅，那是属于资本家和地主的，例如叫做"贵族会议"厅。俄罗斯民主共和国的公民们，你们可以自由集会，但这是私有财产，对不起，请你们要尊重私有财产，否则你们就是布尔什维克、罪犯、强盗、掠夺者、捣乱分子。而我们则说："我们要把这翻过来。我们先要把这座'贵族会议'大厦变成工人组织的大厦，然后再谈集会自由。"你们责备我们破坏自由。而我们认为，任何自由，如果它不服从于劳动摆脱资本压迫的利益，那就是骗人的东西。在一切资产阶级共和国的宪法中所载的集会自由都是骗人的东西，因为在毕竟没有把冬季消灭、没有把天气改造过来的文明国家里，举行集会是需要集会场所的，而高楼大厦却是私有财产。所以我们先要没收高楼大厦，然后再谈自由。（《列宁选集》第3卷，第834页）

24—25段：工农苏维埃选举和监督官吏，这一点就会使人民认识到，苏维埃是人民的政权。

在资本主义国家，是资产阶级的官吏、法官、军官统治着一切；苏维埃政权彻底打碎了旧的国家机器，用工农苏维埃代替了官吏，或者由工农苏维埃监督官吏，由工农苏维埃选举法官，并选派优秀的布尔什维克充任红军的各级政治委员和指挥员。一句话，人民真正成了国家的主人。

四、考茨基的"纯粹民主"是为被打倒的资产阶级争民主
（26—29段）

由上所述，民主是一个阶级概念。不是资产阶级民主，就是无产阶级民主。考茨基的"纯粹民主"，即资产阶级同无产阶级共同享受的抽象的民主，是根本不存在的。在无产阶级专政条件下，考茨基提出"纯粹民主"，实际上就是为资产阶级争民主。这种抽象的民主是以资产阶级同无产阶级的"平等"为基础的。因此，列宁提出一个非常尖锐的问题：被剥削者同剥削者能平等吗？这就是下一章要解决的问题。

※　　　　　　※　　　　　　※

列宁以阶级关系为基础，批判了考茨基的"纯粹民主"，揭穿了资产阶级民主的骗局，阐明了无产阶级民主的优越性，指出：**"无产阶级民主比任何资产阶级民主要民主百万倍；苏维埃政权比最民主的资产阶级共和国要民主百万倍。"**（第21页）

毛主席提出的人民民主专政的思想，是对马克思列宁主义无产阶级专政学说的重大发展。为了发扬社会主义民主，调动一切积极因素，更好地解决社会主义革命和社会主义建设问题，毛主席提出

了正确处理人民内部矛盾的重要思想。毛主席指出："**在我们的面前有两类社会矛盾，这就是敌我之间的矛盾和人民内部的矛盾。**"针对这两类不同性质的矛盾，"**采用专政和民主这样两种不同的方法。**"（《关于正确处理人民内部矛盾的问题》）在人民内部必须实行广泛的民主。没有民主，没有把群众发动起来，没有群众的监督，就不可能对反动分子和坏分子进行有效的专政，也不可能对他们进行有效的改造，他们就会继续进行捣乱，还有复辟的可能。只有正确区分和处理两类社会矛盾，才能充分发扬社会主义民主，才能使无产阶级专政日益巩固和加强，使社会主义事业日益发展。

毛主席深刻地揭示了民主的阶级实质，指出："**世界上只有具体的自由，具体的民主，没有抽象的自由，抽象的民主。在阶级斗争的社会里，有了剥削阶级剥削劳动人民的自由，就没有劳动人民不受剥削的自由。有了资产阶级的民主，就没有无产阶级和劳动人民的民主。**"毛主席指出，民主不是目的而是手段，"**民主属于上层建筑，属于政治这个范畴。这就是说，归根结蒂，它是为经济基础服务的。**"（《关于正确处理人民内部矛盾的问题》）

刘少奇一类骗子说什么在我们的国家里，"干部"和"群众""敢怒不敢言，甚至不敢怒不敢言"。这是叛徒考茨基"纯粹民主"的翻版，是对我国无产阶级专政的恶意诬蔑和攻击。他们所谓的"干部"和"群众"，就是指的他们一小撮死党及其所代表的地、富、反、坏、右。正象毛主席早就指出的那样，反革命所说的"人"，是指"反革命方面的人"，"他们确是胆战心惊，感到'小媳妇一样，经常的怕挨打'，'咳一声都有人录音'。我们认为这也是极大的好事。这种好事，也是几千年没有过，仅在共产党领导人民作了长期艰苦斗争之后，才使得这些坏蛋感觉这么难受。一句话，人民大众开心之日，就是反革命分子难受之时。我们每年的国庆节，首先就是庆祝这件事。"（《关于胡风反革命集团的第二批材料》按语）毛主席在这里深刻而生动地阐明了人民民主专政的实质，揭穿了刘少奇一类骗子的反革命丑恶嘴脸。

刘少奇一类骗子的反革命政变纲领同考茨基的反动小册子一样，通篇谩骂无产阶级专政是"独裁"、"专横"、"暴政"。对于这类攻击，毛主席早在1949年就驳斥过了，毛主席说："共产党领导的政府是'极权政府'的话，也有一半是说得对的。这个政府是对于内外反动派实行专政或独裁的政府，不给任何内外反动派有任何反革命的自由活动的权利。反动派生气了，骂一句'极权政府'。其实，就人民政府关于镇压反动派的权力来说，千真万确地是这样的。"但是反动派的话有一半是说错了。"共产党领导的人民民主专政的政府，对于人民内部来说，不是专政或独裁的，而是民主的。这个政府是人民自己的政府。"（《为什么要讨论白皮书》）刘少奇一类骗子所以拚命攻击无产阶级专政，就是为颠覆无产阶级专政制造反革命舆论，妄图用地主买办资产阶级的法西斯专政来代替无产阶级专政。在他们的反革命政变纲领中，疯狂地叫嚷要"吃掉"和"严厉镇压"共产党员和革命人民，就是他们狼子野心的自供。

被剥削者同剥削者能平等吗？

本章着重批判了考茨基用"纯粹民主"反对无产阶级对资产阶级实行专政的谬论，论述了过渡时期的阶级斗争和无产阶级专政的必要性。

列宁发展了马克思关于过渡时期阶级斗争的理论，阐明了无产阶级夺取政权以后仍然存在着阶级和阶级斗争，存在着资本主义复辟的危险性。因此，无产阶级必须加强无产阶级专政，用暴力镇压一切剥削阶级的反抗，不能象傻瓜考茨基所设想的那样，同被推翻的阶级讲"民主"和"平等"。

本章共三十八个自然段，分为四个问题介绍：

一、 剥削者同被剥削者的关系是阶级关系，不是少数同多数的关系（ 1—8 段 ）

考茨基以少数多数关系代替阶级关系。他的推论是：（1）"剥削者总是只占人口的极少数"，无产阶级拥有多数；因此，（2）无产阶级的统治可以采取少数服从多数的办法，不必使用暴力。

马克思主义认为，剥削者同被剥削者的关系是阶级关系，不是少数多数的关系。由于阶级利益不可调和，所以尽管剥削者只是一小撮，却在任何情况下都不服从被剥削者多数。在他们掌握国家政权的时候，并不服从被剥削者这个多数，反而用暴力镇压被剥削者的反抗，维护自己的统治；当剥削者被打倒时，他们考虑的也不是如何服从被剥削者多数，而是以十倍的疯狂、百倍增长的仇恨力图恢复他们失去的天堂。因此，无产阶级必须看清问题的关键，在自己取得统治地位时"以其人之道，还治其人之身"，对剥削者实行镇压，决不同他们讲什么"平等"和"民主"。

考茨基把巴黎公社说成是少数服从多数的样板，得出的结论是："一个在群众中扎根很深的政权，没有丝毫理由去损害民主。"

历史事实正好打了他的耳光。法国资产阶级根本不讲什么少数服从多数，不服从巴黎公社的决定，而是疯狂聚积力量，推翻了公社，杀害公社的优秀儿女达三万之众。考茨基为了攻击俄国无产阶级专政，维护资产阶级的"纯粹民主"，为剥削者要民主，要平等，竟然在谈到巴黎公社时，避开这个血的教训，真是一个无耻的叛徒。

二、获得胜利的无产阶级必须凭借革命暴力来维持自己的统治（9—20段）

9—17段：列宁引证马克思和恩格斯的论述痛斥考茨基曲解巴黎公社。

尽管巴黎公社存在的时间很短，马克思和恩格斯还是敏锐地看到，无产阶级专政不是阶级斗争的结束而是阶级斗争在新形式下的继续。在这种情况下，资产阶级并不承认自己的失败。马克思和恩格斯这几段话强调了无产阶级专政的必要性，镇压剥削者的必要性。列宁归纳起来，回答了考茨基"既然拥有多数，还要专政干什么"的问题：（1）"为了粉碎资产阶级的反抗。"（2）"为了使反动派恐惧。"（3）"为了维持对付资产阶级的武装人民这个权威。"（4）"为了使无产阶级能够对敌人实行暴力镇压。"（第25页）把马克思和恩格斯这些论述同考茨基的"没有丝毫理由去损害民主"的胡说加以对照，真有天渊之别。"马克思在国家和社会主义革命问题上运用的阶级斗争学说，必然导致承认无产阶级的政治统治，承认无产阶级专政，即承认不与任何人分掌而直接凭借群众武装力量的政权。"而以考茨基为代表的"机会主义恰巧在最主要之点不承认有阶级斗争，即不承认在资本主义向共产主义过渡的时期，在推翻资产阶级并完全消灭资产阶级的时期有阶级斗争。"
（《列宁选集》第3卷，第191、200页）

考茨基的"纯粹民主"是拉萨尔的"自由的人民国家"的翻版。拉萨尔说，国家为了"自由"而存在；考茨基说，国家为了"纯粹民主"而存在。他们完全歪曲了国家的实质是实行镇压的特殊力量这一真理，其目的是美化资产阶级国家，美化资产阶级的民主和自由，并且在无产阶级专政条件下为被推翻的剥削者要民主要自由。

18—20段：考茨基把形式上的平等当作事实上的平等，堕落为资产阶级民主派。

考茨基认为无产阶级既然是多数，一切都可以按照少数服从多数的原则得到解决，"没有丝毫理由去损害民主"，只要镇压"破坏民主"的行为就够了。在这里，他犯了资产阶级民主派常犯的那种错误："**他们一谈到'多数'时，总以为选票的平等就是被剥削者同剥削者平等，工人同资本家平等，穷人同富人平等，饥饿者同饱食者平等。**""**考茨基派准备'承认'无产阶级革命，但先必须在保存资本和财富的力量、权力、压迫和特权的条件下取得'赞成革命'的多数票（由资产阶级国家政权机关主持选举）！！**"（《列宁全集》第30卷，第37、38页）在资产阶级民主制下面，所谓少数服从多数完全是骗人的。马克思主义的平等观是消灭阶级。只要阶级存在，就不可能有真正的平等。在社会主义条件下，无产阶级与资产阶级的关系，"**绝对不是什么平等的关系，而是一个阶级压迫另一个阶级的关系，即无产阶级对资产阶级实行独裁或专政的关系，而不能是什么别的关系，例如所谓平等关系、被剥削阶级同剥削阶级的**

和平共处关系、仁义道德关系等等。"（中国共产党中央委员会1966年5月16日《通知》）

三、在资本主义过渡到共产主义这一整个历史时代，资产 阶级要进行长期的、顽强的、拚命的反抗，必须加强 无产阶级专政（21—27段）

21—26段：列宁论述了过渡时期阶级斗争和无产阶级专政的必要性，发展了马克思关于过渡时期阶级斗争的理论。

列宁指出，剥削者在被打倒之后，还在很长时期存在着。**在革命以后的长时期内，剥削者必然在许多方面保持巨大的事实上的优势**。这种优势表现在：这个阶级长期受教育，有知识、技能、组织能力，有财产和货币，有军事人材；这个阶级有广泛的国际联系，国际资本主义势力会采取各种形式支持、援助剥削者的复辟活动；动摇的小资产阶级可能会站在剥削者一边。列宁说："**在这种情况下，如果以为在比较深刻的、严重的革命中，可以简简单单地用多数和少数的关系来解决问题，那就是最大的愚蠢**"。（第27页）

由此，列宁得出了一个重要的结论："**从资本主义过渡到共产主义是一整个历史时代。只要这个时代没有结束，剥削者就必然存在着复辟希望，并把这种希望变为复辟行动。**"（第27页）"**剥削者没有在最后的、拚命的战斗中，在多次战斗中，试验自己的优势以前，决不会象甜蜜蜜的傻瓜考茨基所甜蜜蜜地幻想的那样，服从被剥削者多数的决定。**"（第27页）过渡时期并不是阶级斗争的结束，而是一个**激烈战争的时代**，是**千百年来的特权的存亡问题提上日程的时候**。在这种情况下，无产阶级必须运用自己手里的强大的国家机器，坚决镇压剥削者的一切复辟活动，发展自己的优势，削弱剥削者的优势，直到取得最后胜利，而不能象考茨基所主张的那样给剥削者以"平等"和"民主"，让剥削者去发展他们的优势，然后在一个早上猛扑过来，把无产阶级的政权推翻，实现资本主义复辟。

27段：机会主义是资本主义"和平"发展几十年的产物。

列宁指出，考茨基看不到过渡时期是**一个战争的时代**，而胡说多数少数、纯粹民主、专政没有必要，这绝不是偶然的，而是一种社会思潮的反映。从1871年巴黎公社到1914年第一次世界大战，这在历史上被称为资本主义"和平发展"的时期。在巴黎无产阶级失败以后，欧洲工人运动进入了低潮，西欧各国无产阶级没有什么大的革命行动。各国资产阶级采用了收买无产阶级上层分子的策略，出现了"工人贵族"这样一个阶层。这个阶层摆脱了贫困，也丧失了革命精神，是维持现状、反对革命的机会主义的温床。第二国际在恩格斯逝世之后，逐渐被机会主义分子所统治，在他们影响下的各国社会党逐渐腐化变质，成了资产阶级在工人运动内部的代理人。考茨基关于"纯粹民主"、"人人平等"一类愚蠢、庸俗的昏话，就是在第二国际机会主义"秽物"里产生出来的。

四、剥夺剥削者的选举权问题，是纯粹俄国的问题，而不是一般无产阶级专政问题（28—37段）

28—30段：考茨基提出普选权问题，是为了攻击布尔什维克。

考茨基在他的小册子的前五节，谈的是民主和专政的一般理论问题，忽然通过谈论巴黎公社，攻击苏维埃侵害普选制，这就表明他不是探讨理论问题，而是恶意攻击布尔什维克。理论问题应该回答的是：在无产阶级夺取政权以后，不用暴力镇压资产阶级的反抗而实行"纯粹民主"行不行呢？至于剥夺资产阶级选举权问题，是一个具体问题，它回答的问题是：在某个具体国家中，同资产阶级的斗争采取什么形式更有利于无产阶级事业。

31—33段：专政的必要标志和必需条件就是用暴力镇压剥削者阶级。

是否剥夺资产阶级选举权，取决于各种具体条件，包括资产阶级反抗的程度。列宁预见到各国历史条件的不同，对剥夺还是不剥夺资产阶级选举权问题，并没有说死，而留待各国无产阶级自己解决。列宁反复强调的是无产阶级专政必须要拥有革命暴力，有武装起来的人民这个权威，这是专政的必要标志和必需条件。列宁把无产阶级专政的一般理论问题同剥夺资产阶级选举权这样的特殊问题区别开来；考茨基把二者混在一起，是为了攻击俄国无产阶级专政。

34—37段：对剥削者的民主权利实行多大程度的限制，这是各国的具体问题。

列宁指出，具有普遍意义的理论问题是：如果不破坏剥削者阶级的民主，无产阶级专政根本就建立不起来。也就是说，无产阶级不用暴力镇压自己的敌人，不粉碎资产阶级的反抗，无产阶级专政就不可能。

专政的必要标志是暴力而不是剥夺选举权。在资本主义条件下，无产阶级有了选举权，并没有当家做主；在社会主义条件下，给了资产阶级选举权，也不标志资产阶级当家做主。

38段：在一、二、三章，列宁从理论上阐明了无产阶级专政的基本思想，在四、五、六章，列宁将马克思主义关于无产阶级专政的普遍原理运用于俄国，从理论和实践的结合上，进一步论述了无产阶级专政的问题。

※   ※   ※

列宁发展了马克思主义关于无产阶级专政和过渡时期阶级斗争的学说，指出："**从资本主义过渡到共产主义是一整个历史时代。**"（第27页）只要这个时代没有结束，就存在着资本主义复辟的危险性。因此，必须坚持无产阶级专政。

毛主席在同国内外修正主义进行的反复斗争中，总结了无产阶级专政的历史经验，进一步发展了马克思列宁主义关于无产阶级专政和过渡时期阶级斗争的学说，提出了无产阶级专政下继续革命的理论，制定了党在整个社会主义历史阶段的基本路线，为解决如何巩固无产阶级专政、防止资本主义复辟这个当代最重要的课题，从理论上和实践上作出了极其重要的贡献。

毛主席说："**社会主义社会是一个相当长的历史阶段。在社会主义这个历史阶段中，还存在着阶级、阶级矛盾和阶级斗争，存在着社会主义同资本主义两条道路的斗争，存在着资本主义复辟的危险性。要认识这种斗争的长期性和复杂性。要提高警惕。要进行社会主义教育。要正确理解和处理阶级矛盾和阶级斗争问题，正确区别和处理敌我矛盾和人民内部矛盾。不然的话，我们这样的社会主义国家，就会走向反面，就会变质，就会出现复辟。我们从现在起，必须年年讲，月月讲，天天讲，使我们对这个问题，有比较清醒的认识，有一条马克思列宁主义的路线。**"（转引自《红旗》杂志1967年第10期）毛主席的革命路线是我国无产阶级专政的生命线。

　　社会上的阶级斗争必然要反映到党内来，党内一小撮走资本主义道路的当权派，就是资产阶级在党内的代表人物。毛主席指出："**要警惕出修正主义，特别是要警惕在中央出修正主义。**"（转引自《红旗》杂志1967年第7期）要开展两条路线的斗争，要进行**思想和政治路线方面的教育**。毛主席总结我党十次路线斗争的经验，提出了要搞马克思主义，**不要搞修正主义；要团结，不要分裂；要光明正大，不要搞阴谋诡计**三个基本原则，这对于巩固无产阶级专政、防止资本主义复辟具有极其重大的意义。

　　刘少奇一类骗子竭力鼓吹阶级斗争熄灭论，他胡说什么，经过这次"文化大革命……，把叛徒、特务、走资派一网打尽"，"我们成为胜利的国家。胜利以后，……是毫无修正主义的这种气味，……"并且大肆散布今后"是解决社会主义的规律问题"的谬论。他们极力抹杀阶级斗争的罪恶目的是妄图麻痹广大人民群众，解除人民思想武装，以便为他们一小撮野心家阴谋家篡党夺权创造条件。毛主席一再教导我们：**千万不要忘记阶级斗争**。二十多年来，我国无产阶级专政的经验证明，敌人不可能一网打尽，被打倒的反动阶级决不会心甘情愿地退出历史舞台，每过几年牛鬼蛇神必然要跳出来表演一次，这是他们的阶级本性所决定的，是不以人的意志为转移的。只要有阶级斗争存在，就会出现野心家、阴谋家、里通外国分子，他们就一定要顽强表现自己。两个阶级、两条道路、两条路线的斗争，贯穿着整个社会主义历史阶段。粉碎敌人一次进攻，决不等于把反动阶级消灭了；取得一次路线斗争胜利，不能说以后没有路线斗争了。毛主席指出："**我们已经取得了伟大的胜利。但是，失败的阶级还要挣扎。这些人还在，这个阶级还在。所**

以，我们不能说最后的胜利。几十年都不能说这个话。不能丧失警惕。按照列宁主义的观点，一个社会主义国家的最后胜利，不但需要本国无产阶级和广大人民群众的努力，而且有待于世界革命的胜利，有待于在整个地球上消灭人剥削人的制度，使整个人类都得到解放。"（转引自《红旗》杂志1969年第5期）我们一定要认真看书学习，弄通马克思主义，深入批判刘少奇一类骗子反革命修正主义路线的极右实质，不断提高阶级斗争和路线斗争的觉悟，把社会主义革命进行到底。

苏维埃不得变成国家组织

本章着重论述无产阶级的阶级组织应该成为国家组织。

苏维埃是无产阶级专政的俄国形式。只有打碎资产阶级的国家机器，用无产阶级的阶级组织代替资产阶级的国家组织，才能建立无产阶级专政。考茨基反对把无产阶级的阶级组织变成国家组织，实际上是反对打碎资产阶级国家机器、建立无产阶级政权。

本章共二十九个自然段，分为四个问题介绍：

一、苏维埃是否应该成为国家组织是马克思主义者同机会主义者在苏维埃问题上争论的关键（1—12段）

1—7段：苏维埃是无产阶级专政的俄国形式。考茨基反对把苏维埃变为国家组织。

"苏维埃是无产阶级专政的俄国形式。"（第30页）考茨基用资产阶级自由主义观点把无产阶级专政歪曲为"纯粹民主"，就必然反对苏维埃变为国家组织。

考茨基在《无产阶级专政》小册子中先恭维苏维埃如何"光荣"和"伟大",接着把笔锋一转,提出"能不能向苏维埃要求更多的东西呢?"他的回答是:1、苏维埃"向来是一个阶级的战斗组织",它不得变为国家组织;2、布尔什维克解散立宪会议,用苏维埃代替它,消灭了俄国人民在二月革命中争得的民主;3、布尔什维克为了反对民主,竟然不再把自己称为社会民主党人而改称为共产党人了。他通过这种迂回曲折的手法,反对把苏维埃变为国家组织。

8—12段:考茨基迎合孟什维克反对苏维埃变为国家组织的偏见,并把它发展到荒谬绝伦的地步。

考茨基关于苏维埃问题的言论,实际上都是搬用马尔托夫之流反对苏维埃的一些反动观点。考茨基为了迎合孟什维克对布尔什维克的攻击,还没有把事实弄明白,就把布尔什维克改名和1918年1月5日解散立宪会议这两件毫不相干的事情,生拉硬扯地联系在一起。

苏维埃是不是应该力求成为国家组织,这是1917年4月以来布尔什维克同孟什维克一直争论的问题。争论的实质是在俄国继续保留资产阶级专政,还是建立无产阶级专政。列宁早在4月初就提出**"全部政权归苏维埃"**(第32页)和更改党的名称等问题。四月布尔什维克党代表会议再次指出:在资本主义过渡到社会主义时期的国家不能是资产阶级议会制共和国,只能是巴黎公社类型的苏维埃国家。马尔托夫和其他孟什维克分子却极力反对把苏维埃变为国家组织,马尔托夫说:"根据力量对比的实际情况,现在还不能提出把政权转交苏维埃。"直到十月革命前夕,这些机会主义者还在叫嚷："俄国还没有成熟到实行社会主义的地步"。

马尔托夫的错误在于否认当时俄国革命必须由资产阶级革命转变为社会主义革命，因此得出了苏维埃不能成为国家组织的谬论。而考茨基把马尔托夫的这个错误结论扩展为一般的国家理论和一般的欧洲无产阶级革命的问题，即无产阶级的阶级组织不能变为国家组织；欧洲无产阶级进行革命时，也不能把无产阶级的阶级组织变为国家组织。

二、国家是一个阶级镇压另一个阶级的机器。考茨基反对苏维埃变为国家组织，暴露了他的超阶级的国家观（13—24段）

13—22段："资本同劳动的决战"就是要无产阶级夺取政权，打碎资产阶级国家机器，建立无产阶级专政。

考茨基一方面承认苏维埃在欧洲"资本同劳动的大决战中将起决定的作用"，另一方面又说苏维埃不应该成为国家组织。列宁驳斥了这种背叛马克思主义国家学说的谬论，指出："**国家无非是一个阶级镇压另一个阶级的机器。**"（第33页）资产阶级国家是资产阶级用来镇压无产阶级的工具，是资产阶级的阶级组织。无产阶级不能简单地掌握现成的国家机器，并运用它来达到自己的目的。革命的根本问题是政权问题。"资本同劳动的决战"，就是要解决**哪一个阶级掌握国家政权的问题**。在俄国就是由无产阶级推翻资产阶级统治，打碎旧的国家机器，把自己的阶级组织即苏维埃变为国家组织，镇压资产阶级的反抗。

考茨基的观点表明他已经堕落为资产阶级奴才。在资产阶级专政的国家，资产阶级容许无产阶级进行一定限度的经济斗争和政治斗争，甚至容许参加资产阶级议会和政府，唯独不容许用无产阶级的阶级组织去代替资产阶级的国家组织。所以只有承认阶级斗争，同时承认必须打碎资产阶级的国家机器、建立无产阶级专政的人，才是马克思主义者。考茨基反对苏维埃变为国家组织，无论他如何辩解，其实质只能是：或者根本反对无产阶级夺取政权，或者反对打碎旧的国家机器代之以新的无产阶级国家机器。总之，都无法掩饰他背叛马克思主义和转到资产阶级方面的事实。

23段：考茨基反对苏维埃变为国家组织的思想根源是"对国家的迷信"。

马克思主义者和机会主义者在无产阶级国家问题上存在着两种对立的观点。马克思在《共产党宣言》中早已明确指出：无产阶级**"国家即组织成为统治阶级的无产阶级"**。（第34页）考茨基却反对无产阶级把自己一个阶级的组织变成国家组织。考茨基的这种**国家观**，就是长期以来在德国社会民主党内流行的"对国家的迷信"。这种"对国家的迷信"来自德国古典哲学家，他们把国家看作是"永恒的真理和正义"的化身，看作是尘世间的"上帝王国"。这种观点，以后在工人中间甚至在社会民主党内也流行起来。恩格斯在《〈法兰西内战〉导言》中指出："**由于人们从小就习惯于认为全社会的公共事业和公共利益只能用旧的方法来处理和保护，即通过国家及其收入极多的官吏来处理和保护，这种崇拜就更容易生根**。"（《马克思恩格斯选集》第2卷第336页）考茨基就是从"对国家的迷信"出发来看待苏维埃问题，反对把苏维埃变为国家组织。

24段：把国家看作是非阶级的或超阶级的东西，是小资产阶级思想的反映。

小资产阶级的私有观念和脆弱的经济地位决定了他们害怕重大的社会变革，他们要求和平和安宁，反对激烈的阶级斗争，幻想有一种超然的力量保卫他们避免破产没落的命运，他们把希望寄托在国家身上。**"在小资产者看来，国家'终究'是一种非阶级的或超阶级的东西。"**（第35页）因此小资产阶级民主派常常用阶级妥协代替阶级斗争。在无产阶级同资产阶级的斗争中，小资产阶级常常站在动摇的立场上。考茨基认为无产阶级的阶级组织不应当变成国家组织，就是这种小资产阶级思想的反映。

三、无产阶级民主代替资产阶级民主是欧洲革命发展的必然趋势。考茨基重复马尔托夫的错误论据，使自己陷于自相矛盾的窘境（25—28段）

考茨基一方面承认欧洲正在迎接"资本同劳动的决战"，利用资产阶级民主的旧的斗争方法已经不够了；同时又极力粉饰资产阶级民主，不谈如何以无产阶级民主代替资产阶级民主，这就充分暴露了考茨基的叛徒面目。资产阶级民主同中世纪制度比较曾经是进步的，无产阶级可以而且应该利用资产阶级民主来教育、训练和组织群众，积聚力量，准备革命。但是资产阶级民主毕竟是维护资产阶级根本利益的，在"决战"时刻，它绝不能为无产阶级推翻资产阶级统治服务。而**应该拿无产阶级民主代替资产阶级民主，**用苏维埃代替立宪会议。

马尔托夫反对把苏维埃变为国家组织，是以俄国还没有成熟到社会主义为依据的。而考茨基在1909年写的《取得政权的道路》一书中承认欧洲已处于社会主义革命的形势中，但是他又反对无产阶级用革命暴力推翻资产阶级统治。这种小资产阶级害怕革命的立场，使他陷于自相矛盾的窘境：一方面承认欧洲已成熟到社会主义，正在走向"资本同劳动的决战"；另一方面又认为无产阶级的战斗组织不能成为国家组织。

四、阶级斗争的发展进程必然要求把无产阶级的阶级组织变为国家组织。考茨基宣扬阶级合作和"社会和平"必然遭到可耻的失败（29段）

苏维埃不得变为国家组织的观点，在政治实践方面尤其是错误的。阶级斗争的客观进程表明，无产阶级反对资产阶级的斗争是一场政治和经济利益根本对立的斗争。即使在和平时期，工人反对资本家的斗争，如罢工斗争，资本家也要坚持当"一家之主"。俄国处在无产阶级革命时期，在激烈的阶级斗争中，由于阶级斗争的进程和客观规律，无产阶级必然会直截了当地提出打碎资产阶级国家机器，把包括全体雇佣工人、全体劳动农民的苏维埃变为国家组织的问题。站在中间的立场进行调和，注定要遭到可耻的失败。马尔托夫和孟什维克的妥协政策的破产，就是鲜明的例子。

考茨基一方面不能不承认苏维埃在"资本同劳动的决战"中会起决定作用，另方面又想保持资产阶级民主，鼓吹通过资产阶级民主来实现解放无产阶级的目的，反对苏维埃掌握全部国家政权，这实质上就是宣扬无产阶级同资产阶级的阶级合作和"社会和平"。这种机会主义立场，在现实的阶级斗争中除了彻底破产外不可能有其他结果。

列宁指出：**"脚踏两只船是考茨基一生的命运。"**（第37页）考茨基惯于在马克思主义和机会主义之间玩弄调和折衷。在战争问题上，在对待帝国主义问题上，在无产阶级专政问题上，在一切与无产阶级革命有关的重大问题上，都装做在理论上不同意机会主义者的样子，而在实践上，都是和机会主义站在一起的。

※　　　　　※　　　　　※

列宁论述了把苏维埃变为国家组织以代替资产阶级立宪会议的必要性和必然性。列宁指出：**"苏维埃是无产阶级专政的俄国形式。"**（第30页）

在我国民主革命的过程中，毛主席正确地解决了"打碎"地主资产阶级国家机器，代之以人民民主专政的国家机器的问题。毛主席指出：**"资产阶级的共和国，外国有过的，中国不能有，因为中国是受帝国主义压迫的国家。唯一的路是经过工人阶级领导的人民共和国。"** 毛主席还进一步指出：**"总结我们的经验，集中到一点，就是工人阶级（经过共产党）领导的以工农联盟为基础的人民民主专政。这个专政必须和国际革命力量团结一致。这就是我们的公式，这就是我们的主要经验，这就是我们的主要纲领。"**（《论人民民主专政》）必须彻底消灭地主资产阶级的反动军队，摧毁它的各级政府机构，代之以人民民主专政的国家。

毛主席指出：**"没有适当形式的政权机关，就不能代表国家。中国现在可以采取全国人民代表大会、省人民代表大会、县人民代表大会、区人民代表大会直到乡人民代表大会的系统，并由各级代表大会选举政府。"**（《新民主主义论》）全国人民代表大会是在中国共产党领导下的最高国家权力机关。我国的无产阶级专政是采取人民代表大会制这一政治形式来实现的。

毛主席的伟大理论与实践，是对无产阶级革命和无产阶级专政学说的重大贡献。

刘少奇一类骗子阴谋篡夺党和国家的最高权力，坚持设国家主席的反党政治纲领，提出"一个国家不能没有主席"等荒谬论点。

马克思主义认为政权构成形式是多样的和可变的。列宁在《国家与革命》中早已指出："**资产阶级国家虽然形式极其繁杂，但本质是一个：所有这些国家，不管怎样，归根到底一定是资产阶级专政。从资本主义过渡到共产主义，当然不能不产生非常丰富和繁杂的政治形式，但本质必然是一个，就是无产阶级专政。**"（《列宁选集》第3卷，第198页）在社会主义国家里，政权构成形式也各有不同的特点，有的设国家主席，有的不设，但政权性质都是无产阶级专政。毛主席根据我国情况，提出不设国家主席。刘少奇一类骗子对抗毛主席的指示，坚持要设国家主席，其罪恶目的是他自己要当国家主席，以便把党、政、军大权都抓到手，实现其复辟资本主义、改变国家颜色的阴谋。关于是否设国家主席的斗争，实质上是夺权和反夺权、复辟和反复辟、颠覆无产阶级专政和保卫无产阶级专政的斗争。

立宪会议和苏维埃共和国

本章着重论述苏维埃必须代替立宪会议，无产阶级民主必须代替资产阶级民主。

立宪会议是资产阶级民主制的形式，被苏维埃共和国这种无产阶级民主制形式所代替，这是俄国无产阶级革命发展的必然结果。考茨基反对用苏维埃代替立宪会议，就是维护资产阶级民主，反对无产阶级专政。

本章共三十四个自然段，分为三个问题介绍：

一、苏维埃共和国是比有立宪会议的普通资产阶级共和国更高的民主制形式（1—21段）

1段：要不要解散立宪会议的问题，就是要不要用无产阶级民主代替资产阶级民主的问题。

列宁指出，关于立宪会议问题是考茨基整本小册子的中心问题。考茨基为什么经常回到这个问题上来？就是因为他要顽固地坚持资产阶级共和国的方案，反对无产阶级专政。十月革命胜利后，在俄国是建立资产阶级专政还是建立无产阶级专政，是保留资产阶级的议会民主制，还是实行无产阶级的民主制，这是摆在革命面前的一个重大原则问题。正是在这个问题上，暴露了考茨基这个"马克思主义理论家"的叛徒立场。

2—8段：考茨基歪曲历史，颠倒是非，肆意攻击布尔什维克关于解散立宪会议的原则立场。

考茨基为了诬蔑列宁和布尔什维克，把事情说成仿佛是这样：列宁和布尔什维克原来是主张召开立宪会议的，只是在1917年11月15日立宪会议选举中布尔什维克占了少数（在七百一十五名代表中布尔什维克占一百八十三名）以后，列宁才在12月26日发表《关于立宪会议的提纲》，"贬低"立宪会议的荣誉和声望，说苏维埃共和国是比立宪会议更高的民主形式。

9—11段：立宪会议选举前七个月，布尔什维克就提出用苏维埃代替立宪会议的问题。

列宁首先用事实揭穿了考茨基的卑鄙谎话。早在1917年4月4日，即立宪会议选举前七个月，列宁在《四月提纲》中就指出：**"不要议会制共和国（从工人代表苏维埃回到议会制共和国，是倒退了一步），而要从下到上由全国的工人、雇农和农民代表苏维埃组成的共和国。"**（《列宁选集》第3卷，第15页）在1917年4月12日的《俄国的政党和无产阶级的任务》（即"论各政党的小册子"）一文中，列宁又指出：**"要建立工兵农代表苏维埃共和国。"** **"全部政权只应归工人、士兵、农民和雇农代表苏维埃。"**（《列宁全集》第24卷，第72、73页）1917年4月24日至29日布尔什维克第七次全国代表会议的决议又规定：**"不要资产阶级议会制共和国，而要工农民主共和国"**。（《列宁全集》第24卷，第249页）

列宁指出，考茨基使用这种阉割和歪曲的手法，向德国读者隐瞒以上事实，攻击布尔什维克在立宪会议问题上的正确立场，只能说明他是向资产阶级献媚的奴才。

12—17段：考茨基有意说谎是为了避开理论问题。

退一步说，假定考茨基不知道上面提到的列宁的《四月提纲》、"论各政党的小册子"以及布尔什维克第七次代表会议的决议，但他总应该知道1917年12月26日《关于立宪会议的提纲》全文，因为考茨基引用了这个《提纲》作为讨论问题的依据。就在《提纲》的第二条，明明白白地写着："**革命社会民主党提出了召集立宪会议的要求，从1917年革命一开始，就多次着重指出，苏维埃共和国是比有立宪会议的普通资产阶级共和国更高的民主制形式。**"（第40页）这就是说，《提纲》本身也说明了列宁和布尔什维克不是在立宪会议选举占了少数以后，即在1917年12月26日才"贬低"立宪会议的荣誉和声望，而是从1917年二月革命后就多次指出这一点了。布尔什维克对待立宪会议的原则立场，是始终如一的，光明正大的。考茨基造谣诬蔑说布尔什维克没有原则，是为了转移目标，**避开了理论问题**，即苏维埃共和国是比有立宪会议的资产阶级共和国更高的民主制形式问题。

18—21段：资产阶级议会共和国低于巴黎公社类型的或苏维埃类型的共和国，这是问题的中心。

马克思和恩格斯在总结巴黎公社的经验时，曾经明确地指出，巴黎公社是无产阶级专政的新的国家形式，它比议会制的资产阶级共和国具有无比的优越性。马克思说："**公社是一个高度灵活的政治形式，而一切旧有的政府形式在本质上都是压迫性的。公社的真正秘密就在于：它实质上是工人阶级的政府，是生产者阶级同占有者阶级斗争的结果，是终于发现的、可以使劳动在经济上获得解放的政治形式。**"（《马克思恩格斯选集》第2卷，第378页）恩格斯指出：

"巴黎公社已经不是原来意义上的国家了。"（《马克思恩格斯选集》第

3卷，第30页）所谓原来意义上的国家，就是少数剥削者对多数被剥

削者实行专政的国家。巴黎公社打碎了资产阶级国家机器，用新的

国家机器代替它，要镇压的已经不是大多数人，而是少数剥削者。

就这个意义说，它已经不是原来意义上的国家了。马克思和恩格斯

深刻地阐明了无产阶级国家同资产阶级国家的原则区别，阐明了巴

黎公社类型的国家高于资产阶级国家。

　　自称"马克思主义者"的考茨基，写了专门论述《无产阶级专

政》的书，但是不谈无产阶级专政的苏维埃共和国是比有立宪会议

的资产阶级共和国更高的国家形式，却说什么解散立宪会议就是

"消灭了民主"。同这种背叛了马克思主义国家学说、维护资产阶

级共和国的人，谈论解散立宪会议问题，简直是对牛弹琴。

二、立宪会议是资产阶级机构，无产阶级革命的利
益高于立宪会议形式上的权利（22—25段）

22—23段：布尔什维克赞成召开立宪会议的策略是从革命的立

场出发，争取动摇的小资产阶级群众。

　　列宁指出，考茨基作为一个历史学家，在说明苏维埃同立宪会

议斗争的问题上，也违背了人所共知的事实。考茨基说布尔什维克

在解散立宪会议以前试图缓和同立宪会议的冲突，妄图证明布尔什

维克是无原则的人。其实，他根本不懂得布尔什维克的策略。布尔

什维克试图缓和同立宪会议的冲突决不是无原则的，而是有条件

的。这些条件就是《关于立宪会议的提纲》第18条所指出的：（1）

立宪会议要同意改选立宪会议的代表；（2）立宪会议要无条件地

承认苏维埃政权以及它在和平、土地、工人监督问题上的政策；（3）立宪会议要坚决站到革命阵营中来，反对立宪民主党人和卡列金分子。这些条件，主要是为了争取广大的小资产阶级群众。在立宪会议的七百一十五个席位中，代表小资产阶级的社会革命党和孟什维克占了四百一十二席。他们在群众中，特别在农民中还有一定的影响。他们不同意布尔什维克的条件，就暴露了他们的地主资产阶级附庸的反动面目。列宁说：**"盘踞在立宪会议中的动摇的小资产者先生们，或者是你们同无产阶级专政和解，或者是我们'用革命手段'战胜你们"**。（第41页）列宁在总结布尔什维克对待立宪会议的策略时指出．**"已经证明，甚至在苏维埃共和国胜利以前几个星期，甚至在胜利以后，参加资产阶级民主议会，不仅对革命无产阶级没有害处，反而会使它易于向落后群众证明为什么这种议会应该解散，易于把这种议会解散，易于促使资产阶级议会制度'在政治上过时'**。"（《列宁选集》第4卷，第215页）

24—25段：无产阶级的利益和无产阶级阶级斗争的利益高于一切。

按照资产阶级的民主观点，立宪会议是"全民"选举的机关，是神圣不可侵犯的。考茨基就是这样看问题的。列宁说，这是**"形式主义的民主观点"**．**"革命的利益高于立宪会议形式上的权利"**，**"无产阶级的利益和无产阶级阶级斗争的利益高于一切。"**（第42页）在解散立宪会议的前夕，在南俄，在顿河畔罗斯托夫附近，地主资产阶级的代表、沙皇将军卡列金组织的反对苏维埃的血腥内战正在进行着。"全部政权归立宪会议"，实际上就是"全部政权归卡列金"，把十月革命的成果化为乌有，使苏维埃俄国退回到沙皇时代去。所以列宁指出："**任何想在这场斗争中束缚苏维埃攻权手脚的企图都是帮助反革命。**"（第97页）考茨基实际上成了立宪民主党人和卡列金派的帮凶。

考茨基只知道立宪会议是全民投票选举的，不懂得全民投票只是选举的形式问题。选举形式、民主形式是一回事，所产生的机构的阶级内容是另外一回事。列宁指出，同样的普选制有时产生小资产阶级议会，有时产生反动的反革命的议会，关键在于哪个阶级在国家政权中占据统治地位。一个马克思主义的历史学家，研究问题时应该坚持阶级分析的方法，分析一下苏维埃是哪个阶级的机构，立宪会议是哪个阶级的机构，然后才能作出正确的结论。考茨基背离了马克思主义的这个根本方法，说什么立宪会议是全民选举的，解散立宪会议就是"消灭了民主"，至于消灭了哪个阶级的民主，他却置若罔闻。对于这样一个人，是无法在马克思主义的基础上同他讨论问题的，只能称他为叛徒。

三、苏维埃日益深入人心，立宪会议的反动面目逐渐暴露，解散立宪会议是必然趋势（26—34段）

26—28段：孟什维克妥协政策的破产表明，苏维埃同立宪会议的矛盾是无法调和的。

1917年二月革命后，出现了两个政权并存的局面：一个是资产阶级临时政府，另一个是工兵代表苏维埃。两个政权并存，自始至终存在着谁吃掉谁、谁推翻谁的问题。由于小资产阶级势力一时占了上风，由于列宁流亡国外以及其他一些革命领导人被监禁和被流放，苏维埃的领导权落到孟什维克和社会革命党的手中。孟什维克违背无产阶级和劳动人民的意志和利益，奉行了同临时政府妥协的政策。早在二月革命后的第一次全俄苏维埃代表大会上，孟什维克的头目策列铁里恐吓到会代表，把事情说成仿佛离开资产阶级临时政府就会天下大乱，提出了"信任临时政府"的口号。但是尽管孟什维克干了一系列的妥协、调和的勾当，支持资产阶级临时政府，资产阶级却并不同苏维埃妥协、调和，而是发动科尔尼洛夫叛乱，企图把苏维埃置于死地。正是孟什维克调和苏维埃同资产阶级政府关系的半年多的历史，从反面教育了人民，使人民懂得了：或者是苏维埃，或者是立宪会议；或者是无产阶级专政，或者是资产阶级专政，中间道路是没有的。

考茨基反对解散立宪会议，反对推翻资产阶级统治，和孟什维克一样主张同资产阶级妥协、调和；但是他却闭口不谈孟什维克妥协路线的破产，不谈苏维埃在孟什维克领导时期同资产阶级的机构也存在着分歧，不谈孟什维克也不得不承认苏维埃优于资产阶级的机构，从而制造这样的假象：似乎苏维埃同立宪会议的分歧是突然发生的，是由布尔什维克造成的。这是有意歪曲历史。

29—34段：阶级力量对比的变化和群众的向左转，要求解散立宪会议。

考茨基既然承认苏维埃是无产阶级的具有伟大前途的极好的战斗组织，那么他反对用苏维埃代替立宪会议的立场就站不住脚了。苏维埃是被压迫群众的斗争机关。群众由要求召开立宪会议到要求解散立宪会议，是一个提高觉悟的过程。只有在群众中深深扎根的苏维埃能迅速、完满、正确地反映这一过程。在1917年6月召开的第一次全俄苏维埃代表大会上，有不少的工人，尤其是士兵和农民是要求召开立宪会议的，以为立宪会议可以结束战争、解决土地问题。所以，孟什维克和社会革命党人鼓吹召开立宪会议，支持临时政府的妥协路线，暂时还在群众中受到拥护。但是资产阶级临时政府用花言巧语欺骗人民，一再拖延立宪会议的召开，群众的革命要求一项也未实现。群众受了骗，从反面受到了教育，转过来支持布尔什维克的主张。十月革命胜利后的当天晚上召开了第二次全俄苏维埃代表大会，工农兵代表起来自己掌握自己的命运，不再等待立宪会议，宣布全部政权归苏维埃，并通过了和平法令和土地法令。群众向左转了，离开了孟什维克，决心跟着布尔什维克走革命的道路。

为了进一步教育人民彻底抛弃对立宪会议的幻想，布尔什维克参加了1918年1月5日召开的立宪会议。但是，在孟什维克和社会革命党人的操纵下，立宪会议竟敢冒天下之大不韪，拒绝承认苏维埃政权，拒绝批准和平法令和土地法令。于是，群众终于认识到，立宪会议原来是个反革命的机关。当天夜里，全俄苏维埃中央执行委员会通过了解散立宪会议的法令，法令指出：**"经验使劳动阶级确信：旧的资产阶级议会制已经过时，它同实现社会主义的任务是完全不相容的，只有阶级的机关（如苏维埃）才能战胜有产阶级的反抗和奠定社会主义社会的基础，而全民的机关是办不到的。现在，凡是反对苏维埃掌握全部政权，反对人民所争得的苏维埃共和国，而赞助资产阶级议会制和立宪会议，那就是向后倒退，就是要使整个工农十月革命失败。"** （《列宁选集》第3卷，第407—408页）只有考茨基这样的资产阶级的卫道者，不管问题的历史与现状，继续出来为立宪会议辩护，不过这只能在群众中留下一些笑料罢了。

　　　※　　　　　※　　　　　※

　　列宁论述了解散立宪会议的必然性和建立苏维埃政权的必要性，批判了考茨基把立宪会议看得高于一切、鼓吹"全部政权归立宪会议"的反动观点。列宁指出："**无产阶级的利益和无产阶级阶级斗争的利益高于一切。**"（第42页）"**任何想在这场斗争中束缚苏维埃政权手脚的企图都是帮助反革命。**"（第97页）并以革命手段解散了立宪会议。

　　在我们党的历史上，在如何对待蒋介石的"立宪"阴谋问题上，也发生过一场斗争。1940年，蒋介石国民党为了欺骗人民，妄图通过开"国大"、制"宪法"，把代表大地主大资产阶级的法西斯一党专政合法化，建立一个所谓"资产阶级共和国"。我党按照毛主席的新民主主义革命路线，坚持放手发动群众，壮大人民力量，在我党的领导下，打败日本侵略者，解放全国人民，建立一个新民主主义的中国。

　　1940年2月，毛主席在延安宪政促进会的成立大会上揭露了蒋介石国民党的"宪政"骗局，指出："**那种旧式的民主，在外国行过，现在已经没落，变成反动的东西了。这种反动的东西，我们万万不能要。中国的顽固派所说的宪政，就是外国的旧式的资产阶级的民主政治。**他们口里说要这种宪政，并不是真正要这种宪政，而**是借此欺骗人民。他们实际上要的是法西斯主义的一党专政。**"（《新民主主义的宪政》）

　　在这个"建什么国"的斗争中，刘少奇一类骗子在1940年7月发表反党文章，对蒋介石标榜开"国大"、制"宪法"大肆捧场，说什么"在国民参政会第四次会议上，通过了关于召开国民大会以通过中国宪法的决议。这个决议有很大的政治意义，得到全体人民的拥护，已被国民政府批准。"他反对我党在抗日民族统一战线中独立自主的方针，宣扬阶级投降主义，公然叫嚷"国家的一切进步力量团结在以最高统帅蒋介石为首的中央政府周围。"历史的发展，粉碎了刘少奇一类骗子的"宪政"迷梦。国民党不仅背弃了按时召开"国大"的诺言，反而制造了震惊中外的"皖南事变"。我们党坚持毛主席的革命路线，**"不受国民党的限制，超越国民党所能允许的范围，不要别人委任**，不靠上级发饷，独立自主地放手地**扩大军队，坚决地建立根据地**，在这种根据地上独立自主地发动群**众，建立共产党领导的抗日统一战线的政权**，向一切敌人占领区域**发展。"**（《放手发展抗日力量，抵抗反共顽固派的进攻》）经过长期艰苦的斗争，终于夺取了抗日战争的胜利，并推翻了蒋介石国民党的反动政权，建立了新中国。

苏 维 埃 宪 法

本章批判了考茨基对苏维埃宪法的诬蔑和攻击，着重论述了1918年苏维埃宪法的无产阶级性质。

列宁指出，剥夺资产阶级的选举权，不是无产阶级专政的必需的和必要的标志。俄国剥夺资产阶级选举权是阶级斗争进程和斗争需要决定的。考茨基从"纯粹民主"观点出发，攻击苏维埃宪法"专横"，鼓吹资产阶级可以在苏维埃政权下充当"合法的"反对党，这只能说明他是资产阶级的走狗和帮凶。

本章共三十二个自然段，分为四个问题介绍：

一、苏维埃宪法剥夺资产阶级选举权，是资产阶级的叛乱造成的。批判考茨基让资产阶级充当苏维埃的反对党的观点（1—4段）

列宁指出，要不要剥夺剥削者的选举权，是由各国革命斗争的具体情况决定的。斗争进程和斗争形式决定专政形式。在俄国，1917年二月革命后，资产阶级建立了临时政府与工兵代表苏维埃相对抗。资产阶级利用在苏维埃中占统治地位的孟什维克执行妥协政策的弱点，采取种种阴谋活动反对苏维埃。8月间，他们公开参加科尔尼洛夫叛乱。十月革命胜利后，他们更加疯狂地组织反对苏维埃的武装叛乱。这一切说明，资产阶级同苏维埃势不两立，不共戴天。在这种情况下谈论应给予资产阶级选举权是滑稽可笑的。阶级斗争的进程很自然地造成了从苏维埃中正式排除资产阶级的情况。

考茨基不顾资产阶级参加了反苏维埃武装叛乱的严酷现实，从"纯粹民主"观点出发，要求实行普选制，让资产阶级在无产阶级专政下充当"合法的"反对党。列宁指出，"反对党"的观点，是资产阶级议会斗争的观点。在十月革命后的俄国，资产阶级不甘心他们的失败，进行了反对苏维埃政权的种种罪恶活动，公开地勾结英、法、德等帝国主义国家，组织都托夫、克拉斯诺夫和捷克斯洛伐克军团的反革命武装暴乱，妄图把新生的无产阶级政权扼杀在摇篮里。在这种情况下，允许资产阶级在苏维埃政权内部充当"合法的"反对党，实际上就是鼓动资产阶级起来反对无产阶级专政，推翻苏维埃政权。

二、苏维埃宪法是一部无产阶级的宪法。驳考茨基
攻击苏维埃宪法"专横"的种种谬论（5—20段）

5—11段：驳考茨基诬蔑苏维埃宪法剥夺了大多数居民的选举权的谬论。

苏维埃宪法第65条规定剥夺下列人员的选举权："1． 使用雇用劳动谋取利润的人；2． 靠不劳而获的收入（如资本的红利、企业的收益、财产的收入等等）为生的人；3． 私商、中间商人和经纪人。"考茨基认为这是给资本家规定了一个"富有弹性"的法律概念。接着他把资本家同有产者等同起来，然后根据这个错误概念进行推论：剥夺资本家的选举权，就是剥夺有产者的选举权，就会使大多数居民失去政治权利。他并以1907年德国农、工、商三大部门人口数字为例，说在经济非常进步、无产阶级人数极多的德国，如果建立苏维埃共和国，剥夺有产者的选举权，尚且会使一千七百万居民失去政治权利，何况象俄国这样一个经济落后、工人阶级只占总人口的少数的国家，剥夺了有产者的选举权，就会有比德国更大量的居民，特别是农民失去选举权。

考茨基这种论据完全是捏造的。因为虽然俄国农民占人口大多数，但俄国农民（独立经营者）中极大多数不雇用工人，苏维埃宪法并没有剥夺他们的选举权，根据1907年德国各类农户使用雇佣劳动数字的统计，雇用工人的资产者农户只占百分之五，而考茨基却不向德国读者讲明这个事实。

考茨基借口苏维埃宪法关于资本家的法律概念规定得不够具

体，攻击苏维埃宪法"专横"，这是毫无道理的。在内战的烽火中，俄国无产阶级和劳动人民，在制定宪法时只能先规定一些基本原则，还没有来得及制定那些周密、详细的法律条文，这本是无可非议的。资产阶级宪法，例如英国宪法，也不是一次完成的，而是经过了几个世纪的修改、补充，逐步"周密"起来的。其实，资产阶级宪法和法律愈"周密"，对无产阶级和劳动人民的榨取就愈"专横"。考茨基不看这个实质，认为这种宪法（或法律）不是"专横"，而是"秩序"和"法制"，符合"纯粹民主"的原则。可见，考茨基是资产阶级的走狗，无产阶级的死敌。

12—14段：驳考茨基诬蔑群众决定选举程序和日期是"专横"的谬论。

考茨基以资产阶级贵族老爷态度对待群众，连群众自己决定选举程序和日期也被视为"专横"的表现。群众自己决定选举程序和日期是苏维埃民主制的优点之一。列宁指出，苏维埃民主制的优越性就在于："**第一，选举人是劳动者和被剥削者，没有资产阶级；第二，废除了选举上一切官僚主义形式的手续和限制，群众自己决定选举的程序和日期，选举人有撤销被选举人的完全自由；第三，……空前第一次使真正的全体人民都学习管理国家，并且开始管理国家。**"（《列宁全集》第27卷，第250页）苏维埃宪法第70条规定："具体的选举程序……**将由地方苏维埃依照中央委员会的指示决定之。**"群众根据中央指示精神结合地方具体情况决定选举程序，真正体现了人民群众起来当家做主，有利于把为他们服务的人选为代表去管理自己的国家。在资产阶级民主制下，**资产阶级的官吏、律师**和知识分子打着"纯粹民主"的幌子，由他们制定的法律来决定选举的程序和日期，正是为了排斥被剥削群众参与国家事务，这才是真正的"专横"。

15—17段：驳考茨基关于从苏维埃内开除右派社会革命党人和孟什维克没有法律根据的谬论。

考茨基认为，开除右派社会革命党人和孟什维克的苏维埃代表权，是没有法律根据的，而后来制定的苏维埃宪法又没有提到苏维埃代表的不受侵犯权问题。考茨基谬论的实质在于宣扬资产阶级民主，支持资产阶级叛乱，反对无产阶级专政。按照考茨基的观点，对于那些里通外国、积极参加反革命叛乱的社会革命党和孟什维克的头子，当他们还是苏维埃代表时，苏维埃政权就不能"惩治"他们，苏维埃宪法应规定给这些代表以不受侵犯权；然后苏维埃政权再制定出刑法，等刑法制定以后，才能对这些代表加以"惩治"；而且说明，这只是"惩治"这些个人，而不是这些人所代表的反革命的政党。显然，在残酷的内战中，按照这种"法律程序"办事，就是放纵敌人，坐等苏维埃政权被推翻。

18—20段：驳考茨基混淆小业主同无产阶级界限的谬论。

考茨基攻击苏维埃宪法剥夺"以取得利润为目的而使用雇佣工人"的人们的选举权，这就会使"有一个帮工的、生活和感情同无产阶级完全一样的小业主"，也没有选举权。

考茨基臆造的这个"小业主"，可以同几十年前流传于德国文坛的《节俭的阿格尼斯》相媲美。考茨基用类似的捏造，来反对俄国的无产阶级专政，攻击苏维埃宪法"专横"，为被剥夺了选举权的剥削者鸣不平。

小业主也是残酷地剥削工人的；至于小业主中个别贫苦工匠，

只要他确实不是剥削者，主持选举事务的工人们凭着自己的实际生活知识，是会对他区别对待的。考茨基为小业主鸣不平，实际上是为剥削者争选举权。他以小业主的"生活和感情同无产阶级完全一样"这类地主资产阶级的人性论，来抹杀资产阶级同无产阶级的区别，反对马克思主义的阶级论。

三、苏维埃宪法剥夺资产阶级选举权，说明苏维埃是真正革命无产阶级的机关（21—24段）

苏维埃宪法受到考茨基之流的攻击，会加速和加深欧洲的无产阶级同叛徒领袖们的分裂。被压迫人民，真正革命的无产者及其领袖，是会赞成苏维埃宪法的。欧洲无产阶级只要知道了苏维埃宪法，他们就会不再相信第二国际叛徒领袖们的欺骗宣传，而把布尔什维克引为自己的同志，把苏维埃看作**真正是工人政府**。苏维埃宪法剥夺了剥削者的选举权，这说明苏维埃是被压迫群众的组织，说明它没有同资产阶级实行妥协，**"而是同剥削者作你死我活斗争的真正革命无产阶级的机关。"**（第53页）

列宁非常重视考茨基这个反面教员的作用。列宁把考茨基的《无产阶级专政》小册子，当作提高欧洲无产阶级觉悟的反面教材，建议不惜重金把它收购来，赠给觉悟的工人，让他们去声讨考茨基之流的叛徒罪行。

四、马克思主义者同机会主义者在资产阶级民主和无产阶级专政问题上的原则分歧（25—32段）

叛徒考茨基无耻地诬蔑布尔什维主义是同马克思主义相违背的

"新理论"，并且痛哭流涕地理怨欧洲无产阶级热烈欢迎和拥护布尔什维主义。考茨基的诽谤、咒骂，无损于布尔什维主义的一根毫毛，也不能阻止它在欧洲和全世界的传播。

苏维埃政权的出现，树立了无产阶级专政的典型。欧洲各国的革命群众通过马克思列宁主义同修正主义的斗争，通过自己的实践经验，认识到布尔什维主义是正确的，只有走苏维埃的道路，通过暴力革命推翻本国资产阶级政府，建立和实现无产阶级专政，才能摆脱帝国主义战争的灾难，获得自身的彻底解放。

以列宁为代表的马克思主义者同以考茨基为代表的第二国际的修正主义者，在资产阶级民主和无产阶级专政问题上，存在着一系列的原则分歧。

"考茨基写道，'我们'向来是主张民主的，现在我们却忽然要拒绝它！"这是列宁概括的考茨基的观点。考茨基在他的小册子里指责布尔什维克"在执政时把他们从前的民主要求全部抛弃。"他以讽刺的笔调写道："我们（按：指布尔什维克）关于保护少数派、保护反对派的要求，只有当我们自己还是少数派、还是反对派的时候才需要。一旦我们成了多数派，获得了政权，我们第一个行动将是从你们（按：指资产阶级）身上剥夺掉我们以前替自己所要求的那一切：选举权、出版自由、结社自由等等。"考茨基以超阶级的不偏不倚的"纯粹民主"观点，反对无产阶级对资产阶级实行专政。

马克思主义者认为，在阶级社会里，只有阶级的民主，没有超阶级的"纯粹民主"。为了保证无产阶级民主，必要时将剥夺资产阶级的选举权，解散任何议会；机会主义者否认民主的阶级性，把资产阶级民主看成是神圣的东西，反对无产阶级专政。

马克思主义者认为，无产阶级利用资产阶级民主，只是为了教育和组织群众，准备革命，而当无产阶级起来革命时，决不受资产阶级民主的限制；机会主义者认为，无产阶级只能利用资产阶级民主，把这种民主贯彻到底，任何时候也不能超越资产阶级民主的范围。

马克思主义者认为，无产阶级不能同资产阶级讲平等，对于资产阶级的反抗，无产阶级必须用革命暴力加以镇压，剥夺他们的选举权，甚至不给他们饭吃；机会主义者认为，资产阶级可以在无产阶级专政下充当"合法的"反对党，镇压他们就是"专横"。

正是在资产阶级民主和无产阶级专政问题上，考茨基之流彻底暴露了叛徒面目，被革命群众所抛弃；马克思主义者则得到了越来越多的革命群众的拥护。

※　　　　　※　　　　　※

列宁一再指出：**"剥夺资产阶级的选举权，并不是无产阶级专政的必需的和必要的标志。"**（第45页）胜利了的俄国无产阶级剥夺了资产阶级的选举权，是当时阶级斗争的具体情况造成的。

毛主席根据马克思列宁主义的普遍原则结合中国的具体条件，**对待资产阶级问题**，制定了一系列的政策和策略。毛主席把中国的**资产阶级区分为官僚资产阶级和民族资产阶级**。在我国无产阶级专政条件下，对民族资产阶级不剥夺选举权，这是由于我国民族资产阶级有两面性。**"在资产阶级民主革命时期，它有革命性的一面，又有妥协性的一面。在社会主义革命时期，它有剥削工人阶级取得**

利润的一面，又有拥护宪法、愿意接受社会主义改造的一面。民族资产阶级和帝国主义、地主阶级、官僚资产阶级不同。工人阶级和民族资产阶级之间存在着剥削和被剥削的矛盾，这本来是对抗性的矛盾。但是在我国的具体条件下，这两个阶级的对抗性的矛盾如果处理得当，可以转变为非对抗性的矛盾，可以用和平的方法解决这个矛盾。"（《关于正确处理人民内部矛盾的问题》）毛主席科学地分析了我国无产阶级专政条件下各个阶级的相互关系和民族资产阶级的特点，正确地处理工人阶级同民族资产阶级的矛盾，既有利于社会主义经济的发展，也有利于无产阶级专政的巩固。在社会主义时期，对于反动的资本家，国家依照法律在一定时期内剥夺其政治权利。

什么是国际主义？

本章通过战争与革命问题，着重批判了考茨基的市侩民族主义和社会改良主义，论述了无产阶级国际主义的策略原则。

第一次帝国主义大战期间，在战争与革命问题上存在着马克思主义同机会主义两条路线的斗争。布尔什维克认为，交战国双方所进行的都是掠夺性的反动战争，国际无产阶级的任务是：利用战争造成的革命形势，首先推翻进行战争的本国政府，实现无产阶级的革命专政，促进和援助各国人民革命。考茨基背叛国际无产阶级的共同任务，千方百计地为"保卫祖国"的口号辩解，堕落为市侩民族主义者和社会改良主义者。

本章共四十九个自然段，分为四个问题介绍.

一、打倒进行帝国主义战争的俄国政府，是唯一正确的国际主义策略；考茨基支持的孟什维克观点，是市侩民族主义和改良主义（1—12段）

1段：考茨基力图把自己同"政府派社会主义者""区别"开来，是贼喊捉贼。

考茨基是动摇于公开的社会沙文主义者和国际主义者之间的"中派"领袖，各国都有他的门徒。因此剥掉他的国际主义伪装，戳穿他的"政府派社会主义者"的实质，对于提高各国人民的觉悟、促进世界革命，具有重大意义。因此，**"研究一下考茨基的'国际主义'是大有教益的。"**（第55页）

2—5段：孟什维克的观点是"保卫祖国"口号的变种。

考茨基赞扬孟什维克、攻击布尔什维克的一段话，恰恰表明了对待帝国主义战争的两种政策：孟什维克的政策是，如果交战国家不接受"普遍媾和"，它就支持俄国政府继续进行帝国主义战争；布尔什维克的政策是，推翻俄国政府，由无产阶级掌握政权，从而摆脱帝国主义战争。

各国的考茨基分子同孟什维克一样，都是一些市侩民族主义者和改良主义者。他们不提战争的阶级性，一味地为"自己"的帝国主义政府进行的战争辩护，为"保卫祖国"辩护，同时又赌咒发誓说他们赞成"逼迫"帝国主义"表达各国人民的和平意志"。他们用这种手法企图同社会沙文主义"区别开来"，继续以国际主义和社会主义旗帜招摇撞骗。列宁指出："**从理论上说，这是完全不善于同社会沙文主义者区别开来，这是在保卫祖国的问题上十足的糊**

涂观念。从政治上说，这是用市侩民族主义偷换国际主义，这是转到改良主义方面，背弃革命。"（第56页）

6—7段：推翻克伦斯基政府，由无产阶级掌握政权，才能摆脱帝国主义战争；考茨基赞扬孟什维克"保卫祖国"，就是赞扬市侩民族主义。

战争是政治的继续。马克思主义者认为，只有在被侵略的民族和国家以正义战争反抗外来侵略的条件下，"保卫祖国"的口号才是正确的。孟什维克把克伦斯基政府进行的帝国主义战争称之为"防御的或革命的"战争，提出"保卫祖国"的口号，完全是欺骗人民。俄国虽然经过二月革命，但是克伦斯基资产阶级政府，继承沙皇政府的对外政策，同英法帝国主义勾结在一起，继续进行瓜分世界的战争。因此，**"在俄国，即使是在克伦斯基时期，在资产阶级民主共和国，战争也仍然是帝国主义战争"。**（第56页）考茨基以为孟什维克提出"不割地不赔款的和平"口号就能改变克伦斯基政府进行战争的性质，就是帮助孟什维克欺骗群众，赞扬市侩民族主义。同孟什维克相反，布尔什维克认为，反对帝国主义战争、争取真正和平，同实现无产阶级革命，是结合在一起的任务。**"能够正确反映这个任务的只有一个口号：变帝国主义战争为国内战争，战时一切彻底的阶级斗争，一切认真执行的'群众行动'的策略，都必然引向这一步。"**（《列宁选集》第2卷，第681页）**"不然就无法摆脱帝国主义战争，也无法摆脱帝国主义的掠夺性的和平。"**（第57页）

8—11段："瓦解"旧军队，建立新军队，是任何一次大革命的必由之路；考茨基赞扬孟什维克主张，反对"瓦解"旧军队，就是赞扬改良主义，背弃革命。

考茨基打着"齐美尔瓦尔得派"的旗号为孟什维克的对外政策辩护，把参加克伦斯基政府，反对"瓦解"军队，支持帝国主义战争的孟什维克政策，说成是"齐美尔瓦尔得政策"，这只能证明齐美尔瓦尔得右派完全腐朽了。列宁指出，孟什维克是一个**争取在服从帝国主义的条件下用改良主义手段"改善"帝国主义，适应帝国主义**的典型。考茨基背叛自己战前的革命言论，转过来推崇孟什维克，表明他完全倒退到改良主义立场，背弃革命。

克伦斯基共和派的军队是从沙皇政府那里继承下来的。对这支充满帝国主义精神的军队，不能抱有任何不切实际的幻想。孟什维克反对布尔什维克"瓦解"这支反动军队，就是妄想保持帝国主义战争和资产阶级专政的一切基础。由此可见，孟什维克及其辩护士考茨基已经堕落成为俄国帝国主义的走狗。

"**从马克思主义关于国家学说的观点看来，军队是国家政权的主要成份。**"（《战争和战略问题》）无产阶级进行革命必须"瓦解"即"打碎"旧军队。因为第一，旧军队是支持旧制度的最顽固的工具，是资产阶级统治劳动者的最坚固的柱石。第二，反动军队同人民武装是不能并存的，工人阶级必须"瓦解"它，打碎它，并以自己的武装代替它。历史教训一再指明了这一点。法国近代史上发生的每次革命，都有工人武装出现，并提出一些威胁现存制度的口号。"**因此，掌握国家大权的资产者的第一个信条就是解除工人的武装。**"（第58页）我国抗日战争胜利后，蒋匪帮下山抢"桃子"，他的"第一条信条"也是解除人民的武装。第三，法国的历史和俄国的革命都已证明：上升到统治地位的新的社会阶级，如果不破坏旧军队，不逐步建立起新军队，不经历一个没有任何军队的最困难最痛苦的时期，就不能巩固自己的统治。法国大革命时期的旧军队被人民"瓦解"了，新军队没有建立起来，但当外国武装干涉到来时，法国人民建立了革命武装，并打败了封建欧洲的武装干涉，保卫了革命成果。胆小鬼惊叫"军队"瓦解，只能证明他是革命的叛徒。

12段：列宁总结说，在谈到什么是"政府派社会主义者"的问题时，关键就在于弄清**进行帝国主义战争的统治阶级**的问题。一旦了解克伦斯基政府的本质，只能得出这样的结论：孟什维克及其支持者考茨基同谢德曼之流一样，统统是"政府派社会主义者"。

二、国际主义者从帝国主义战争性质出发，提出准备世界革命的路线；考茨基之流从"自己"国家的观点出发推论出"保卫祖国"的谬论（13—20段）

13—15段：战争的阶级性——**这是摆**在社会主义者面前的基本问题。

考茨基之流以"民族自决"、"反对对民族使用暴力"等等为"保卫祖国"进行狡辩。他们的逻辑是：既然我的国家遭到进攻，就是对我的民族使用暴力，破坏我的民族的独立，也就是破坏社会主义原则；因此，社会主义者就应当"保卫祖国"。列宁指出，这样抽象地谈论暴力问题和歪曲地引用民族自决原则，从理论上看，这是侮辱社会主义；从政治实践上看，这是为了逃避在反动战争中进行革命的任务。

列宁明确指出："**战争的阶级性——这就是摆在社会主义者**

（**如果他不是叛徒**）**面前的基本问题。**"（第60页）社会主义者必须坚决反对抽象地谈论暴力和战争。毛主席说："**战争——这个人类互相残杀的怪物，人类社会的发展终久要把它消灭的，而且就在不远的将来会要把它消灭的。但是消灭它的方法只有一个，就是用战争反对战争，用革命战争反对反革命战争，用民族革命战争反对民族反革命战争，用阶级革命战争反对阶级反革命战争。**"（《中国革命战争的战略问题》）在战争问题上，不能听信社会沙文主义者的空话，而要弄清阶级的实质。帝国主义大战期间，布尔什维克坚决反对"保卫祖国"的叫嚣，提出**变帝国主义战争为国内战争**的口号，就是从战争的阶级性质出发制定的社会主义策略。考茨基之流的"社会主义"完全是自欺欺人。

16—18段：考茨基之流从"自己"国家的立场看待一切，提出"保卫祖国"的口号。

列宁进一步驳斥了考茨基之流的谬论。列宁指出，站在"保卫祖国"立场上的人们，只记得自己是法国人或德国人，同本国帝国主义政府捆在一起，完全忘记了全世界无产者联合起来的国际主义原则，就是说，忘记了从世界资产阶级和世界无产阶级着眼对整个帝国主义战争的估计，取消了世界无产阶级革命任务。"我国受欺凌了，其他一切我都不管"，这就是说，考茨基之流宁可背叛国际主义，也要"保卫祖国"，这正是市侩民族主义的特征。

列宁说，借口"反对对民族使用暴力"而主张"自卫"的人们，实际上把"自己的"资产阶级看得高于一切，忘记了"自己的"资产阶级是整个帝国主义掠夺锁链的一环，力求对异民族特别是殖民地人民在更大范围内使用暴力。

列宁指出："**资本是一种国际的势力。要战胜这种势力，需要有工人的国际联合和国际友爱**。"（《列宁选集》第 4 卷，第147页）考茨基之流对"祖国"、"暴力"不进行马克思主义的分析，反而千方百计用民族主义毒害无产阶级，只能把他们称之为帝国主义的走狗。

19—20段：国际主义者从国际阶级斗争着眼对整个战争进行估计，提出准备世界革命的路线。

马克思主义者认为，反动阶级进行非正义战争，固然热衷于"先发制人"，但这还不是确定战争性质的标志。战争的性质不取决于"敌人"在谁的国境内，而取决于哪一个阶级进行的战争，这个战争是哪一种政治的继续。两个帝国主义集团进行战争，"侵入者"和"被侵入者"都是掠夺者，都是为了瓜分世界，相互勾结，相互争夺。因此，"自己的"资产阶级同"敌国"的资产阶级是没有差别的强盗。无产阶级政党的任务绝不是"保卫祖国"，而是要准备世界无产阶级革命，首先从自己国家开始。**变帝国主义战争为国内战争**，打倒世界无产阶级的共同敌人，打开摆脱世界大屠杀的出路。这才是真正的国际主义。

面对帝国主义战争，是"保卫祖国"还是变帝国主义战争为国内战争？是改良还是革命？是民族利益（实质上是占统治地位的资产阶级利益）高于一切还是世界无产阶级革命利益高于一切？这就是孟什维克（即考茨基派）同布尔什维克的策略分歧。"问题的关键在于'中派'**不相信用革命来反对本国政府的必要性，不宣传革命，不进行忘我的革命斗争，而捏造各种最卑鄙的 —— 听起来好象是绝顶'马克思主义'的——借口来躲避革命。**"（《列宁选集》第 3

卷，第54页）当考茨基从赞同孟什维克的策略转到直接攻击布尔什维克的策略时，考茨基"躲避革命"的叛徒嘴脸就更清楚了。

三、布尔什维克根据战争引起的欧洲革命形势，制定夺取政权、推动欧洲革命的策略；考茨基取消革命，背叛了国际主义义务（21—45段）

21—27段：考茨基伪造马克思主义，诬蔑布尔什维克把一切都押在欧洲"定期"发生革命这一张牌上。

考茨基这几段黑话的意思是：布尔什维克原来估计，只要俄国革命胜利，就会"定期"引起欧洲普遍革命，而胜利了的欧洲无产阶级反过来帮助落后的俄国解决一切困难；布尔什维克根据这种"假设"，"制造"了十月革命；结果是欧洲没有发生革命，致使十月革命面临绝境，布尔什维克责备考茨基叛变国际革命是"无的放矢"。

列宁具体分析了布尔什维克的革命策略的根据，驳斥了考茨基的谣言和诡辩，揭穿了他背叛国际革命的嘴脸。

28—31段：正确估计战争在欧洲造成的客观情况，是布尔什维克制定策略的基础。考茨基说布尔什维克指望欧洲"定期"发生革命，是无耻捏造。

列宁在《给美国工人的信》中明确指出："我们指望着不可避免的国际革命，但这决不是说，我们就象傻瓜一样指望革命必然会在一定的短期内发生。我们国家有过两次大革命（1905年和1917年），我们知道，革命是不能按照定单或协约来进行的。"（《列宁选集》第3卷，第598页）1918年初，列宁写了《论革命空谈》、《沉痛的但是必要的教训》等文章，驳斥左派社会革命党人和"左派共产党人"。列宁说："**如果我们决定自己今天同当前的帝国主义进行斗争的策略是从愿望出发，希望李卜克内西在最近几个星期以内一定取得胜利，那我们就只配遭到嘲笑。**"（《列宁全集》第27卷，第51—52页）列宁曾经多次批判过把革命策略建筑在欧洲其他国家"定期"发生革命的依赖思想。考茨基的捏造，目的是为了避开"**关于整个革命策略的基础的大问题，从而安然无事地背离了整个革命策略!**"（第63页）

32—37段：欧洲存在着革命形势，布尔什维克期待欧洲革命决不是"痴心妄想"。

马克思主义认为，必须根据革命形势制定策略，否则就要犯右的或"左"的错误。这是起码的真理。

布尔什维克制定策略时，考虑到欧洲革命对俄国革命的支援，但更重要的是以本国革命成熟的程度为转移，根本没有依赖欧洲无产阶级革命的思想。至于估计到欧洲战争必将造成革命形势，并且根据这种估计，期待和迎接欧洲发生革命，这是任何革命者应有的态度，也是一切马克思主义者的共同意见。战前的考茨基也说过类似的话。但当革命形势到来时，考茨基一反前言，诬蔑布尔什维克"相信暴力和意志的万能"，把革命强加于俄国，还要强加于欧洲，以此避开革命形势是否已经到来的问题。

列宁指出，事变的进程驳斥了考茨基。布尔什维克关于战争造成革命形势的估计已被证实。首先，帝国主义战争造成的死亡和经济破坏激起了群众的不满和愤怒，这就是革命形势。其次，列宁特别指出："**在所有国家里清楚地显露出陈旧腐朽的社会党分裂的过**

程，无产阶级群众离开社会沙文主义领袖向左转，转到革命思想、革命情绪、革命领袖方面来的过程。"（第64页）这个事实是革命形势到来的重要标志。当考茨基著书立说攻击布尔什维克时，直接革命的形势日益迫近，只因他成了叛徒，看不见了。

38—41段：革命形势既已到来，马克思主义者就应当宣传群众、组织群众，直接进行革命。

在革命高潮还未到来时，马克思主义者应该通过不间断的工作，促进革命高潮早日到来，决不能象叛徒考茨基那样，坐等"欧洲普遍革命"。"因为不是任何革命形势都会引起革命，只有在上述客观变化加上主观变化的形势下才会产生革命，这种主观变化就是：革命阶级能够发动足以打倒（或摧毁）旧政府的强大的群众革命行动，因为这种政府，如果不'推'它，即使在危机时代也是不会'倒'的。"（《列宁选集》第2卷，第621页）由于大多数社会党的叛变，致使欧洲虽有革命形势而没有发生革命，或者虽有革命发生，却没有形成足以打倒（或摧毁）旧政府的强大的群众革命行动而使革命遭到失败。叛徒谢德曼、考茨基之流的罪恶就在这里。

考茨基把指望欧洲革命"定期"到来的谬论强加到布尔什维克头上，其实这种谬论正是他自己的观点。考茨基的小册子是1918年8月5日发表的。他以这一天为界，认为这一天以前"欧洲普遍革命"发生了，布尔什维克的"假设"就得到了证实；否则就是"直到现在，这种假设还没有得到证实。"这就证明，正是考茨基把一切都押在"一定时期"这一张牌上。但是考茨基这一张牌押输了。在他的小册子发表以后，欧洲出现了革命形势。1918年11月，德国爆发了推翻德皇威廉及其政府的革命，其他国家也爆发了革命或强大的群众反战运动，这一切都证明欧洲革命高潮到来了。考茨基关于欧洲没有革命形势的谬论遭到了彻底的破产，他的叛徒面目也就暴露无遗了。

42—45段：揭露考茨基之流的叛变行为，对于教育和发动群众，推动欧洲革命，具有重大的意义。

考茨基故作天真，说什么"责备欧洲的无产者叛变"是"无的放矢"。列宁指出，这个"的"就是指的你考茨基和谢德曼等以无产阶级领袖自居的叛徒。由于你们没有尽到自己的天职，没有宣传群众、组织群众进行革命斗争，致使德帝国主义在1918年1月镇压了芬兰等地的无产阶级革命，并于3月3日强迫苏维埃俄国签订了割地（拉脱维亚、爱沙尼亚）赔款的布列斯特和约。

其次，这种责备不是出自俄国的布尔什维克，而是出自德国的左派。这种责备是反击"保卫祖国"的谬论，揭露机会主义领袖，号召无产阶级走十月革命道路的唯一可能的形式。因为在德意志"帝国"的书报检查条件下，公开宣传推翻威廉皇帝是非法的，只能采取这种曲折的方法进行宣传鼓动。考茨基连这个都不了解，怎么能了解处在比这更困难、更复杂的俄国条件下的布尔什维克的策略呢?!

马克思主义者制定革命策略时，总是考虑到整个国内国际形势，考虑到革命的"高潮"和"低潮"，考虑到无产阶级的国际任务，才能看清整个革命发展趋势，制定正确的策略路线。毛主席在《星星之火，可以燎原》一文中，从分析世界各种基本矛盾同国内阶级斗争相互关系中，指出了中国革命唯一正确的道路，满怀信心地预言中国革命高潮快要到来，痛斥了刘少奇一类骗子"红旗到底打得多久"的悲观论调。毛主席指出这种机会主义理论上的根源是："**没有把中国是一个许多帝国主义国家互相争夺的半殖民地这件事认清楚。**"同考茨基一样，刘少奇一类骗子**在理论上甚至不能提出关于革命策略的客观前提的问题。**

四、尽力做到在一个国家内所能做到的一切，以便发展、援助和激起世界各国的革命，这是唯一正确的国际主义路线（46—49段）

布尔什维克考虑到国际无产阶级斗争的利益，考虑到战争必然引起欧洲革命的总形势，不惜承担巨大的民族牺牲，彻底摆脱从"自己"国家看问题的偏狭顽固的民族主义，顶住国内外甚嚣尘上的沙文主义叫嚣，不怕"背叛祖国"之类的诬蔑和迫害，打倒了进行帝国主义战争的"本国"政府，把整个帝国主义战线冲破了一个缺口，在世界上建立起第一个无产阶级专政的国家，从而**发展、援助和激起世界各国的革命**，履行了自己承担的国际主义义务。

在残酷的帝国主义大战环境里，布尔什维克锻炼出一条完全崭新的可供世界各国效法的无产阶级革命路线。这条路线并不排斥在和平时期利用资产阶级民主、组织和训练无产阶级队伍，但决不允许象第二国际那样局限于这样的斗争，而是充分考虑到**帝国主义是无产阶级社会革命的前夜**，利用一切革命形势，充分发动群众，用暴力手段夺取政权，建立无产阶级专政。这就是十月革命的路线。布尔什维主义是在同第二国际修正主义的斗争中发展壮大起来的，它粉碎了腐朽的第二国际，**建立了第三国际的思想基础和策略基础。**

布尔什维克百折不挠地执行了列宁制定的革命路线，把马克思学说中的根本问题即无产阶级专政实现了，并把无产阶级专政思想普及到了全世界。十月社会主义革命改变了整个世界历史的方向，划分了整个世界历史的时代，开辟了无产阶级革命和无产阶级专政的新纪元。十月革命的道路远远超出了欧洲"先进国家"的范围。**"十月革命帮助了全世界的也帮助了中国的先进分子，用无产阶级的宇宙观作为观察国家命运的工具，重新考虑自己的问题。走俄国人的路——这就是结论。"**（《论人民民主专政》）

布尔什维主义即列宁主义，强有力地号召着全世界无产阶级和劳动人民迅速摆脱第二国际机会主义影响，效法布尔什维主义。这是列宁领导的一国革命对国际革命的最大贡献。列宁指出，即使敌人**"明天摧毁了俄国苏维埃政权，就假设有这种最坏最坏的情形，布尔什维克的策略也还是给社会主义带来了很大的利益，还是支持了不可战胜的世界革命的发展。"**（第68页）

苏修背叛了布尔什维主义，改变了苏维埃政权的性质，复辟了资本主义。但是任何反动派妄想阻止历史潮流的前进，是永远不可能的。苏联人民必将重建无产阶级专政。前途是光明的，道路是曲折的。布尔什维克的事业将永远激励着各国无产阶级的战斗意志，为共产主义而斗争。

※   ※   ※

无产阶级的国际主义就是全世界无产者联合起来，共同反对国际资本主义，为实现共产主义而斗争的思想，是马克思主义政党处理各民族、各国家劳动人民相互关系的唯一正确的原则。无产阶级国际主义还是资产阶级民族主义？这是一百多年来国际共产主义运动两条路线斗争中的重大问题之一。

在帝国主义时代，在同第二国际机会主义斗争中，列宁发展了马克思和恩格斯的无产阶级国际主义思想。列宁提出新的战斗口号：**"全世界无产者和被压迫民族联合起来！"**（《列宁全集》第31卷，第412页）列宁严厉地批判了那种把民族主义冒充国际主义的错误思想，指出：**"无产阶级的国际主义，第一、要求一个国家的无产阶级斗争的利益服从全世界范围的无产阶级斗争的利益；第二、要求正在战胜资产阶级的民族，有能力和决心去为推翻国际资本而承担最大的民族牺牲。"**（《列宁选集》第4卷，第274页）

半个世纪以来，毛主席在反对"左"右倾机会主义和现代修正主义的斗争中，继承、捍卫和发展了无产阶级国际主义的原则，对马克思列宁主义做出了重大的贡献。

毛主席指出，在被侵略的殖民地、半殖民地的国家里，共产党人**"必须将爱国主义和国际主义结合起来。我们是国际主义者，我们又是爱国主义者，我们的口号是为保卫祖国反对侵略者而战。"** **"因为只有为着保卫祖国而战才能打败侵略者，使民族得到解放。只有民族得到解放，才有使无产阶级和劳动人民得到解放的可能。"** 侵略者被打败了，也就削弱了侵略者的力量，同时也就援助了世界无产阶级的革命斗争，服从了国际无产阶级打倒世界帝国主义的总任务。因此，**"爱国主义就是国际主义在民族解放战争中的实施。"**（《中国共产党在民族战争中的地位》）

毛主席进一步阐明了各国人民的正义斗争都是相互支援的思想，指出：**"在帝国主义存在的时代，任何国家的真正的人民革命，如果没有国际革命力量在各种不同方式上的援助，要取得自己的胜利是不可能的。胜利了，要巩固，也是不可能的。"**（《论人民民主专政》）毛主席的教导，给被侵略国家的革命人民处理民族问题与阶级斗争关系问题指出了正确的道路。我们这个革命胜利了的国家必须在力所能及的范围内，用各种形式援助进行反帝革命斗争的各国人民。绝对不能把自己应尽的国际主义义务看作是单方面的"恩赐"或多余的"负担"。苏修以"支援"为名行控制之实，做军火商，发战争财，放高利贷，这是**"口头上的社会主义实际上的帝国主义"**。（《列宁全集》第29卷，第458页）

毛主席阐明了各国马克思列宁主义政党相互关系的正确原则，指出，这种关系必须建立在马克思列宁主义和无产阶级的国际主义原则基础上，加强团结，相互支援。各国马克思列宁主义政党应该独立自主地把马克思列宁主义的普遍真理与本国革命的具体实践相结合，任何一个党，不应干涉兄弟党的内政，不要强加于人。毛主席关于兄弟党相互关系的国际主义理论和实践，对于加强兄弟党和国际无产阶级的团结，具有重大意义。

毛主席根据无产阶级国际主义原则，制定了党和国家的对外政策，这就是：在无产阶级国际主义的原则下，发展同社会主义国家之间的友好互助合作关系；支援一切被压迫人民和被压迫民族的革命斗争；在相互尊重领土完整和主权、互不侵犯、互不干涉内政、平等互利、和平共处五项原则的基础上，争取和社会制度不同的国家和平共处，反对帝国主义的侵略政策和战争政策。毛主席强调指出："国无论大小，都各有长处和短处。""中国人民在国际交往方面，**应当坚决、彻底、干净、全部地消灭大国主义。**""世界上的事就是要商量商量。国内的事就要国内人民自己解决，国际间的事就要大家商量解决，**不能由两个大国来决定。**"号召全党和全国人民，要坚持无产阶级的国际主义原则，与大国沙文主义作坚决的斗争，反对两个超级大国的霸权主义和强权政治。毛主席的革命外交路线，对于巩固我国无产阶级专政，孤立和打击最凶恶的帝国主义，发展世界革命，具有重大意义。

刘少奇一类骗子公然对抗毛主席的革命外交路线，和苏修、美帝紧密配合，大肆宣扬世界历史是由大国决定的，这种谬论是"苏美合作，主宰世界"的苏修社会帝国主义理论的再版，是对马克思列宁主义和无产阶级国际主义原则的彻底背叛。

毛主席指出："**只要世界上还存在着帝国主义和资产阶级，我国的反革命分子和资产阶级右派分子的活动，不但总是带着阶级斗争的性质，并且总是同国际上的反动派互相呼应的。**"（转引自1968年8月2日《解放军报》）刘少奇一类骗子一贯卑鄙地仰承社会帝国主义的鼻息，反对反修斗争；他无耻地要在苏修"核保护伞"下当儿皇帝，妄图把我们的国家变成社会帝国主义的殖民地，是地地道道的民族投降主义。

毛主席说："**按照列宁主义的观点，一个社会主义国家的最后胜利，不但需要本国无产阶级和广大人民群众的努力，而且有待于世界革命的胜利，有待于在整个地球上消灭人剥削人的制度，使整个人类都得到解放。**"（转引自1971年《人民日报》、《红旗》杂志、《解放军报》编辑部文章：《纪念中国共产党五十周年》）从世界共产主义事业来看，我们的革命路程还是很长很长的，未来的工作更伟大，更艰苦。我们必须遵循马克思列宁主义的国际主义，遵循毛主席的革命外交路线，彻底批判刘少奇一类骗子的大国沙文主义和民族投降主义，为人类做出较大的贡献。

在"经济分析"的幌子下
为资产阶级效劳

本章着重批判了考茨基的反动的"唯生产力论",论述了俄国资产阶级民主革命转变为社会主义革命的历史必然性和布尔什维克策略路线的正确性。

考茨基以反动的"唯生产力论"冒充历史唯物主义。他借口俄国经济落后,居民中大多数是农民,胡说俄国革命只能是资产阶级革命,没有进行社会主义革命和建立无产阶级专政的客观基础。

列宁捍卫和发展了马克思关于不断革命的思想,阐明了俄国民主革命胜利后必然要转变为社会主义革命,无产阶级和贫农的联盟是革命转变的基本保证。考茨基的谬论,只是附和孟什维克对布尔什维克的攻击,为资产阶级效劳。

本章共一百二十四个自然段,分为四个问题介绍:

一、俄国资产阶级民主革命必然转变为社会主义革命。驳考茨基"俄国还没有成熟到社会主义"的谬论（1—44段）

（1）布尔什维克同考茨基关于俄国革命问题的争论，是1905年以来布尔什维克同孟什维克两条策略路线斗争的继续（1—6段）

考茨基用来反对俄国社会主义革命的论据，是1905年孟什维克反对布尔什维克的旧调重弹。

孟什维克认为：俄国革命是资产阶级革命，只有资产阶级才能成为革命的领导者，无产阶级不应该和农民接近，无产阶级的斗争只能局限于资产阶级允许的范围，革命胜利后必然是资本主义的和平发展时期。

布尔什维克认为：俄国革命虽然是资产阶级革命，但在无产阶级已经有了独立政党的条件下，无产阶级应该成为革命的领导者。**"无产阶级联合农民，中立自由资产阶级，彻底摧毁君主制、中世纪制度和地主土地占有制。"** （第69页）然后，**"联合全体半无产阶级（一切被剥削劳动者），中立中农，推翻资产阶级"** （第69页），不停顿地把革命转变为社会主义革命。

两条路线斗争的实质是：俄国革命是在资产阶级领导下，建立**资产阶级专政**；还是在无产阶级领导下，把民主革命进行到底，转变为社会主义革命，建立无产阶级专政。

　　考茨基曾间接地参加了1905年的争论。当时普列汉诺夫要求第二国际理论权威考茨基对俄国革命问题表态，想取得他的支持。考茨基当时发表了一些正确的意见，实际上批评了普列汉诺夫。考茨基认为："凡是无产阶级独立进行活动的地方，资产阶级不再是革命的阶级了"；俄国革命的关键是土地问题，"俄国社会民主党的革命力量和它取得胜利的可能性在于工业无产阶级和农民的利益的共同性"。这就是说，考茨基的观点实质上和布尔什维克的观点是一致的。1918年，考茨基出于反对布尔什维克的需要，竟自食其言，在"经济分析"的幌子下，拣起了早已破产的孟什维克的旧观点，胡说什么俄国革命"只能铲除封建主义的残余，并且加速资本主义的发展"；"在目前俄国农业基础上能建立社会主义经济的想法是一种幻想"，农民是土地私有制度"最强有力的维护者"，一旦资产阶级革命完成，"农民随即就转向同城市无产阶级相敌对的阵营里去"。考茨基由此得出的结论是：俄国还没有成熟到社会主义，俄国革命只能是资产阶级革命，在资产阶级革命时期，不应该比资产阶级走得更远。

　　马克思、恩格斯在比较1789—1793年法国资产阶级革命和1848年德国资产阶级革命时指出，法国革命时无产阶级还没有成为独立发展的阶级，资产阶级是"**实际上领导运动的阶级**。"而1848年的德国革命，资产阶级反对封建制度时，已经同无产阶级对峙了。**"它一开始就蓄意背叛人民，而与旧社会的戴皇冠的代表人物妥协"**。（《马克思恩格斯选集》第1卷，第320、322页）它们反对**"最早的、最不可少的同盟者——农民。" "历史上从来没有任何一个党派这样出卖自己最好的同盟者，出卖自己。"**（《马克思恩格斯选集》第1卷，第536页）可见马克思、恩格斯在1848年就明确指出了，当无产阶级作为独立的阶级进行政治斗争时，资产阶级就不能把民主革命进行到底。考茨基在1918年还坚持孟什维克的旧观点，同马克思主义完全背道而驰。

（2）无产阶级同贫农联盟是俄国资产阶级革命转变为社会主义革命、建立无产阶级专政的根本力量。考茨基否定贫农的革命作用，取消社会主义革命（7—25段）

7—9段：在小农占优势的国家里，民主革命转变为社会主义革命是可能的和必要的。

考茨基反对俄国社会主义革命一系列谬论的出发点是："直到现在，俄国的经济基础还是农业，而且正是小农生产。以此为生的居民约占4／5，甚至可能占5／6。"

列宁认为，第一、无产阶级可以取得以贫农为主的广大劳动人民的支持。小生产者大多数是劳动者，他们反对资本主义剥削，要求摆脱落后、贫穷、破产的命运，和无产阶级反对资产阶级的利益是一致的。列宁以第五次全俄苏维埃代表大会和左派社会革命党对苏维埃政权的态度这两个例子，驳斥了考茨基的诬蔑，说明了布尔什维克和苏维埃政权得到多数居民的拥护。中国社会主义革命的经验也完全证明了："（一）广大农民是愿意在党的领导下逐步地走上社会主义道路的；（二）党是能够领导农民走上社会主义道路的。"（《关于农业合作化问题》）

第二、在小农占优势的国家里必须实行无产阶级专政。小农生产者动摇于无产阶级和资产阶级之间，这是欧洲近代史证明了的真理。例如1848年法国六月革命，城乡小资产阶级的动摇和消极，削弱了无产阶级革命力量，是起义失败的重要原因。小农生产者既是劳动者，又是私有者。**"农民作为劳动者，倾向于社会主义，宁愿工人专政而不愿资产阶级专政。农民作为粮食出售者，倾向于资产阶级，倾向于自由贸易，就是说，要退到'惯常的'、旧有的、'历来的'资本主义去。"**（《列宁选集》第3卷，第857—858页）因此，无产阶级在取得民主革命胜利后，必须立即转变为社会主义革命，推翻资产阶级统治，建立无产阶级专政，才能不断克服小生产者的动摇性，巩固工农联盟。考茨基否定小农生产者有走社会主义道路的可能性和在小农占优势的国家里实行无产阶级专政的必要性，必然堕落为反对社会主义革命的叛徒。

10—15段：考茨基把无产阶级专政诬蔑为农民专政，妄图证明俄国革命是资产阶级革命。

考茨基把无产阶级专政诬蔑为"农民专政"，嘲笑布尔什维克把专政和实现社会主义的事业"交给"小资产阶级农民；编造工人和农民的利益根本对立的谎言，否认工农联盟在新的经济基础上进一步发展巩固的可能性。他企图以此证明：政治经济条件决定了俄国革命只能是资产阶级性质。

16—22段：考茨基反对无产阶级和贫农联盟，主张给剥削者"安宁和安全"。

考茨基诬蔑苏维埃的土改政策造成大量贫农，攻击布尔什维克把苏维埃由全体农民的组织变成无产者和贫苦农民的组织，剥夺富农的选举权，并用暴力夺取富农余粮，给生产造成混乱和破坏。他企图以此证明：布尔什维克制定的无产阶级联合贫农的社会主义革命路线是错误的。

列宁愤怒地揭露考茨基之流的叛徒嘴脸：他们一方面自命为社会主义者、马克思主义者和国际主义者，主张工人革命；另一方面又公开要求保护剥削者的"安宁和安全"，并无耻地盗用马克思主义关于"生产过程"一类的术语，掩盖他们为资本家效劳的真面貌。

23—25段：考茨基否定无产阶级专政，反对社会主义革命，向资产阶级和富农献媚效劳，是他"经济分析"的反动实质。

考茨基的这些观点不是什么"经济分析"，而是把专政问题和革命性质问题搞得一塌糊涂。他一方面攻击布尔什维克把农民专政冒充为无产阶级专政；同时，又攻击布尔什维克在农村和贫农联合，反对富农，实行无产阶级专政。

他一方面从"纯粹民主"出发，要求无产阶级服从多数居民；同时，又反对无产阶级和贫农这个多数居民联合，说什么农民整个说来都是站在资产阶级社会关系的基础上，俄国革命必然是资产阶级性质，布尔什维克不该联合一部分农民反对另一部分农民。他用这些自由主义观点偷换马克思主义，讨好资产阶级和富农，否定社会主义革命和无产阶级专政。

（3）民主革命胜利后要立即转变为社会主义革命，
　　　不允许在两个革命中间人为地筑起万里长城
　　　（26—28段）

26—27段：俄国革命经历了两个性质不同的阶段，社会主义革命是资产阶级革命发展的必然结果。

关于俄国革命性质问题，布尔什维克早在1905年，就已经在理论上阐明了。列宁当时指出：俄国存在着两类矛盾，一类是全体人民同封建地主阶级的矛盾，这是主要矛盾；一类是资产阶级同工人阶级的矛盾。前者要通过民主革命来解决，后者要通过社会主义革命解决。**"当我们同全体农民一起前进时，我们的革命是资产阶级的革命。"** （第74页）只有完成第一阶段的任务，才能实现第二阶段的任务。布尔什维克没有超越民主革命阶段，也没有试图用法令取消它。考茨基拚命"揭露"布尔什维克超越了革命阶段，结果暴露了他在俄国革命性质问题上思想混乱，背叛了过去的正确立场。

1917年2月，资产阶级民主革命胜利后，改变了俄国各阶级的相互关系。国家政权从以沙皇为代表的封建地主阶级手里转到了资产阶级手里。无产阶级同资产阶级的矛盾已经成为国内主要矛盾。农村中贫农同富农的矛盾也逐步显露。阶级斗争的客观进程**"要求（不管谁愿不愿意）向前迈进，走向社会主义。"** （第74页）1917年4月，布尔什维克提出了由民主革命阶段过渡到社会主义革命阶段的任务：**"应当使政权转到无产阶级和贫苦农民阶层手中。"** （《列宁选集》第3卷，第14页）

28段：无产阶级的准备程度、无产阶级同贫农联合的程度是革命转变的基本条件。

革命进程表明了布尔什维克关于资产阶级革命转变为社会主义革命的理论和路线是完全正确的。民主革命转变为社会主义革命的条件，只能是无产阶级的准备程度和无产阶级与贫农联合的程度。根据实际的阶级力量对比，**"并且恰恰是按照我们的力量，按照有觉悟有组织的无产阶级的力量，开始向社会主义革命过渡。我们主**

张不断革命。**我们决不半途而废。**"（《列宁选集》第 1 卷，第634页）考茨基无视俄国资产阶级革命后阶级力量对比的变化，顽固坚持俄国"经济落后"、"农民落后"等"唯生产力论"的反动观点，企图在这两个革命中间筑起一道万里长城，完全暴露了他维护资产阶级利益的反动立场。

（4）在小农占多数的国家里，必须经过许多
　　　过渡阶段才能把资产阶级革命转变为社
　　　会主义革命（29—44段）

29段：苏维埃和苏维埃宪法反映了人民在政治上成熟的程度。

苏维埃是反映群众的政治要求的晴雨表。苏维埃宪法的内容，是由阶级斗争的进程决定的。苏维埃由联合全体农民转变为联合贫农，苏维埃宪法规定剥夺富农选举权，恰好反映了俄国革命发展的不同阶段，反映了农民内部的阶级分化和贫农在政治上的成熟程度。

30—31段：教育和争取群众，实现布尔什维克对苏维埃的领导权。

在孟什维克和社会革命党人统治苏维埃的时期，农民苏维埃联合了全体农民，但苏维埃的实际领导权掌握在富农手里。这反映了农民内部尚未分化，贫农在政治上还没有摆脱富农和小资产阶级政党的影响。二月革命后，无产阶级同资产阶级在战争与和平问题、土地问题以及政权问题上的斗争十分尖锐。资产阶级临时政府要取消苏维埃，巩固资产阶级专政；布尔什维克在"全部政权归苏维埃"的口号下，发动群众反对资产阶级政府。小资产阶级政党动摇

于资产阶级和无产阶级之间，在他们妥协政策的影响下，苏维埃逐步变成依附于资产阶级专政的改良主义机构。孟什维克和社会革命党的动摇妥协，促使广大群众脱离它们，团结在布尔什维克周围。布尔什维克取得两个京都苏维埃的领导权，在政治上、组织上巩固了对小资产阶级的领导。

32段：十月社会主义革命的胜利，"顺便"解决了资产阶级革命的任务。

俄国民主革命实际上是农民的土地革命。二月革命后，农民要求没收和分配地主的土地。资产阶级和小资产阶级政党同封建制度妥协，极力拖延土地问题的解决，反对农民用暴力剥夺地主的土地和其它生产资料。布尔什维克把无产阶级反对资产阶级的社会主义革命和农民要求土地的斗争汇合在一起，推翻了资产阶级临时政府。十月革命胜利后颁布的土地法令，消灭了一切土地私有制，把**土地交给农民使用。"资产阶级革命由我们进行到底了。"**（第76页）农民在无产阶级领导下取得了土地。富农和苏维埃政权的对抗一时还没有显示出来**"农民整个说来是跟着我们走的。"**（第76页）

33—40段：农民内部发生阶级分化，苏维埃联合贫农在农村实现了社会主义革命。

1918年夏秋，农村阶级斗争十分激烈。富农极力侵占从地主手中夺回的土地，反对按固定价格把粮食卖给国家，用制造饥荒和公开暴动的手段反对苏维埃政权。阶级斗争的实际教育，使贫农认识到他们同富农的利益是根本对立的。贫农同无产阶级站在一起，反**击富农，夺回被侵占的土地，**征集富农所有的余粮。农村"革命转变"的时机已经到来。苏维埃支持贫农反对富农的斗争，派遣武装工人下乡领导和推动这场革命。

国家是一个阶级压迫另一个阶级的工具。资产阶级专政的国家经常派出武装队伍下乡，镇压广大劳动群众，不过资产阶级不敢在人民面前公开承认这是资产阶级专政。考茨基用所谓的"纯粹民主"掩盖资产阶级专政的实质。苏维埃政权代表广大劳动人民的利益，它敢于公开表明自己是工人和贫农的专政，它吸引了千百万劳动群众，为巩固和加强苏维埃政权进行斗争。**1918年夏秋两季，俄国农村经历了一场"十月"社会主义革命。广大贫农摆脱了富农的影响，团结在苏维埃周围，真正扩大了苏维埃政权的阶级基础，"最终地巩固了苏维埃政权和布尔什维主义"**。（第78页）

41—44段：无产阶级联合全体农民进行民主革命，联合贫苦农民进行社会主义革命，完全符合不断革命论和革命发展阶段论相结合的理论。

列宁指出，俄国无产阶级和全体农民一起完成了民主革命后，农民发生分化，无产阶级把贫农团结起来，反对富农，证明俄国农村的社会主义革命已经成熟。布尔什维克在十月革命时并没有强迫在农村立即实行社会主义；而是通过许多过渡阶段，逐步地领导农民由资产阶级革命转变为社会主义革命。

总之，布尔什维克在俄国革命问题上，既没有在民主革命和社会主义革命之间人为地筑起万里长城，也没有混淆两个不同性质的革命阶段，犯布朗基式的冒险主义错误。它的策略路线完全符合革命发展的客观进程。考茨基用"唯生产力论"反对俄国社会主义革命和无产阶级专政，就是为被打倒的俄国的剥削者鸣冤叫屈。

二、苏维埃土地改革政策为农业过渡到社会主义打开门户。驳斥考茨基鼓吹的资产阶级改良主义的土地政策（45—107段）

（1）布尔什维克土地政策的出发点是消灭一切土地私有制，创造向社会主义过渡的条件。考茨基主张尽可能多地保留土地私有制，维护资产阶级的利益（45—68段）

45—48段：考茨基的"小块土地出租"政策是资产阶级改良主义。

在土地改革问题上，考茨基故意在理论上制造混乱，在实际政策上对布尔什维克进行恶毒、庸俗的攻击。

考茨基用折衷主义和诡辩，把各种解决土地问题的办法并列在一起，回避了一个根本问题，即在一个小农占优势的国家里，马克思主义者应该采取什么政策才能领导农民从资本主义过渡到社会主义。考茨基的"把大地产收归国有，然后把它分成小块土地出租"政策，实际上是孟什维克的土地纲领，它既没有废除一切土地的私有制，更没有解决小农经济如何过渡到社会主义集体经济的问题，而只是满足富农对土地的需要，丝毫没有社会主义因素。"小块土地出租"政策，即使在资产阶级国家中，也不是激进的资产阶级口号。激进的资产阶级要求全部土地国有化，消灭一切土地私有制度；而"小块土地出租"政策只是把一部分土地收归国有，仍然保留着土地的私有制度，因此，它只是资产阶级的改良主义。

49—68段：苏维埃土地政策的基本内容是消灭一切土地私有制，平均使用土地，发展农业集体经济，以利于向社会主义过渡。

考茨基在引用苏维埃土地法令时故意不引证全部内容，制造谎言，攻击布尔什维克向农民私有倾向投降，助长无政府主义。

列宁列举十月革命胜利后发布的土地法令、农民苏维埃委托书和土地社会化法令的内容，驳斥考茨基的谣言和诡辩。指出苏维埃土地法的基本内容就是：消灭一切土地私有，土地平均使用，发展农业集体经济。农民是根据具有巨大权威的苏维埃政府的法令来处理土地问题的，绝不是什么无政府主义。苏维埃土地政策的基本目的，就是通过土地制度和经营方式的变革，引导农民向社会主义过渡。

（2）平均使用土地是小资产阶级民主革命口号，无产阶级实行这个政策有利于领导农民向社会主义革命前进（69—91段）

69—71段：布尔什维克在土地平均使用问题上的基本态度。

列宁首先指出两个基本事实：1、十月革命前布尔什维克在理论上一贯认为平均使用土地在民主革命中具有进步意义；2、十月革命后布尔什维克实行了这个政策，同时明确地指出：这原来是小资产阶级社会革命党人的口号，不是布尔什维克的主张。社会革命党主张将土地交给村社，由村社定期在社员中平均分配使用；布尔什维克主张土地国有化和社会主义的大生产。布尔什维克实行平均使用土地的政策是“**因为这是绝大多数农民的要求。**”这种要求“**既不能‘取缔’，也不能‘跳过’**”（第83页）只能在实践中，教育农民抛弃这个口号过渡到社会主义。

列宁接着指出，一个马克思主义者在研究土地平均使用政策时，一定要回答布尔什维克上述说法和做法是否正确，而考茨基甚至在理论上还未搞清楚布尔什维克这种说法和做法的关键在什么地方。

72段：平均使用土地的进步意义和局限性。

平均分配使用土地的主张，反映了广大农民废除地主土地占有制度的要求，它在资产阶级民主革命中有进步意义。但是它又有很大的局限性：土地平均分配给农民使用，农民仍处于分散的、孤立的个体经济地位，不可避免地要发生两极分化，因此，平均使用土地的办法不可能使农民小生产者从根本上摆脱剥削和压迫，"**必须超出这个范围，过渡到社会主义。**"（第83页）

73—77段：布尔什维克采用土地平均使用的政策是为了团结和领导农民向社会主义过渡。

俄国农民在打倒了地主阶级，摆脱了资产阶级国家的束缚后，渴望实现平均使用土地。布尔什维克帮助农民实现了这个要求，进一步巩固了工农联盟。同时，又向农民指出，土地平均使用只是"理想的"资本主义，还必须进一步过渡到公共耕种制。布尔什维克实行这个政策是为了"**同农民一起，把资产阶级民主革命进行到底；同贫苦农民即同农民中的无产者和半无产者一起，向社会主义革命前进！**"（第84页）

78—83段：考茨基用资产阶级改良主义反对彻底的民主革命。

考茨基不敢说布尔什维克平均使用土地的政策不对，因为这是民主革命时期工农联盟的经济基础。但他又宣传彼·马斯洛夫的观点，说什么从社会主义观点看来小资产阶级的平等是空想的和反动的，实质上是反对土地平均使用。考茨基的思想极端混乱。一方面他坚持俄国革命是资产阶级革命，警告布尔什维克不要超出资产阶级革命范围；另一方面又说他的"小块土地出租"政策，有"某些社会主义成分"。彼·马斯洛夫说从社会主义观点看来小资产阶级平等是空想的和反动的，是为了掩饰1917年孟什维克主张农民同地主妥协，不允许农民用革命手段推翻地主的反动政策。考茨基同情地引用彼·马斯洛夫的言论而不看他们的实际政策，只能说明考茨基同彼·马斯洛夫是一丘之貉。

84—91段：布尔什维克坚持民主革命和社会主义革命的区别，把民主革命进行到底，为社会主义打开门户。

布尔什维克土地政策的基本原则是：既要把民主革命和社会主义革命这两个革命阶段的任务区别开来，又要把两者密切联系起来。**"把前者进行到底，就为过渡到后者打开了门户。"**（第85页）列宁驳斥了考茨基"小农还没有在理论说服的影响下过渡到集体生产"的谬论，指出无产阶级专政条件下，无产阶级在政治上、经济上、军事上能够领导和援助小农进行反对资产阶级的斗争，并用机器装备农民，鼓励他们向集体耕种制过渡，把农民引上社会主义道路。

（3）土地国有化是彻底的资产阶级革命的口号，是过渡到社会主义的最灵活的土地制度（92—101段）

92段：土地私有制的废除，就是土地国有化。

民粹派、左派社会革命党人认为苏维埃政权1918年2月6日颁布的废除土地私有制、平均分配给农民使用的土地社会化法令，是他们的"社会主义"政策，不是土地国有化政策。列宁指出，这种观点在理论上是错误的。土地社会化法令只是消灭土地的私有制，还没有消灭农民其它生产资料的私有制，也没有实行社会主义集体化生产。既然处在商品生产和资本主义的范围内，废除土地私有制，只能是土地归国家所有。土地社会化法令中提到的"社会化"一词，不过是表示向社会主义过渡的倾向、愿望和准备而已。

93—98段：土地国有化是彻底的资产阶级民主革命口号。考茨基主张"将大田庄交给国家，然后分成小块租给少地的农民"，是不彻底的民主革命政策。

考茨基有意回避从理论上对土地国有化问题表态，采取诡辩手法对苏维埃的土地国有化政策进行攻击。他一方面攻击布尔什维克超越革命阶段，同时又拿出"小块土地出租"政策，冒充社会主义，实际上是反对彻底的资产阶级民主革命，维护害怕革命的自由资产阶级利益。自由资产阶级要求尽可能保留土地私有制度，以便于恢复大土地占有制。

马克思从理论上阐明了土地国有化在资产阶级民主革命中的进步意义，指出，由于土地私有制和由此产生的绝对地租，妨碍资本家自由地向农业投资和追求超额利润。**"激进的资产阶级，……当然会在理论上，进而否认土地的私有权，并要在国家财产的形态上，使它成为资产阶级的或资本的共有财产。**（《剩余价值学说史》第 2 卷，第199页）因此，**"土地国有正是彻底的资产阶级口号。"**（第87页）彼·马斯洛夫反对土地国有化同他的"新奇"的地租理论有关。他承认在资本主义条件下存在着地租·农业资本家为了租用土地，必须把一部分利润，以地租形态交给土地占有者。但是他在进一步分析资本主义地租来源时，完全否定土地私有制造成的绝对地租，而把形成地租形态的那部分利润的来源，归之于杜撰的"土地肥力递减规律"。正是这种荒谬的理论，使他反对土地国有化。考茨基搬用彼·马斯洛夫的土地纲领，就不能不在理论上背离马克思主义。

99—100段：土地国有化政策在俄国建立了过渡到社会主义的最灵活的土地制度。

十月革命胜利后的第一天颁发的土地法令，消灭了土地私有制，实现了实际上就是土地国有化的政策，满足了俄国绝大多数农民对土地国有的要求。这样一方面造成了从发展资本主义来看是最好的基础，同时也建立了"**对过渡到社会主义来说是最灵活的土地制度。**"（第87页）这种土地制度既能适应民主革命消灭封建土地占有制的任务，又能适应社会主义农业集体经营的要求，它有利于引导农民向社会主义过渡。布尔什维克实现土地国有化和平均使用土地，就帮助农民把民主革命真正进行到底。只有这样，布尔什维克才"**为促进和加速向社会主义革命的过渡做了最大限度的努力。**"（第88页）

101段：考茨基在土地国有化问题上也同样表现出折衷主义和两面派行为。

考茨基一方面说俄国革命是资产阶级性质的，但他又不愿了解土地国有化正是彻底的资产阶级民主革命；他口头上对土地国有化不表态，实际上却把最不彻底的自由主义改革冒充为社会主义，反对土地国有化。

（4）共耕制是无产阶级国家领导农民由小农
　　经济逐步过渡到社会主义集体经济的重
　　要步骤（102—107段）

　　考茨基玩弄手法，企图使人发生错觉，仿佛苏维埃政权忽视发展集体耕种制度，仿佛俄国没有发展集体耕种制度的物质条件。

　　列宁指出，考茨基招摇撞骗，完全不顾事实，考茨基摘引布哈林的"提纲"，却不提1918年2月6日（新历19日）颁发的土地社会化法令。苏维埃政权在摧毁了封建土地占有制度后，就积极领导在国有化土地上劳动的、分散经营的小农生产者，通过共耕制等集体生产的形式过渡到社会主义集体经济。考茨基谈论"理论说服"，却不提无产阶级专政的国家已经建立起来的社会主义工业是引导农民走向集体化的强大物质基础。他自己在《土地问题》一书中曾经提到无产阶级革命胜利后，消灭剥削制度，消除城乡对立，实行计划生产和计划分配，以及国营农场的示范作用，都是吸引小农过渡到社会主义经济的手段。当然这些条件，俄国当时还比较薄弱，但毕竟是存在着。俄国建立了土地国有化制度，最充分地保证了把资产阶级民主革命进行到底，并且使无产阶级国家有最大的可能领导农民过渡到社会主义。

　　总之，考茨基在对农业的"经济分析"中，混淆了民主革命和社会主义革命的区别和联系。他把布尔什维克的彻底民主革命的政策，称之为"对社会主义说来是反动的、空想的"，又把自己的资产阶级改良主义政策冒充社会主义。他玩弄各种手法欺骗群众，反对彻底的民主革命和社会主义革命，维护害怕革命的资产阶级的利益。他对苏维埃政权土地改革政策的攻击，突出地暴露了他背离马克思主义原则、附和孟什维克反对布尔什维克的叛徒面目。

三、工业国有化使所有工厂转归苏维埃国家所有，实行计划管理。驳斥考茨基对工业国有化政策的诬蔑（108—119段）

考茨基在"工业分析"中，采取造谣诽谤的手法攻击苏维埃工业国有化政策，诅咒社会主义事业一定要失败。列宁以苏维埃工业国有化政策的实际事例，揭露和驳斥了考茨基的谣言和攻击。

考茨基用欺骗手法，歪曲列宁演说中的一句话，胡说布尔什维克实行无政府工团主义，把工厂交给工人所有。列宁用俄国颁布的工厂法驳斥考茨基的谣言，指出没有一个工厂被工人"据为己有"，考茨基使用的手法是一切叛徒工贼所惯用的。

考茨基说什么无产阶级专政用暴力剥夺资本家的工厂，压制民主，使苏维埃不能建立详尽、迅速、全面的统计，因此没有进行社会主义生产的前提。列宁指出，工厂已经由苏维埃政权建立的社会主义经济机构管理。考茨基不顾客观事实，要求在内战的条件下，建立完善的统计，实际上是反对暴力革命，反对社会主义。

考茨基从所谓"经济分析"中得出一条政治结论：苏维埃政权不如立宪会议好。列宁指出，立宪会议只不过是一伙打着社会主义招牌的资产阶级分子所窃据的机构。考茨基的整个"经济分析"，不过是企图煽动工人反对苏维埃政权，复辟资产阶级专政。

四、考茨基叫嚷苏维埃没有实现"普遍福利"，攻击 俄国社会主义革命（120—122段）

考茨基把社会主义歪曲为"人人都有自由和面包"，攻击苏维埃共和国成立九个月还没有实现"普遍福利"，企图以此证明俄国经济落后，没有实现社会主义的物质条件。列宁愤怒地指出，在经过四年破坏性战争之后要布尔什维克立即拿出"普遍福利"，完全暴露了**"考茨基和反革命资产者实际上没有丝毫差别"**。（第92页）

在社会主义制度下，当然要改善、提高无产阶级和劳动人民的生活，但这是在剥夺地主资产阶级的激烈的阶级斗争中进行的，是随着社会主义生产的发展逐步实现的。离开社会主义革命和社会主义建设，要求无产阶级夺取政权后，立即拿出"普遍福利"，是重复资产阶级的恶意攻击。

123—124段：结束语。

当1918年11月9日列宁将要完成这一光辉著作时，"一切政权归苏维埃"的口号响遍德国全境。布尔什维主义在德国也取得了伟大胜利。列宁在本节中所阐述的无产阶级专政思想，已被革命实践证明是马克思主义的普遍真理，而考茨基攻击布尔什维克的那些资产阶级谬论，被无产阶级革命的风暴打得粉碎。因此，历史事变的发展已经给本书做了最好的结束语。

　　　　　※　　　　　　　※　　　　　　　※

马克思在总结十九世纪四十年代欧洲革命经验时提出了不断革命的思想，指出无产阶级的利益和任务，要求通过**不间断的革命，**

消灭一切剥削者，直至无产阶级在全世界取得胜利。

列宁发展了马克思的不断革命的思想，论证了在经济落后的俄国，无产阶级应成为资产阶级民主革命的领导力量，同全体农民联合，把民主革命进行到底，然后同贫苦农民联合，转变为社会主义革命。列宁指出：**"我们主张不断革命。我们决不半途而废。"**
（《列宁选集》第1卷，第634页）

毛主席在领导我国人民进行民主革命和社会主义革命的伟大斗争中，继承、捍卫和发展了马克思列宁主义的不断革命理论。在民主革命时期，毛主席坚持民主革命和社会主义革命既相区别又相联系的思想，一方面反对了右倾机会主义者把民主革命与社会主义革命之间筑起一道万里长城的"二次革命论"；另一方面又反对了"左"倾机会主义者混淆民主革命与社会主义革命界限的"一次革命论"。毛主席指出，中国共产党领导的整个中国革命运动，**"包括民主主义革命和社会主义革命两个阶段在内的全部革命运动，这是两个性质不同的革命过程，只有完成了前一个革命过程才有可能去完成后一个革命过程。民主主义革命是社会主义革命的必要准备，社会主义革命是民主主义革命的必然趋势。" "只有认清民主主义革命和社会主义革命的区别，同时又认清二者的联系，才能正确地领导中国革命。"**（《中国革命和中国共产党》）毛主席领导全国人民把民主革命胜利地转变为社会主义革命。

在社会主义革命时期，毛主席进一步发展了不断革命论和革命发展阶段论相统一的思想。1957年，毛主席发表了《关于正确处理人民内部矛盾的问题》光辉著作，分析了社会主义社会的矛盾，提出了在无产阶级专政下继续革命的伟大理论，指出了在生产资料所有制的社会主义改造基本完成之后，还必须进行政治战线和思想战线上的社会主义革命，从而为解决现实国际共产主义运动中怎样巩固无产阶级专政和防止资本主义复辟的重大课题，作出了光辉的贡献。1958年，毛主席亲自主持制定的《关于人民公社若干问题的决议》中指出："我们是马克思列宁主义的不断革命论者，我们认为，在民主革命和社会主义革命之间，在社会主义和共产主义之间，没有隔着也不允许隔着万里长城；我们又是马克思列宁主义的革命发展的阶段论者，我们认为不同的发展阶段反映事物的质的变化，不应当把这些不同质的阶段互相混淆起来。"既批判了坚持资本主义，反对社会主义的右倾机会主义，也批判了混淆社会主义和共产主义界限的形"左"实右的机会主义路线。1962年，毛主席更加完整地提出了党在整个社会主义历史阶段的基本路线。毛主席指出："**社会主义社会是一个相当长的历史阶段。在社会主义这个历史阶段中，还存在着阶级、阶级矛盾和阶级斗争，存在着社会主义同资本主义两条道路的斗争，存在着资本主义复辟的危险性。要认识这种斗争的长期性和复杂性。要提高警惕。要进行社会主义教育。要正确理解和处理阶级矛盾和阶级斗争问题，正确区别和处理敌我矛盾和人民内部矛盾。不然的话，我们这样的社会主义国家，就会走向反面，就会变质，就会出现复辟。我们从现在起，必须年年讲，月月讲，天天讲，使我们对这个问题，有比较清醒的认识，有一条马克思列宁主义的路线。**"

毛主席为我党制定的这条基本路线，全面总结了无产阶级专政的正反两个方面的经验，正确反映了社会主义社会发展的客观规律，是对马克思列宁主义的新发展，是我们一切工作的指针，是照耀我们胜利前进的灯塔。

在解决中国革命的农民问题时，毛主席继承和发展了马克思列宁主义关于工农联盟的伟大战略思想，以不断革命论和革命发展阶段论相结合的理论，制定了一条马克思列宁主义的路线。1949年全国革命胜利前夕，毛主席在《论人民民主专政》一文中指出："**人民民主专政的基础是工人阶级、农民阶级和城市小资产阶级的联盟，而主要是工人和农民的联盟，因为这两个阶级占了中国人口的百分之八十到九十。推翻帝国主义和国民党反动派，主要是这两个阶级的力量。由新民主主义到社会主义，主要依靠这两个阶级的联盟。**"毛主席指出，在民主革命阶段，我们的工农联盟是"**建立在反对帝国主义和封建主义、从地主手里取得土地分给农民、使农民从封建所有制解放出来这样一个资产阶级民主革命的基础之上的。**"民主革命完成之后，必须"**逐步地实现对于整个农业的社会主义的改造，即实行合作化，在农村中消灭富农经济制度和个体经济制度，使全体农村人民共同富裕起来。我们认为只有这样，工人和农民的联盟才能获得巩固。如果我们不这样做，这个联盟就有被破坏的危险。**"（《关于农业合作化问题》）在毛主席革命路线的指引下，我国广大农民经过互助组、初级社、高级社、人民公社等阶段，迅速地走上了社会主义道路，工农联盟在新的基础上不断地巩固和发展。

刘少奇一类骗子站在地主资产阶级的反动立场上，一贯反对毛主席不断革命论和革命发展阶段论相统一的思想，顽固地坚持资本主义道路。

1949年，我国革命正处在由民主革命向社会主义革命的大转变时期，刘少奇一类骗子叫嚷要"巩固新民主主义秩序"，不准影响"资产阶级放手进行生产的积极性"，鼓吹"四大自由"，把这些说成是所谓"新民主主义历史阶段"的长期任务，公开对抗毛主席的教导和党的七届二中全会的决议，反对把民主革命转变为社会主义革命。毛主席指出："**有人在民主革命成功以后，仍然停留在原来的地方。他们没有懂得革命性质的转变，还在继续搞他们的'新民主主义'，不去搞社会主义改造。这就要犯右倾的错误。**"（转引自1967年11月23日《人民日报》）有力地批判了刘少奇一类骗子的反革命修正主义路线。

随着社会主义革命的胜利，特别是无产阶级文化大革命的胜利发展，刘少奇一类骗子复辟资本主义道路的迷梦日益幻灭。但是失败的阶级并不甘心灭亡，他们负隅顽抗，破釜沉舟，阴谋发动反革命政变，妄图复辟资本主义。他们大造反革命舆论，恶毒地攻击无产阶级专政下继续革命的理论是什么托洛茨基的"不断革命论"。

托洛茨基的"不断革命论"是彻头彻尾反马克思列宁主义的。斯大林在反对托洛茨基匪帮的斗争中指出：这种"不断革命论"是**"过低估计农民的作用……过低估计无产阶级领导农民的力量和本领，在于他们不相信无产阶级领导权的思想。"**（斯大林《论列宁主义的几个问题》）托洛茨基一伙披着这种"不断革命"的外衣，在民主革命阶段反对工农联盟，主张跳过民主革命阶段，建立不要农民的"工人政府"，实质上是取消无产阶级的领导权，把农民推向资产阶级一边，破坏民主革命；在社会主义革命时期，反对列宁关于**"社会主义革命有可能在一国首先取得胜利"**的革命理论，胡说在无产阶级专政下，工人和农民处于敌对冲突的状态，这种冲突只有在无产阶级世界革命胜利后才能解决，实质上是取消社会主义革命，反对无产阶级专政。

马克思主义的不断革命论是不断革命论和革命发展阶段论相统一的革命理论。托洛茨基的所谓"不断革命论"既反对马克思主义的不断革命论，又反对马克思主义的革命发展阶段论；既反对无产阶级领导的民主革命，又反对无产阶级领导的社会主义革命和无产阶级专政，是地地道道的反革命理论。刘少奇一类骗子故意颠倒是非，混淆黑白，制造混乱，就是妄图从根本上否定无产阶级专政下继续革命的伟大理论，为资本主义复辟鸣锣开道。

毛主席教导我们说："**思想上政治上的路线正确与否是决定一切的。**"党的路线正确就有一切，没有人可以有人，没有枪可以有枪，没有政权可以有政权。路线不正确，有了也可以丢掉。我们一定要遵照毛主席的教导，**认真看书学习，弄通马克思主义**，深入开展批修整风运动，彻底批判刘少奇一类骗子反革命修正主义路线的极右实质和他散布的反对社会主义革命、反对无产阶级专政的谬论，并肃清其影响，自觉地执行党在整个社会主义历史阶段的基本路线，把社会主义革命进行到底。**团结起来，争取更大的胜利。**

附录一　关于立宪会议的提纲

列宁的《关于立宪会议的提纲》，全面阐述了布尔什维克对于立宪会议的基本态度和一贯的原则立场。《提纲》明确指出，"**苏维埃共和国是比有立宪会议的普通资产阶级共和国更高的民主制形**

式。"（第93页）

列宁把《提纲》作为本书的附录，目的是为了揭露考茨基在立宪会议问题上的谣言和诡辩。

立宪民主党人及其追随者右派社会革命党人和孟什维克，为了反对苏维埃政权，提出"全部政权归立宪会议"的口号，并组织了反革命叛乱。在布尔什维克内部，加米涅夫、季诺维也夫、李可夫也反对"全部政权归苏维埃"，主张与孟什维克和社会革命党人共同组织联合政府，即所谓"清一色的社会党人政府"。为了粉碎阶级敌人的进攻和克服党内的右倾错误，列宁于1917年12月26日在《真理报》上发表了《关于立宪会议的提纲》一文。《提纲》主要讲了五个问题：

（一）《提纲》的第1条至第3条，从理论上阐明了苏维埃共和国是比有立宪会议的普通资产阶级共和国更高的民主制形式。立宪会议是资产阶级的民主制形式，它存在着极明显的阶级局限性。这是布尔什维克同孟什维克及其辩护士考茨基在苏维埃代替立宪会议问题上争论的主要问题。

（二）《提纲》的第4条至第6条从历史上指出，十月革命前确定的立宪会议候选代表的比例不符合大多数人民的意志，从而说明它是资产阶级的机关。

（三）《提纲》的第7条至第15条指出，由于十月革命的胜利、阶级斗争的发展和国内战争的爆发，"全部政权归立宪会议"的口号实际上成了立宪民主党人和卡列金派及其帮凶的口号。大多数人民从实践中逐步认清了盘踞在立宪会议中的孟什维克和社会革命党右派的反革命真面目，因而离开了他们站到布尔什维克一边来了。而这些反革命分子正是利用他们在立宪会议中占多数这个条件，利用"全部政权归立宪会议"这种形式主义的民主口号，掩盖他们发动反革命内战、篡夺国家政权的罪恶活动。立宪会议在实际上已经成为他们反对苏维埃政权的工具。

（四）《提纲》的第16、17条指出，无产阶级的革命利益高于立宪会议形式上的民主权利，这是布尔什维克处理立宪会议问题的根本原则。

（五）《提纲》的第18、19条指明立宪会议的出路：或者按照布尔什维克的要求同无产阶级专政和解；或者无产阶级专政采取强有力的"革命手段"战胜它。

附录二　王德威尔得论国家的新书

在附录二中，列宁把王德威尔得的《社会主义反对国家》一书同考茨基的《无产阶级专政》小册子进行对比，说明他们两人都是千方百计地歪曲马克思主义关于国家和无产阶级专政学说，"**他们两人都反映了第二国际的完全破产**"。（第98页）

本附录共三十五个自然段，分为五个问题介绍：

一、王德威尔得和考茨基都根本歪曲了马克思的国家学说和无产阶级专政学说，尽力回避革命（1—3段）

王德威尔得是第二国际执行局主席，在西欧各国社会党中有较大的影响，他对马克思主义的歪曲、篡改和伪造，比考茨基更圆滑、更精巧。**"他们两人都根本歪曲了马克思的国家学说和无产阶级专政学说，只是王德威尔得对第一个问题谈得多些，考茨基对第二个问题谈得多些。他们两人都抹杀这两个问题极其紧密而不可分割的联系。"** （第98页）

马克思主义认为，国家是阶级矛盾不可调和的产物，是一个阶级镇压另一个阶级的机器；资产阶级国家是资产阶级用暴力统治无产阶级和劳动人民的机器。马克思主义关于无产阶级必须以暴力打碎资产阶级的国家机器，代之以无产阶级的新型国家，对剥削阶级的反抗进行镇压的理论，正是从国家学说中直接得出来的科学结论。谈论无产阶级专政而避开国家的阶级本质，或者空谈国家问题而避开由此得出的无产阶级专政的结论，就是割裂马克思和恩格斯的学说，抹杀革命和改良的原则界限，极力回避革命。

二、王德威尔得和考茨基都反对以暴力革命打碎资产阶级国家机器，反对以革命暴力镇压剥削者的反抗（4—17段）

4—13段：王德威尔得反对巴黎公社类型的或苏维埃类型的革命。

王德威尔得大量引证马克思和恩格斯关于夺取政权的话，但是闭口不谈马克思和恩格斯总结巴黎公社经验时得出的无产阶级革命经验中最重要的结论，即无产阶级不能简单地掌握现成的国家机器而应当把它**打碎**，却说什么"无产阶级的取得政权可以通过成功的策略或顺利的选举达到目的"。这样王德威尔得同考茨基一样，把夺取政权的斗争**纳入纯粹议会斗争的范围内。**

马克思分析巴黎公社时指出，公社是一种新型的国家，它以人民武装代替资产阶级的常备军和警察，以人民勤务员代替资产阶级的官吏，以无产阶级的兼管立法和行政的工作机关代替资产阶级议会制。公社**"实质上是工人阶级的政府，是生产者阶级同占有者阶级斗争的结果，是终于发现的、可以使劳动在经济上获得解放的政治形式。"**（《马克思恩格斯选集》第2卷，第378页）王德威尔得和考茨基在理论上不去阐明巴黎公社和苏维埃作为这种**新的国家的意义**，在政治实践上不去宣传巴黎公社和苏维埃类型的革命，不利用帝国主义战争造成的经济政治危机来推进这种革命，却用巴黎公社是"并非不可思议的假设"、"苏维埃在欧洲可能起的作用"等等空话来搪塞，这就是拒绝这种类型的国家和这种类型的革命。

14—17段：王德威尔得只字不提镇压剥削者反抗的问题。

王德威尔得和考茨基口头上承认国家是一个阶级镇压另一个阶级的机器，但是他们不承认无产阶级夺取政权后建立的巴黎公社类型的或苏维埃类型的国家也必须是一架"镇压机器"，以镇压资产阶级的反抗。王德威尔得和考茨基背叛马克思主义，适应资产阶级的要求，避开了这个"不愉快"的问题。

列宁指出，这两个叛徒**"谈论无产阶级专政是为了拒绝这个专政。"**（第99页）只是王德威尔得比考茨基的手法更巧妙些。王德威尔得"论述""无产阶级的集体专政"，把建立"新的巴黎公社"说成是"并非不可思议的假设"，这比考茨基把无产阶级专政说成是马克思偶然提到的一个"词儿"、"专政就是消灭民主"等等粗笨的伪造手段来，更具有欺骗性。

三、王德威尔得和考茨基都是用折衷主义和诡辩来抹杀阶级斗争中一切具体的和确切的东西，掩盖他们背叛革命的丑行（18—26段）

王德威尔得用折衷主义和诡辩术代替革命的辩证法。他认为"国家"一词有两种含意：一种是"广义的"，认为国家是"一个民族的总和"或"政府"；另一种是"狭义的"，就是马克思和恩格斯所指出的，国家是一个阶级统治另一个阶级的工具。他的意思是：广义的国家，它作为管理机关，代表社会共同利益；狭义的国家，它作为权威机关，实行阶级统治。他把资产阶级抹杀国家阶级本质的庸俗论调同马克思、恩格斯的科学论断并列在一起，胡说马克思、恩格斯谈到消灭国家时，指的是"狭义的"国家，并由此推论出一个荒谬的结论：把"以单独一个阶级的统治为基础的资本家国家"变成"以消灭阶级为目的的无产阶级国家"，就是经过"许多过渡阶段"实现的。这就是说，旧的国家机器不必打碎，只须扩大"管理机关"的职能，缩小"权威机关"的职能，就实现了"从狭义国家向广义国家的过渡"。谁要是反对他的这种"理论"，而主张无产阶级的暴力革命，那就是"过于绝对的论断，会冒不确切的危险"。

马克思主义的辩证法认为，每个事物都是具体的，都有其自身的质的规定性，不同的事物具有不同的发展形式，因而它在阐明历史上对立物的更替时，否认绝对真理即否认绝对的、一成不变的形式。同时，马克思主义者把无产阶级专政代替资产阶级专政的"过渡"与无产阶级的国家随着阶级的消灭而逐渐自行消亡的"过渡"，严格区分开来，认为前者必须通过暴力革命来实现，后者是随着阶级的消灭而"自行消亡"。这无疑是符合社会发展的客观真理的。王德威尔得为了迎合资产阶级的需要，用折衷主义和诡辩术**"抹杀了阶级斗争中一切具体的和确切的东西"**（第102页），在不要把真理"绝对"化的幌子下，宣扬相对主义，否认马克思主义提出的无产阶级必须以暴力革命打碎资产阶级国家机器、建立无产阶级专政的正确理论，**"用'过渡阶段'代替革命。"**（第102页）王德威尔得这种回避问题的手法同考茨基关于"纯粹民主"的蠢话相比较，实质上完全一样，只是王德威尔得比考茨基做得更巧妙，更精细，也更具有欺骗性。

四、王德威尔得和考茨基都以超阶级的国家观，掩盖资产阶级国家的实质，抹杀无产阶级革命和无产阶级专政的迫切的战斗任务（27—32段）

王德威尔得鼓吹的"劳动的人民国家"，就是德国社会民主党人所标榜的"自由的人民国家"的旧调重弹。这同考茨基鼓吹"纯粹民主"得出的结论一样，**"是站在市侩的反革命的立场上，忽视阶级革命的任务，忽视无产阶级专政的任务，忽视阶级国家（无产阶级国家）的任务。"**（第103页）

王德威尔得要"把作为权威机关的国家和作为管理机关的国家分开"，"把对人的管理和对物的管理分开"，在阶级社会里是根本不可能的。因为国家从来就是一个阶级统治另一个阶级的工具，从来就是作为实行阶级统治，即所谓对"人"进行管理的权威机关而存在的，只有在阶级消灭的时候，进行阶级统治的即对"人"的管理的职能才会消失；但那时，国家也就"自行消亡"了。那时的管理机关，已经不是国家，而是另外一个东西了。**"只有在任何国家都消亡了的时候，对人的管理才会消失而让位给对物的管理。**（第103页）王德威尔得津津乐道遥远未来的任务，完全抹杀了无产阶级当前面临的推翻资产阶级、对资产阶级进行剥夺与镇压的战斗任务。

五、王德威尔得用市侩折衷主义反对马克思主义，用诡辩术反对辩证法，用庸俗改良主义反对无产阶级革命（33—35段）

王德威尔得的书以《社会主义反对国家》作标题，并且在该书的"导论"里声称，反对资产阶级御用学者们把国家垄断资本主义同马克思、恩格斯主张的社会主义混为一谈，因为社会主义的最终目的是"国家的废除"。他这样做，目的就是为了把自己打扮成无产阶级的代表，讨好无产阶级。王德威尔得对资产阶级民主"小骂大帮忙"，说它有种种弊端，但他同考茨基一样，不愿意由此得出必然的、确切的科学结论："**资产阶级民主镇压被剥削劳动群众，而无产阶级民主则要镇压资产阶级**。"（第104页）王德威尔得公然提出："对于无产阶级专政的原始的和初步的想法就必须格外彻底地加以修改"。他要"激烈的"反对无产阶级"用铁杖来实行统治"。说什么"用今后在工人阶级庞大的工会、合作社和政治联合组织中逐渐形成的一个新国家来代替资产阶级国家"。这就表明，他与考茨基一样，是马克思主义的叛徒、资产阶级的走狗。资产阶级的阶级利益要求他们反对无产阶级革命和无产阶级专政，否认镇压资产阶级的必要性。

列宁最后得出结论说，王德威尔得的《社会主义反对国家》一书是欺人之谈，他的书名应当称为："**市侩折衷主义反对马克思主义，诡辩术反对辩证法，庸俗改良主义反对无产阶级 革命**"。（第104页）

注　　释

序　言

1.考茨基（第1页）

卡尔·考茨基（1854—1938），德国社会民主党和第二国际机会主义首领之一，马克思主义的叛徒。1874年加入社会民主党。1881年在伦敦认识了马克思和恩格斯。在马克思和恩格斯的直接影响下，初期曾写过一些宣传和解释马克思主义的著作，但就在这些著作中，已表现出了他在许多原则问题上的动摇和失节行为，曾受到恩格斯的严厉批评。后来考茨基成了第二国际"中派"（"中派"是比右派更狡猾、更隐蔽的机会主义）的首领。他极力反对无产阶级革命和无产阶级专政。第一次世界大战期间，他极力为社会沙文主义辩护，为帝国主义侵略政策效劳。

俄国十月革命后，考茨基发表了《无产阶级专政》这个极其反动的小册子，极力抹杀资本主义国家的阶级本质，美化资产阶级民主，诽谤无产阶级专政，攻击和诬蔑列宁领导的伟大的十月革命。

2.第二国际（第1页）

第二国际（1889—1914），是各国社会民主党的国际联合组织。1889年7月14日在巴黎国际社会主义者代表大会上成立。在恩格斯的指導和影響下，第二國際初期基本上執行了馬克思主義的路線，團結了工人階級隊伍，進行了反對右傾機會主義和無政府主義等鬥爭，廣泛地傳播了馬克思主義，促進了各國工人組織、工人運動的廣泛發展。

1895年恩格斯逝世後，第二國際各國黨內的機會主義迅速滋長起來，並占了統治地位，第二國際逐漸分化為三派：一是以列寧、李卜克內西、盧森堡等為代表的左派，是真正的馬克思主義者；二是以考茨基為代表的"中派"是披著馬克思主義外衣的修正主義者；三是以伯恩施坦為代表的右派，是公開的修正主義者。以列寧為首的俄國布爾什維克黨團結了各國左派，同修正主義者進行了不調和的鬥爭。第一次世界大戰爆發後，第二國際的大多數社會民主黨的首領們，公開背叛了無產階級，墮入社會沙文主義立場，支持本國資產階級政府參加帝國主義戰爭。他們用反動的民族主義來毒害工人階級，在"保衛祖國"的幌子下，煽惑各國工人之間互相殘殺，為帝國主義的侵略政策和戰爭政策效勞，致使第二國際徹底破產。

3.格·季諾維也夫（第1頁）

格里哥里·葉夫謝也維奇·季諾維也夫（1883—1936），蘇聯"托洛茨基——季諾維也夫反黨聯盟"頭子之一。1901年參加俄國社會民主工黨。十月革命前夕，他與加米涅夫共同反對黨的武裝起義方針，並在孟什維克的報紙上發表聲明，向資產階級臨時政府泄露布爾什維克的武裝起義計劃，背叛了革命。十月革命後，反對黨的社會主義革命和社會主義建設的路線、方針、政策。1926年與托洛茨基结成联盟，进行反党活动，1927年11月被开除出党。1936年8月25日，因和加米涅夫等人犯叛国罪被处死。

4．"司徒卢威主义"或"布伦坦诺主义"（第1页）

彼得·别隆加尔道维奇·司徒卢威（1870—1944），俄国资产阶级庸俗经济学家，作家，"合法马克思主义"的主要代表人物。曾加入立宪民主党。他反对马克思主义，否认资本主义的根本矛盾，反对社会主义革命。第一次世界大战期间，坚持社会沙文主义，为帝国主义掠夺战争辩护。十月革命后，疯狂反对苏维埃政权，参加邓尼金反动政府，以后又任白匪军弗兰格尔政府的部长。

路约·布伦坦诺（1844—1931），德国资产阶级经济学家。他恶毒攻击马克思主义，特别是反对马克思关于剩余价值、无产阶级贫困化等学说。他企图证明，在资本主义范围内，可以用改良及调和资本家同工人的利益的办法，实现社会"平等"和阶级"和平"。

司徒卢威主义和布伦坦诺主义都是资产阶级改良主义。其思想特点在于：阉割马克思主义的革命灵魂，吸取马克思主义中能为资产阶级接受的成份，而抛弃马克思主义的实质，即无产阶级革命和无产阶级专政的思想，把马克思主义**"变成承认无产阶级的不革命的'阶级'斗争的自由资产阶级学说"**。（第1页）

5．普列汉诺夫（第1页）

格奥尔基·瓦连廷诺维奇·普列汉诺夫（1856—1918）俄国最初的马克思主义传播者，后来成为俄国孟什维克和第二国际机会主义首领之一。1883年组织俄国第一个马克思主义团体"劳动解放社"。1883—1903年间，他写过《我们的意见分歧》、《论一元论历史观之发展》、《论个人在历史上的作用》等著作，在批判民粹主义 传播马克思主义理论方面曾有一定的功绩；但也有严重错误，如忽视工农联盟的意义，夸大自由资产阶级的作用等，这是他的孟什维克观点的萌芽。

1903年俄国社会民主工党第二次代表大会以后，他成了孟什维克首领。在1905年革命中，他反对列宁的无产阶级革命路线。第一次世界大战期间，他拥护帝国主义战争，成为社会沙文主义者。1917年二月革命后，他主张维护资产阶级临时政府，反对俄国无产阶级武装夺取政权，对伟大的十月革命采取敌对态度，彻底背叛了马克思主义。

列宁在这里所说的"普列汉诺夫的例子"，是指普列汉诺夫为了粉饰他的社会沙文主义立场，竟歪曲地援引马克思对1870年普法战争的策略，来攻击布尔什维克及其它各国左派社会民主党对第一次世界大战的策略。列宁指出："**谁现在援引马克思对资产阶级进步时代的战争的态度，而忘记马克思恰恰针对资产阶级反动垂死时代、针对社会主义革命时代所说的'工人没有祖国'这句话，谁就是无耻地歪曲马克思，用资产阶级的观点偷换社会主义的观点。**"

（《列宁选集》第2卷，第677页）*

6 **.社会沙文主义**（第2页）

"沙文主义"是一种反动的资产阶级民族主义，是帝国主义侵略和奴役其他民族的思想工具。它因法国士兵沙文狂热拥护拿破仑

---

* 凡引自《列宁选集》的引文，都是按人民出版社1972年10月第二版。

一世的对外侵略扩张而得名。社会沙文主义，就是口头上的社会主义，实际上的沙文主义。列宁称社会沙文主义是"**到了顶的机会主义**"（《列宁选集》第2卷，第678页）。第一次世界大战期间，第二国际的修正主义头目们采取沙文主义立场，在"保卫祖国"的幌子下，投票赞成军事预算，积极支持本国资产阶级政府所进行的帝国主义战争，完全背弃了无产阶级国际主义，因此被称为社会沙文主义。

7．1909年，考茨基写了一整本书来论述革命时代的逼近 和 战争同革命的联系（第2页）

这里指考茨基在1909年写的《取得政权的道路》一书。书中阐述了关于无产阶级夺取政权的问题，说明了战争与革命的关系，认为战争一定会引起革命，革命纪元正在临近。他还分析了当时阶级矛盾尖锐化的程度，指出："世界大战已经十分逼近；而战争也意味着革命。"并得出结论："革命时代已经开始。"还说："现在不能害怕过早的革命，谁害怕革命而拒绝革命，谁就是叛徒。"列宁认为此书是考茨基最好的、也是最后的一本反对机会主义的著作。但列宁也指出这本书中含有机会主义观点，书中完全回避了国家问题，没有谈马克思关于无产阶级革命必须打碎资产阶级国家机器的重要原理。第一次世界大战爆发后，考茨基背弃了他1909年的观点，讥笑一切革命意图和直接进行革命斗争的步骤，其机会主义面目就暴露无遗了。

8.巴塞尔宣言（第2页）

巴塞尔宣言即《国际局势和反对战争的统一行动宣言》，是第二国际的一篇著名的关于战争的宣言。是在等一次巴尔干战争爆发后，1912年11月24—25日在瑞士巴塞尔召开的非常代表大会上通过的。宣言严厉谴责了帝国主义的备战活动，指出了日益迫近的帝国主义战争的掠夺实质，认为战争将造成经济与政治危机，无产阶级政党的任务，是利用一切手段制止巴尔干战争的扩大和欧洲大战的爆发，加强和巩固各国党及无产阶级的联系。宣言指出，大战一旦爆发，必然是革命形势的到来，社会民主党人应利用战争所引起的政治和经济危机，为社会主义革命而奋斗。宣言号召各国工人以无产阶级国际团结的力量来反对帝国主义，并规定了不同国家的社会民主党人反对帝国主义战争的任务和策略。列宁说：**"这个决议总结了各国许多反战的宣传鼓动文献，最确切而全面地、最庄严而正式地阐述了社会党人对战争的观点和策略。"** （《列宁选集》第2卷，第615页）第二国际中以考茨基和王德威尔得为首的机会主义者，虽然投票赞成这篇宣言，却从来没有准备将它付诸实施。1914年帝国主义世界大战爆发后，他们都公开地背叛了巴塞尔宣言。

9.垄断组织（第3页）

垄断是帝国主义基本特征之一。垄断组织是在生产和资本高度集中的水平上产生的各大资本家间的联合或结成的同盟，旨在瓜分和垄断商品销售市场和原料产地，规定垄断价格，加强对外扩张，保证高额垄断利润。主要形式有卡特尔、辛迪加、托拉斯、康采恩等。最早的垄断组织出现在十九世纪六十至七十年代。到十九世纪末二十世纪初，在主要资本主义国家里，垄断组织成为全部经济生活的基础，控制了国家的经济命脉，资本主义便发展到帝国主义阶段。在帝国主义国家里，垄断组织渗透到国家社会生活的各个方面，残酷地剥削和镇压无产阶级，阻碍着生产力的发展，激化了无产阶级同资产阶级之间的矛盾。

10．金融资本（第3页）

金融资本的形成是帝国主义基本特征之一。金融资本（也叫财政资本）是银行垄断资本和工业垄断资本混合（或溶合）生长的资本。资本主义国家工业生产集中的高度发展和垄断的产生，推动银行资本的积聚和集中，从而形成银行垄断。银行由担任支付的中介人变为万能的垄断者，掌握和支配国内绝大部分的货币资本、生产资料和原料来源。银行垄断组织和工业垄断组织通过互相收买对方股票和互相参加董事会等办法，使银行资本和工业资本溶合为一，混合生长，形成金融资本。列宁指出："**生产的集中；由集中而成长起来的垄断；银行和工业的溶合或混合生长，——这就是金融资本产生的历史和这一概念的内容。**"（《列宁选集》第2卷，第769页）

金融资本的发展导致金融寡头的形成。金融寡头操纵着整个社会的经济、政治、文化生活的各个方面，又控制着国家行政机关，他们把自己的代理人派入政府机关，或者自己出任政府要职，利用国家的权力为自己的企业谋取最大的利润。因而资产阶级政府的对内对外政策都是服从于他们的利益的。他们是帝国主义国家实行扩军备战，加强对劳动人民剥削，实行殖民扩张政策的策划者和鼓吹者。

11．资本输出（第3页）

资本输出是帝国主义基本特征之一。资本输出是垄断组织为获得高额垄断利润和奴役输入资本的国家，而用"过剩"资本进行的国外投资或贷款。它是以贷款的形式，以及用在国外建立工业企业等方法实现的。列宁指出："**其所以有输出资本的必要，是因为资本主义在少数国家中已经'成熟过度了'，'有利可图的'投资场所已经不够了（在农业不发达和群众贫困的条件下）。**"（《列宁选集》第2卷，第783—784页）资本输出是帝国主义为争夺商品销售市场和廉价原料产地，为在经济上和政治上重新分割世界而采取的重要手段。资本输出导致输出国生产发展的停滞趋势，加剧其寄生性和腐朽性；使经济不发达国家遭受帝国主义的奴役和掠夺，沦为经济附庸。资本输出加剧了帝国主义国家同经济不发达国家间的矛盾，也使帝国主义国家之间为争夺有利的投资场所的斗争尖锐化。

12. 国际托拉斯（第3页）

国际托拉斯在这里是指国际垄断组织，是帝国主义各国最大垄断组织根据协定结成的经济同盟。其目的在于瓜分世界市场，制定垄断价格，分割投资场所，垄断原料来源和规定生产规模，以保证高额垄断利润。国际垄断组织的形成，是帝国主义基本特征之一。它标志着生产与资本的积聚和集中的更高阶段。是随着资本输出的增长、最大垄断组织的国外联系和势力范围的扩大，在各国垄断组织从经济上瓜分世界的剧烈斗争中形成的。国际垄断组织是帝国主义国家经济扩张的重要工具。第二次世界大战后，资本主义总危机的进一步加深，出现了由各国政府出面的最大的国际垄断组织，如"欧洲煤钢联营"、"欧洲原子能联营"等。瓜分世界市场是按资本和实力的大小进行的，力量的对比发生变化，必然使重新瓜分市场的矛盾和斗争加剧、尖锐起来，以至引起帝国主义国家间的战争。因此，国际垄断组织并不能消除帝国主义国家间的矛盾，反而使矛盾尖锐化了。

13．最大的资本主义国家已把世界全部领土分割完毕（第3页）

帝国主义的基本特征之一。在国际垄断组织从经济上瓜分世界的同时，帝国主义国家之间也形成了各种政治同盟，为从领土上分割世界，争夺殖民地和势力范围展开了激烈的斗争。殖民地在帝国主义阶段的作用同垄断前的资本主义阶段有了很大的不同，它在作为原料产地、输出资本和倾销商品的市场等方面的意义更加重要了。为了保证在竞争中取胜和获得高额垄断利润，为了缓和国内阶级矛盾和设立军事战略基地以争夺世界霸权，都必须大量占领殖民地。殖民地半殖民地是帝国主义重要的政治经济基础，是它借以生存的重要条件。因此，从十九世纪七十年代到二十世纪初，各帝国主义国家**"开始了夺取殖民地的大'高潮'，分割世界领土的斗争达到了极其尖锐的程度。"**（《列宁选集》第2卷，第798页）到1914年，英、俄、法、德、美、日六个大国共夺得了六千五百万平方公里的领土，相当于宗主国本土面积的四倍。比利时、荷兰等国也占有一些殖民地。此外，帝国主义国家还使波斯、中国、土耳其等国家沦为半殖民地或附属国。总之，世界上再也没有"无主的"土地了。列宁指出："**世界分割完毕是这个时期的特点。所谓完毕，并不是说不可能重新分割了，——恰巧相反，重新分割是可能的、不可避免的——而是说在资本主义各国的殖民政策之下，我们这个行星上未被占据的土地都被霸占完了。世界是第一次被分割完了，所以**

将来只有重新分割，也就是从一个'主人'转归另一个'主人'，而不是从无主的变为'有主的'。"（《列宁选集》第2卷，第796—797页）由于资本主义政治经济发展的不平衡，美、德等年轻的资本主义国家发展得非常迅速，很快地赶上并超过了法、英等老牌资本主义国家。实力对比发生了变化，要求重新分割世界，就必然导致帝国主义国家之间的战争。1914—1918年的第一次世界大战就是这样爆发的。

考茨基怎样把马克思变成了
庸俗的自由主义者

14. 自由主义（第3页）

自由主义是十九世纪初到二十世纪初资产阶级的一种政治思潮。它把资产阶级革命时期的"自由"、"民主"口号按照资产阶级政权确立以后的要求加以修改和补充。主张个人活动和发展的完全自由，提倡个人权利，实现自由竞争和资本主义剥削的自由；拥护议会制和有财产等限制的选举权，以剥夺劳动人民的政治权利等。恩格斯说，资产阶级自由主义是"**把历代的一切封建特权和政治垄断权合成一个金钱的大特权和大垄断权。**"（《马克思恩格斯全集》第2卷，第647页）到自由资本主义变成垄断资本主义时，自由主义的反动性更加暴露。它抹杀阶级斗争，鼓吹改良主义，反对马克思主义；破坏无产阶级的革命运动，维护资本主义制度，成为帝国主义反动势力的工具。

考茨基按照资产阶级的自由主义观点来阉割马克思主义的革命灵魂，篡改马克思主义的阶级斗争学说和国家学说，反对无产阶级的暴力革命和无产阶级专政，把马克思主义歪曲成庸俗的自由主义，把马克思变成了庸俗的自由主义者。

15．布尔什维克（第4页）

布尔什维克系俄文音译，意即多数派。在1903年俄国社会民主工党第二次代表大会制定党纲、党章时，以列宁为首的革命马克思主义者同以马尔托夫为代表的机会主义者展开了激烈的斗争。在投票选举党中央机关时，以列宁为首的革命马克思主义者获得了多数票，从此称为布尔什维克。马尔托夫等人的机会主义派只获得少数票，被称为孟什维克。1912年1月，在俄国社会民主工党第六次（布拉格）全俄代表会议上把孟什维克清除出党，从此以后，布尔什维克便成了独立的马克思主义政党。十月革命前后，列宁多次提出更改党的名称的建议，1918年3月，俄共（布）第七次代表大会采纳了这个建议，把党的名称改为"俄国共产党（布尔什维克）"，简称俄共（布）。1925年12月以后，改名为苏联共产党（布尔什维克），简称联共（布）。1952年10月，在联共（布）第十九次代表大会上，又决定改名为"苏联共产党"。

16．孟什维克（第4页）

孟什维克系俄文音译，意即少数派。孟什维克是俄国小资产阶级政党，其主要代表人物有马尔托夫、普列汉诺夫、策烈铁里、波特列索夫等。孟什维克在组织上反对建立有严格组织和纪律的无产阶级政党；在政治上主张改良沙皇制度，否认无产阶级在资产阶级民主革命中的领导作用，否认工农联盟，是俄国工人运动中的资产阶级代理人。第一次世界大战期间，堕落成社会沙文主义的党，支持沙皇政府所进行的帝国主义战争。十月革命前夕，孟什维克公开投入资产阶级阵营，反对无产阶级武装夺取政权，反对建立无产阶级专政；十月革命后，恶毒攻击列宁主义和苏维埃制度，成为反革命的资产阶级政党。

17. 社会革命党（第4页）

俄国社会革命党成立于1902年。是由一些瓦解了的民粹主义团体组成的。主要代表人物有切尔诺夫、克伦斯基等。它在理论上和行动上继承了民粹派的一套，主张在资本主义存在和统治的前提下，组织合作经济，组织"公有"农业，并以个人恐怖作为政治斗争的主要手段。这个党开始是一个小资产阶级民主派的政党，以后成为富农的代表。第一次世界大战期间，在对战争的态度等问题上，社会革命党内部分出了一个反映农民的革命情绪、反对同资产阶级妥协的左翼集团，即左派社会革命党人，并于1917年12月正式成立左派社会革命党。其余则被称为右派社会革命党。十月革命后，右派社会革命党反对苏维埃政权，成为白匪反革命阴谋与武装叛乱的组织者和参加者。左派社会革命党的一部分人，也于1918年7月发动了反苏维埃政权的叛乱。

18. 伯恩施坦（第4页）

爱德华·伯恩施坦（1850—1932），德国社会民主党和第二国际的右派首领，修正主义鼻祖，无产阶级的叛徒。1872年混入德国社会民主党。他在早期活动中就表现了机会主义倾向，受到马克思和恩格斯的严厉批判。1895年恩格斯逝世后，伯恩施坦就公开地篡改马克思主义。从1896年起，他发表了一系列有关"社会主义问题"的文章，特别是在《社会主义的前提和社会民主党的任务》等著作中，在哲学、政治经济学和科学社会主义理论等方面，对马克思主义进行了全面的"修正"。他鼓吹阶级"调和"和议会道路，反对暴力革命和无产阶级专政。他提出了臭名昭著的"最终目的是微不足道的，运动就是一切"的修正主义口号。十月革命后，他疯狂反对列宁主义和苏维埃制度。列宁对伯恩施坦的修正主义进行了彻底的批判。列宁在这里说**考茨基远远超过伯恩施坦了**，是指考茨基修正马克思主义比伯恩施坦更彻底，手段更狡猾、更隐蔽，欺骗性更大。

19．中世纪制度（第4页）

欧洲中世纪是介于古代奴隶制与近代资本主义之间的时代，一般是指公元476年西罗马帝国灭亡至1640年英国资产阶级革命的时期。中世纪制度一般说来是指和这个时代相适应的封建社会制度。列宁在这里揭露考茨基千百次地说资产阶级民主比中世纪制度如何如何进步，却闭口不谈无产阶级民主和资产阶级民主的关系，闭口不谈资产阶级民主就是对无产阶级的专政，其实质就是粉饰资产阶级民主，抹杀无产阶级革命。

20．折衷主义（第6页）

折衷主义是把不同的思想、观点和理论无原则地、机械地拼凑在一起。列宁对折衷主义的实质曾作过深刻的批判，他指出："拿**两个或更多的不同的定义，把它们完全偶然地拼凑起来……那末我们所得到的就仅仅是一个指出事物的各个方面的折衷主义的定义。**"（《列宁选集》第4卷，第453页）第二国际修正主义者的观点就是折衷主义的突出实例。他们企图把马克思主义和各种唯心主义思潮无原则地拼凑在一起，阉割马克思主义学说中最重要的东西，以掩盖阶级斗争的真相，模糊阶级斗争的本质，使人分不清敌我和是非界限，使无产阶级放弃反对资本主义制度的斗争，而为资产阶级服务。考茨基歪曲马克思主义，美化资本主义制度，反对无产阶级专政，调和无产阶级同资产阶级的矛盾，其哲学根源就是用折衷主义来偷换辩证法。

21．社会帝国主义者（第9页）

社会帝国主义是机会主义的一种变态，它是"**口头上的社会主义实际上的帝国主义**"（《列宁全集》第29卷，第458页）。

第一次世界大战期间，欧洲各国社会党的机会主义者，在严峻的考验关头，背叛了社会主义，变成了为帝国主义资产阶级侵略服务的工具，"**机会主义变成了帝国主义。**"（《列宁全集》第29卷，第458页）因此，他们就被称为社会帝国主义者。

22．君主制与共和制（第10页）

国家政体的两种不同形式。

君主制是指由世袭的君主为国家元首的一种政治制度。在封建制度下，曾先后出现过早期封建君主制、等级代表君主制及君主专制。在资本主义制度下，一般表现为君主立宪制。

共和制是和君主制相对而言的。共和制泛指国家元首和国家代表机关是由选举产生的一种政治制度。君主制变为共和制，一般说来是一种进步现象。但在剥削制度下，劳动人民处于无权地位，共和制只是居于统治地位的剥削阶级实行专政的一种形式。

在资本主义社会里，君主制和共和制都"**不过是资产阶级国家即资产阶级专政的不同形态而已**。"（第10页）

23．自由主义工人政策（第11页）

资产阶级对待工人阶级的政策，一般采用两种方法：一种是用暴力镇压的方法，一种是用欺骗和收买的方法。这两种方法是交替使用或相互结合的。自由主义工人政策就是资产阶级的欺骗和收买工人阶级的政策。其实质是：引诱工人阶级离开革命的道路，主张阶级调和，反对无产阶级对资产阶级斗争，将工人运动局限在资产阶级可以允许的范围之内（如搞储金互助会和文化教育等），以达到削弱无产阶级革命，巩固资产阶级统治的目的。

24．垄断前的资本主义（第11页）

资本主义社会的前一阶段，亦称"自由竞争的资本主义"。它的特点是自由竞争占统治地位。垄断前的资本主义自由竞争，主要表现在商品的竞争上。这一竞争要求打破封建时期的割据局面和行会束缚，要求有国内的统一市场、工人出卖劳动力的自由和自由贸易的权利。在竞争中，大资本排挤小资本，生产日益集中，到一定阶段，形成垄断。

自由竞争在十九世纪六十至七十年代达到了发展的顶点。十九世纪末二十世纪初，主要资本主义国家完成了由垄断前资本主义到垄断资本主义即帝国主义的过渡。

25. 路易·勃朗（第12页）

路易·勃朗（1811—1882），法国小资产阶级空想社会主义者，历史学家。在《劳动组织》一书中，他反对无产阶级革命和无产阶级专政，主张依靠资产阶级国家帮助建立工人生产协会来改造资本主义社会，幻想工人阶级可以从与资产阶级的合作中求得解放。

在法国1848年革命时期，路易·勃朗以"工人代表"的身份参加了资产阶级临时政府，执行违背无产阶级利益的政策。巴黎六月起义时，他要求工人放下武器。起义失败后，逃亡英国。1870年回国，次年被选为国民议会议员。巴黎公社期间，他拒绝参加公社，而跑到凡尔赛反革命方面，变成工人阶级的公开敌人。列宁曾说，路易·勃朗是"**资产阶级手中的玩具。**"（《列宁全集》第25卷，第45页）由此可见，考茨基硬说社会主义的"一切派别"都参加了公社，完全是造谣，也暴露了他的"纯粹民主"的虚伪性。

26. "社会民主党人"（指十九世纪四十年代在法国以及1914—1918年在全欧洲所说的"社会民主党人"）（第13页）

十九世纪四十年代在法国的"社会民主党人"，是指社会主义的民主党与民主主义的社会党（小资产阶级的山岳党）的联盟。1849年1—2月，两党互相妥协，同意联合行动，制定了共同纲领，小资产阶级党和工人党就结合成"社会民主党"。这样就使"**无产阶级的社会要求已失去革命的锋芒而获得了民主主义的色彩，小资产阶级的民主主义要求失去了纯政治的形式而获得了社会主义的色彩。**"（《马克思恩格斯选集》第1卷，第631页）这个新的山岳党（当时社会民主党的借用名称）所包括的成员，除了几个工人阶级的配角以及几个社会主义的宗派分子之外，还是和旧山岳党所包含的成员一样，不过是人数较多一点罢了。在这样情况下的"**社会民主派的特殊性质表现在它要求民主共和制度并不是为了消灭两极—— 资本和雇佣劳动，而是为了缓和资本和雇佣劳动间的对抗并使之变得协调起来。无论他们提出什么办法来达到这个目标，无论目标本身涂上的革命颜色是淡是浓，其实质始终是一样的：以民主主义的方法来改造社会，但是这种改造始终不超出小资产阶级的范围。**"（同上书，第631—632页）

1914—1918年全欧洲所说的"社会民主党人"，是指第一次世界大战爆发后，背叛无产阶级，支持本国资产阶级政府参加帝国主义战争，堕落为社会沙文主义的欧洲各国的社会民主党。

列宁在这里用"社会民主党人"形容考茨基，就是说他与法国小资产阶级的社会民主党以及第二国际各国机会主义的"社会民主党人"一样，彻底背叛马克思主义，成为无产阶级革命事业的可耻叛徒。

27．议会制（第13页）

议会制也叫国会制或代议制，是以议会作为最高立法机关的一种资产阶级国家的政治制度。它以行政和立法的分权为特征。议会代表不参预法律的执行，法律的执行权归官僚机关。组成议会骨干的资产阶级政党的代表享有特权地位，他们并不对选民负责。在议会制国家中，资产阶级宪法形式上规定议会行使立法和监督政府的权力，政府由议会产生并对议会负责。实际上由于资产阶级垄断集团的控制，议会成了资产阶级政府的从属机关。政府对议会负责，仅仅是形式而已，真正的"国家"工作是在后台决定的，议会只是资产阶级专政的装饰品和遮羞布，是资产阶级压迫无产阶级的工具。列宁在《国家与革命》中指出："**每隔几年决定一次究竟由统治阶级中的什么人在议会里镇压人民、压迫人民，——这就是资产阶级议会制的真正本质**"（《列宁选集》第3卷，第209）。因此，马克思、恩格斯、列宁都曾指出过，无产阶级革命必须要消灭资产阶级的议会制，打碎和摧毁资产阶级的国家机器。

28．罗莎·卢森堡（第14页）

罗莎·卢森堡（1871—1919），德国 社会民主党和第二国际的左派领袖之一，德国共产党的创始人之一。

卢森堡曾对军国主义进行了坚决的斗争。十九世纪九十年代末，她批判了伯恩施坦修正主义，但在党的领导、工农联盟、民族殖民地等问题上，尚未与机会主义彻底划清界限。第一次世界大战期间，她反对德国社会民主党右派领袖的叛卖行为，也曾反对过考茨基和"中派"的其他代表人物，积极团结德国左翼社会民主党人，反对帝国主义战争和社会沙文主义，坚持了无产阶级国际主义原则。她积极参加创立革命组织"斯巴达克联盟"，1918年12月在"斯巴达克联盟"的基础上建立了德国共产党。卢森堡因进行革命活动而屡次被捕，1919年1月15日与卡尔·李卜克内西一同被反革命分子所杀害。卢森堡虽然在理论上和策略上犯了一些错误，但她仍然是一位卓越的无产阶级革命家。列宁说卢森堡"**虽然犯了这些错误，但她始终是一只鹰。**"（《列宁选集》第4卷，第600页）

资产阶级民主和无产阶级民主

29．魏特林（第15页）

威廉·魏特林（1808—1871），德国早期工人运动的活动家，空想共产主义者。裁缝工人出身。他在早年受过乌托邦社会主义者的影响。1836年参加并领导"正义者同盟"。后来流亡国外。1838年著有《人类世界的现在及其将来》，1840—1843年写了《和谐与自由的保证》、《可怜罪人的福音》等著作。他大胆地揭露和批判了资产阶级的罪恶与虚伪，抨击资本主义制度，提出空想的社会主义计划。他认为人们的需要应相等。他承认社会革命斗争是必要的，但主张用群众的盲目暴动来实现，并认为流氓无产阶级是革命的动力。他不懂得共产主义是人类社会发展到一定阶段的产物，认为当时封建君主制的德国立即可以进入共产主义。他否定在资本主义制度下进行有组织的群众政治斗争，认为只要有英明果断的领袖，革命可以在任何时候完成。1848年回国参加了德国革命。1849年流亡美国。不久，脱离了工人运动。

考茨基在《无产阶级专政》小册子中，用不少篇幅谈论魏特林"对民主的轻蔑"，"魏特林轻蔑地嘲笑普选制和新闻出版自由"，还谈论了许许多多别的东西，就是不谈民主的阶级性。正象列宁所指出的："**这不过是用那套'博学的'谎话来蒙蔽工人，以便回避现代民主即资本主义民主的资产阶级实质。**"（第15页）

30．巴拉圭的耶稣会教徒（第15页）

欧洲侵略者和殖民者曾利用耶稣会教徒打着传教的旗帜，进行经济、政治的侵略和扩张活动。

耶稣会教徒在巴拉圭的殖民活动（1609—1768）表现得最露骨，他们把巴拉圭作为自己的领土，建立起一个以剥削和奴役印第安人为基础的耶稣会教徒的国家。

耶稣教会从十七世纪初就在拉巴拉他一带立足，控制了约六十个印第安小村，**建立起最初的一批耶稣会辖区。**到十七世纪中叶，这种辖区已达三十多个，每个辖区中约有一万多居民。他们利用印第安人的宗教观念，宣布自己是"神使"，因而取得了统治印第安人全部生活的权利。耶稣会教徒对巴拉圭的印第安人实施了残酷的封建农奴制剥削，疯狂地掠夺印第安人辛勤劳动所创造的财富，而使创造这些财富的土著人更加贫困和愚昧。1768年耶稣会教徒被赶出巴拉圭。

叛徒考茨基在《无产阶级专政》的小册子里，津津有味地谈论巴拉圭的耶稣会教徒，说巴拉圭耶稣会教徒由于比当地居民具有精神文明上的巨大优越性，所以，可以用专政的手段统治那里的居民；而欧洲国家的无产阶级并不比社会上其他各阶级优越，因此无产阶级就没有资格实行专政，只能用民主来实行统治。其目的就是反对无产阶级专政。

31. 倍倍尔（第16页）

奥古斯特·倍倍尔（1840—1913），德国社会民主党和第二国际的创始者和领导者之一。旋工出身。第一国际会员。从1867年起领导德国工人协会联合会。1867年起为德意志国会议员。在马克思和恩格斯的指导下，1869年与威廉·李卜克内西共同创建德国社会民主工党（爱森纳赫派）。普法战争时期，采取国际主义立场，热烈支持巴黎公社。1872—1875年因进行反军国主义斗争而被捕入狱。在1878—1890年德国统治阶级实行反社会主义者非常法时期，同李卜克内西共同领导了秘密的社会民主党。他曾在党内与伯恩施坦主义进行过斗争，对世界工人运动有贡献。晚年在战争和民族、殖民地问题上犯了"中派"主义错误。著有《自传》、《妇女与社会主义》等。

1875年恩格斯在批判德国社会民主党哥达纲领时，于3月28日给倍倍尔写信，最精辟的论述了关于无产阶级专政的国家学说，并批判了拉萨尔的"自由国家"的资产阶级实质。

32. 普选制是"测量工人阶级成熟性的标尺"（第16页）

普选制是指公民普遍地参加国家代表的选举的一种制度。资产阶级革命时期，曾把"普选"作为反对封建专制和动员人民群众参加革命的一个政治口号。但在他们取得政权后，为维护剥削制度和实行民族压迫，对选举资格规定了种种限制。并在选举中利用各种诡诈手段，剥夺了广大劳动人民的选举权利。所谓"普选制"，已成为欺骗人民、维护资本主义制度，进行资产阶级统治的工具。在资本主义统治下，从来都没有实行过真正的普选。但通过普选制可以看出工人阶级成熟的程度，**当无产阶级尚未成熟到自己解放自己的时候**，这个阶级的大多数人**仍**将承认现存的社会秩序为唯一可能的秩序，而在政治上作为资产阶级革命的极左翼，在选举中不得不选举资产阶级的代表。当无产**阶级成熟到能够组织自己的独立政党的时候**，它在选举中就选举自己的代表参加议会，而不再选举资本家的代表了。正是在这个意义上说，普选制只是测量工人阶级成熟性的标尺，它不能而且永远不会提供更多的东西。

33．向工人讲一些民主就是"保护少数" 之类的童话（第18页）

考茨基在《无产阶级专政》小册子中，从资产阶级"纯粹民主"的观点出发写道："民主意味着多数派的统治。但是民主同样也意味着保护少数派。"他认为，"**政党和阶级**并不一定是一回事。一个阶级可以分裂成不同的政党，一个政党也可以由不同阶级的分子组成。"而在许多政党中，执政的只能有一个，其它的都是反对派（即少数派）。他说，在资产阶级民主共和国内，一个执政党不能永远执政，随时都有被另外的党派击败而变成"少数派的可能性"，因此，对少数派是加以"保护"的，而且"民主愈是根深蒂固……少数派就愈能发挥作用，愈能有效地对那种不惜利用一切手段来保持其政权的任何政党的意图进行对抗。"而"对于早期的社会主义政党 —— 这种政党无论在何处都是以微小的少数派开始的 —— 来说，保护少数派具有何等的意义，这种保护对于无产阶级的成熟过程有何等重大的影响，都是显而易见的。"由此考茨基断言说："保护少数派是民主发展的必不可缺的条件，其重要性并不亚于多数派的统治。"

严酷的阶级斗争现实，回击了叛徒考茨基的无耻谰言。就是在考茨基发表《无产阶级专政》这个小册子的1918年，各资产阶级"民主国"杀害了一批革命者和国际主义者，逮捕了一批左派社会民主党人，镇压了各国日益高涨的工人运动。因此，列宁指出："**资产阶级民主国的统治党仅仅对其他资产阶级政党才保护少数，而对无产阶级，则在一切重大的、深刻的、根本的问题上，不仅不'保护少数'，反而实行戒严或横加残害。**"（第18页）

34．列诺得尔和龙格之流（第18页）

比埃尔·列诺得尔（1871—1935），法国社会党右翼首领之一，改良主义者。第一次世界大战期间，他由改良主义滚到公开沙文主义立场上，和本国资产阶级同流合污，主张"将战争进行到底"。他反对苏联和法国共产党，于1933年组织法西斯"非社会主义者"组织，脱离了社会党。

让·龙格（1876—1938），法国社会党和第二国际的改良主义首领之一。第一次世界大战期间，采取社会和平主义立场，成为第二国际的"中派"。俄国十月革命后，他口头上拥护无产阶级专政，实际上同无产阶级专政为敌，继续奉行同社会沙文主义者调和的政策，支持掠夺性的凡尔赛和约。1920年在法国图尔大会后退出社会党，参加所谓"第二半国际"（即1921年2月由英国独立工党、德国独立社会民主党等十三个国家的"中派"社会党，在维也纳建立的机会主义的"社会党国际工人联合会"，亦称"维也纳国际"），后来又回到"第二国际"（指1919年2月原第二国际中的二十六个社会沙文主义派、"中派"、社会和平主义派在瑞士伯尔尼成立的机会主义的"伯尔尼国际"，从形式上恢复了第一次世界大战中业已破产的第二国际），并疯狂攻击第三国际。

列诺得尔和龙格之流，是指列诺得尔、龙格及其他法国社会沙文主义者和改良主义者。

35．谢德曼（第18页）

菲利普·谢德曼（1865—1939），德国社会民主党右翼机会主义首领之一。1903年被选为国会议员，后任国会副议长。1911年窃据德国社会民主党书记的职务，1913年成为社会民主党的主要领导人之一。第一次世界大战期间，成为社会沙文主义者，公开倒向资产阶级，投票赞成政府军事预算，积极支持对外掠夺战争，成为资产阶级在工人运动中的代理人。1918年10月加入内阁。1919年2—6月，担任临时政府首脑。他曾用一切办法镇压日益增长的无产阶级革命运动。

谢德曼和考茨基之流，是指谢德曼、考茨基及其他德国社会沙文主义者和机会主义者。

36．韩德逊和韦伯之流（第18页）

阿瑟·韩德逊（1863—1935），英国反动政客，工党党魁之一。第一次世界大战期间，公开支持本国帝国主义政府。曾先后担任过英国劳合·乔治政府的阁员、麦克唐纳第一任内阁内政大臣和第二任外交大臣，执行资产阶级反动的内政外交政策，是资产阶级在工人运动中的代理人。

悉尼·韦伯（1859—1947），英国右派改良主义者。1883—1884年创立改良主义的"费边社"，是"费边社"和工党的"理论家"，宣传用"改良"、"渗透"、"渐进"等方法改革英国社会。他坚决反对马克思主义，否认阶级斗争，主张和资产阶级合作，鼓吹资本主义可以长入社会主义。第一次世界大战期间，成为社会沙文主义者。1924—1925年参加了麦克唐纳的"工党"政府。英国工党的改良主义路线与韦伯所创立的"费边社"有着密切的联系。

韩德逊和韦伯之流，是指韩德逊、韦伯及其他英国背叛社会主义的机会主义者。

37. 辉格党和托利党的故事（第18页）

辉格党和托利党都是英国反动政党。于十七世纪七十年代末八十年代初形成。辉格党代表的是大资产阶级和新贵族的利益，托利党代表的是土地贵族和高级教士的利益。十九世纪中叶，辉格党改组为自由党，托利党改组为保守党。

辉格党和托利党的"故事"，系指十八世纪及稍后时期，两党轮流执政的问题。十八世纪初,辉格党人在议会中占多数,并一度当权。到1710年，托利党利用国内对辉格党的不满，在议会中取得了多数，次年托利党人取得了首相的职务。但在托利党人短期执政后，1715年起辉格党又在议会中占了多数，辉格党领袖出任首相并组织内阁。往后仍有这种相互交替执政的情况发生。这两个政党尽管在色彩上有些不同，但都是代表剥削阶级利益的，其对内对外政策，无论其中任何一个执政，都是为英国统治阶级服务的。考茨基企图以此来美化资产阶级民主，丑化无产阶级专政，这只能暴露他的叛徒立场。

38. 克虏伯（第18页）

克虏伯是德国的大军火工业垄断资本家族，1811年创办弗里德里希·克虏伯股份公司，逐渐发展为德国最大的军火康采恩，是两次世界大战中德国军国主义进行侵略的重要支柱，并以武器供应许多国家。克虏伯第五曾经帮助希特勒窃取政权，资助希特勒并积极参与侵略战争，是第二次世界大战的头号战犯之一。战后（1947年12月）被纽伦堡军事法庭判处徒刑十二年，财产被没收。但由于美、英帝国主义执行复活德国军国主义的政策，于1951年非法地释放了这个战犯，并还给他已被没收的财产，使其重新进行扩张活动。现控制着西德钢铁、煤炭、机器制造、造船、飞机、汽车等许多企业，其分支机构分布资本主义世界各地。

39. 克列孟梭（第18页）

乔治·克列孟梭（1841—1929），法国资产阶级政治家，反动分子。1906年任内政部长，1906—1909年和1917—1920年任总理。克列孟梭残酷镇压国内工农革命运动，积极组织协约国武装干涉俄国革命。考茨基无耻地粉饰资产阶级民主，向资产阶级献媚，为资产阶级效劳，垄断资本家克虏伯和帝国主义者克列孟梭之流一定会用百万酬金奖赏他的。

40. 犹大的接吻（第18页）

"犹大的接吻"系《圣经》中《新约全书》里的一段传说。据记载，犹大是耶稣的十二个门徒之一，他为了贪图三十块银币，而把耶稣出卖给敌人。当犹大率领祭司长的手下众人去逮捕耶稣时，与他们约定一个暗号说："我和谁接吻，谁就是他（耶稣）"。犹大见耶稣正站于人群之中，便走到耶稣跟前伪作请安，亲吻耶稣。祭司长手下人根据犹大接吻这个暗号，认出耶稣而予以逮捕。不久耶稣就被祭司长钉死在十字架上。从此以后，犹大便成为叛徒的代称。列宁以此比喻揭露考茨基的叛徒立场。

41. 德雷福斯案件（第18页）

即1894年法国反动的君主派军阀集团对总参谋部犹太人军官德雷福斯进行的诬告案件。

法国资产阶级军事法庭依据捏造的间谍罪和叛国罪（所谓出卖国防机密给德国），判处德雷福斯无期徒刑。不久证明事实不确，于是引起了法国各阶层要求重审德雷福斯案件的广泛社会运动，并演成共和派和君主派的剧烈斗争。在整个审判过程中，资产阶级政府竭力掩盖反动军阀在这一案件中所犯的罪行，庇护真正的罪犯，企图借此案件挑起法国人民对犹太人的仇恨，鼓吹对德战争。这次审判充分暴露了资产阶级民主的虚伪性，揭露了资产阶级司法制度的反动实质，说明即使在共和制度下，资产阶级国家也只不过是资产阶级统治的工具。这一案件一直拖到1906年，才又被重审，证明德雷福斯无罪，并恢复了他的职务。

列宁称德雷福斯案件是"**反动军阀千百次无耻行为中的一次**"。（《列宁选集》第4卷，第251页）

42. 民主共和国美国对黑人和国际主义者的私刑（第18页）

美国标榜是最自由最民主的共和国，但是这丝毫也不妨碍资产阶级在那里横行霸道。美国的私刑，是美国垄断集团为加强种族迫害和镇压工人运动，维护资本主义统治，直接组织和命令各种法西斯团体和组织（如三K党）对黑人和进步的白人不加审讯而进行的非法的刑罚（毒打、监禁、杀害等）。如1898年在美国康考德城发生了一件奸杀案，法西斯分子在统治集团的怂恿下，竟毫无根据地假定两个黑人为凶手，把他们拖出城外枪杀了。在威尔逊统治时期，美国反动派对黑人的迫害更加疯狂，暴徒们拿着枪支、火把、绳索，随意捕杀黑人。在1888年至1900年间，平均每年有一百六十五件黑人私刑事件。1917年有三十八名黑人、1918年有六十名黑人惨死于私刑。

第一次大战期间，美国对国际主义者的私刑和迫害也是非常残酷的。国际主义者不仅遭到私刑拷打，而且被暴徒拖到街上，剥得精光，涂上松脂，活活烧死。美国政府还颁布了许多法令，摧残国际主义者和左派组织。如1917年9月，美国社会党总部遭搜查，几十种报纸被破坏和停刊，左翼领袖德布兹因发表反战和同情俄国革命的演说而被捕并被判处十年徒刑，其他领袖卢登堡等几十人都被监禁和判刑。

民主共和国美国对黑人和国际主义者的残酷迫害，充分说明了资产阶级民主的虚伪性和反动性。

43. 1917年4月俄罗斯民主共和国对布尔什维克的迫害以及策划对布尔什维克的残害（第19页）

1917年4月18日（俄历），临时政府外交部长米留可夫向协约国声明："全体人民愿将世界大战进行到彻底胜利,临时政府决意完全遵守对我协约各国担承的义务"。19日这个声明为工人、士兵所知。20日布尔什维克党中央委员会号召群众抗议临时政府的帝国主义政策。20日和21日有十万工人、士兵游行示威,对"米留可夫通谍"极为愤慨,在旗帜上写着:"公布密约!""打倒战争!""全部政权归苏维埃!"的口号,当时科尔尼洛夫一类反革命分子下令向示威群众开枪射击,但士兵拒绝执行。

后来,临时政府又从前线调回大量军队,镇压了7月3日的工人、士兵的示威运动,并对布尔什维克横施迫害。资产阶级反革命分子挨户搜查工人区,解除了工人赤卫队的武装,捣毁了布尔什维克的《真理报》和"劳动"印刷所,大肆逮捕布尔什维克党的积极分子,并下令拘捕列宁。

这一系列事实,充分暴露了资产阶级民主的虚伪性,说明资产阶级愈是标榜"民主",就愈是加强对无产阶级革命运动的残害,从而也愈加说明考茨基所谓民主就是"保护少数"的谬论的反动性。

44．我们把第四届杜马的整个工人选民团都争取过来了（第19页）

杜马系俄文音译,即沙皇俄国议会。"国家杜马"先后共召开过四次(1906、1907、1907—1912、1912—1917)。它是沙皇俄国的主要统治机构之一。

俄国选举法规定成立工人选民团,即工人单独进行选举,其反动目的,是使工人同农民及其他居民阶层分离。选举的步骤是:工人在大会上选出初选人,初选人选举复选人,复选人再提出工人选民团的代表候选人。第四届国家杜马的选举是在1912年秋季进行的。列宁和布尔什维克党对这一次选举非常重视。在列宁领导下，布尔什维克在成立民主共和国、实行八小时工作制、没收地主土地的口号下，与沙皇政府、召回派和取消派等进行了顽强的斗争，把合法活动和秘密工作结合起来，争取了群众，使无产阶级团结在布尔什维克党的周围。根据选举法，只容许从彼得堡、弗拉基米尔、科斯特罗马、叶加特林诺斯拉夫和哈尔科夫这六个工业省份中，各选一名工人选民团的代表。这六个工业省份，集中了俄国工人的五分之四。经过列宁和布尔什维克的工作，这六个省份全部都是选举布尔什维克为代表。

45．象夏洛克那样来论证：只要"一磅肉"，别的什么都不要（第22页）

夏洛克是英国文学家莎士比亚（1564—1616）的喜剧《威尼斯商人》中的一个贪婪残酷的高利贷者。他残酷地剥削他人，而商人安东尼奥借钱给人不要利息，并当面辱骂过夏洛克是一条贪得无厌的"恶狗"。为此两人结下仇恨。恰巧安东尼奥的朋友巴散尼奥向一个富翁的女儿鲍细霞求婚，急需一笔巨款。安东尼奥为了援助朋友，被迫向夏洛克借款，并按照夏洛克所提出的"逾期不能还款便在债务人胸前割下一磅肉"的条件签订了文契。后因安东尼奥的商船出海逾期未归（传闻遇难），不能按期还债，被告受审。巴散尼奥在正要结婚之时得此消息，立即赶到法庭，情愿以三倍于原债款的现金偿还。夏洛克却顽固坚持履行原约之规定，非要一磅肉不可，别的什么都不要。鲍细霞为了援救未婚夫的朋友，暗暗扮成博学的律师代替法官受理此案，判决：允许夏洛克当场从债务人安东尼奥的胸前割下一磅肉，但不许割多了，也不许割少了，还不许流一滴血，而且必须执行，否则就要以有意谋杀人命之罪论处。最后，夏洛克无法执行，被判处没收其全部财产。

列宁在这里比喻考茨基象夏洛克的论证一样，只谈一般"民主"，而不谈是对哪一个阶级的民主，以反对无产阶级专政，为资产阶级效劳。

被剥削者同剥削者能平等吗？

46．资本主义比较"和平"发展的几十年（1871—1914年）

（第28页）

1871—1914年这段时期，是欧美各主要资本主义国家，由自由资本主义向垄断资本主义过渡，并使垄断资本主义逐步取得统治地位的时期。在这一时期中，**"西方的资产阶级革命已经结束了。"** **"西方进入了未来改革时代的'和平'准备阶段。"**（《列宁选集》第2卷，第438页）在这一时期中，虽然俄国在1905年爆发过革命，但从欧洲整个看来，没有发生过大的革命。无产阶级的任务，是聚集和团结自己的力量，为未来革命决战创造条件。所以，列宁说这一时期具有相对"和平"的性质。第一次世界大战的爆发，标志着这个相对"和平"时期的结束、战争和无产阶级革命时期的到来。

在这一时期中，资产阶级反对工人阶级斗争的策略有了改变。除了暴力镇压以外，较多地采用了实行某些改良和让步的办法进行统治，其目的是诱骗工人，分裂工人队伍，破坏工人运动，巩固资产阶级统治。列宁指出，资产阶级策略上的转折，使修正主义在工人运动中间猖狂起来。

在这一时期中，垄断资产阶级从它的超额利润中拿出一部分，收买本国工人的上层分子，造成工人贵族阶层。这些人成了机会主义的社会支柱。

在这一时期中，随着工人运动的广泛发展，大量小资产阶级群众涌进工人队伍中来，他们把资产阶级和小资产阶级思想带进工人运动，这就成为机会主义在工人运动中滋长的温床。

在这一时期中，议会斗争和工会工作成为主要的斗争形式，无产阶级在合法斗争中取得了相当的胜利，这就使工人运动中一些人产生了错误思想，过高地估计了议会斗争的作用，认为仅仅依靠议会斗争就能从资产阶级手中夺得政权，取得无产阶级的解放。

马克思主义在理论上的胜利，逼得它的敌人装扮成马克思主义者，这就是工人运动中的修正主义，是无产阶级革命事业最危险的敌人。

所有这些情况，**"已使迁就机会主义的各国社会党象奥吉亚斯的牛圈那样堆满了庸俗、近视和叛变的秽物……"**（第28页），机会主义在工人运动中迅速发展起来。尤其在恩格斯逝世以后，机会主义逐步占了统治地位。随着第一次世界大战的爆发，欧洲大多数社会民主党都背叛了无产阶级，在"保卫祖国"的幌子下，支持本国资产阶级政府进行帝国主义战争，导致了第二国际的完全破产。

苏维埃不得变成国家组织

47. 苏维埃（第30页）

俄文音译，意即会议或代表会议，是俄国无产阶级在1905—1907年革命时期创造的领导群众进行革命斗争的组织形式。当时在俄国各地曾自发地成立了不少工人代表苏维埃、农民代表苏维埃，为列宁所发现、肯定和发展。1917年二月革命时期，各地由起义的工人和兵士建立了工兵代表苏维埃，有些地方成立了农民代表苏维埃。十月革命后成立的工兵农代表苏维埃，成为俄国无产阶级专政的机关。1918年建立工农红军以后，改称工、农和红军代表苏维埃。1936年苏联修改宪法后，又改称劳动者代表苏维埃。列宁指出，**苏维埃是无产阶级专政的俄国形式**。列宁认为巴黎公社是无产阶级专政发展上的有世界历史意义的第一步，而苏维埃是第二步。考茨基叫喊苏维埃不得变成国家组织，其实质就是宣扬无产阶级同资产阶级的阶级合作和"社会和平"，反对无产阶级打碎资产阶级国家机器，掌握全部国家政权，建立无产阶级专政。

48. 左派社会革命党人（第31页）

左派社会革命党人，是第一次世界大战爆发后，社会革命党内部在对待战争的态度问题上出现的一个左翼反对派。主要代表人物有斯皮里多诺娃、卡姆柯夫、纳坦松等。他们反对帝国主义战争，还派出自己的代表参加了齐美尔瓦尔得会议，赞成齐美尔瓦尔得左派的決議。在1917年5月25日—6月4日的社會革命黨第三次代表大會上，提出了自己的政治路線，發表了自己的宣言，反對社會革命黨中央與立憲民主黨、臨時政府妥協和勾結的叛賣政策。后來，左派社會革命黨人又退出預備議會，並參加了十月革命。在全俄工兵代表蘇維埃第二次代表大會上，右派社會革命黨人退出了大會，左派社會革命黨人表示承認十月革命所取得的一切成果和蘇維埃政權所頒布的一切法令，布爾什維克同他們達成了協議，保持統一戰線關系，並把他們的代表柯列加也夫、斯皮里多諾娃、普羅相與施坦白爾格等吸收到人民委員會和全俄中央執行委員會中。1917年11月22日和12月4日，社會革命黨中央宣布把參加全俄工兵代表蘇維埃第二次代表大會和參加十月革命的左派社會革命黨人開除出黨。1917年12月15日，左派社會革命黨人召開代表大會，正式成立了左派社會革命黨，其機關報為《勞動旗幟報》。1918年1—2月，左派社會革命黨人反對布列斯特和約，3月退出人民委員會，但仍留在地方蘇維埃中。隨着階級斗爭的深入發展，農村發生了深刻的階級分化，特別是6月間貧農委員會的成立，使左派社會革命黨人維護富農利益的面目日益暴露。在1918年7月的第五次蘇維埃代表大會上，他們公開反對列寧和布爾什維克，受到大多數代表的堅決反對。7月6—7日進行反對蘇維埃政權的叛亂，並刺殺了德國駐莫斯科大使米爾巴赫，企圖挑起同德國的戰爭。但叛亂很快就被鎮壓下去了。此后，從左派社會革命黨中分裂出兩個新黨——"民粹主義共產黨"和"革命共產黨"。"民粹主義共產黨"譴責了"左派"社會革命黨人反對蘇維埃的反革命活動，並在1918年9月的代表會議上成立了自己的黨。1918年11月，"民粹主義共產黨"的代表大会通过了一项决议，宣布解散"民粹主义共产党"并和布尔什维克党合并。"革命共产党"是一个成员不多的政党，存在到1920年。1920年10月，俄共（布）中央准许各党组织吸收前"革命共产党"的党员加入俄共（布）。

49．3月（指新历，按我国旧历为2月）革命（第31页）

指俄国二月革命，即1917年2月（俄历）发生的推翻沙皇专制制度的第二次资产阶级民主革命。二十世纪初，沙皇俄国是帝国主义一切矛盾的集合点。第一次世界大战末期，俄国社会矛盾日益加深，革命形势迅趋成熟。在布尔什维克党的领导下，1917年2月18日（公历3月3日），彼得格勒普梯洛夫工厂工人开始罢工。25日发展成为全城政治性罢工，提出"打倒沙皇！""打倒战争！""面包！"等口号。26日，工人响应布尔什维克的号召，将罢工转为起义。27日，起义席卷全城，首都卫戍部队也参加了起义。起义者逮捕沙皇政府大臣和将军，推翻了沙皇专制制度。全国各地也纷起响应，推翻地方沙皇政权。革命后，起义的工农群众和兵士组织了工兵代表苏维埃，资产阶级则在社会革命党人和孟什维克的支持下成立临时政府，形成两个政权并存的局面。因此布尔什维克又领导人民为准备和实现社会主义革命而斗争。

50．马尔托夫、阿克雪里罗得和史腾之流（第32页）

马尔托夫是尤利·奥西波维奇·采捷尔报姆（1873—1923）的笔名，俄国孟什维克首领之一。在1903年俄国社会民主工党第二次代表大会上，反对列宁的建党原则，遭到以列宁为首的多数派的坚决反对。在1908—1912年斯托雷平反动年代，为取消派首领之一。1912年，他是托洛茨基反对列宁和布尔什维克的"八月反党联盟"的组织者之一。第一次世界大战时期，采取"中派"立场，帮助资产阶级欺骗人民，为帝国主义战争辩护。十月革命后，逃亡国外，是"第二半国际"的组织者之一。

巴维尔·波利索维奇·阿克雪里罗得（1850—1928），俄国孟什维克首领之一。十九世纪七十年代是巴枯宁主义者，曾参加民粹派运动。1903年在俄国社会民主工党第二次代表大会上，支持马尔托夫的机会主义路线。斯托雷平反动年代为取消派首领之一。第一次世界大战时期，鼓吹社会沙文主义。十月革命后，在外国从事反对苏维埃政权的宣传活动。他是第二国际社会党执行局委员，赞成第二国际首领们对苏维埃俄国的仇视态度，主张武装干涉苏维埃俄国。

史腾真名叫亚历山大·鲁宾斯坦（1881—1948），俄国孟什维克。1906年流亡到德国。自第一次世界大战起，与伯恩施坦、考茨基一起出版《社会主义对外政策》周刊。1917年加入中派主义的德国独立社会民主党，任其机关报《自由报》的编辑，攻击无产阶级革命和无产阶级专政。

马尔托夫、阿克雪里罗得和史腾之流，反对把苏维埃变成国家组织，主张政权由资产阶级掌握，而苏维埃只起监督作用。

考茨基重复他们的反动言论，攻击俄国十月革命，指责布尔什维克不应该把苏维埃变成国家组织，充分暴露了考茨基和孟什维克是一丘之貉，是背叛无产阶级革命事业的叛徒。

51．1917年4月4日的"提纲"（第32页）

指列宁《论无产阶级在这次革命中的任务》一文，是列宁在4月4日布尔什维克党的领导工作人员大会上作的关于战争与革命的报告。然后又在出席全俄工兵代表苏维埃会议的布尔什维克和孟什维克的联席会议上重述了这个报告的提纲。

这就是有名的列宁的"四月提纲"。提纲指出了全部政权归工人代表苏维埃的必要性。提出**"不要议会制共和国（从工人代表苏维埃回到议会制共和国，是倒退了一步），而要从下到上由全国的工人、雇农和农民代表苏维埃组成的共和国。"**提纲提出**"更改党的名称。"**列宁说："**全世界社会民主党的正式领袖（'护国派'和动摇的'考茨基派'）都背叛了社会主义，向资产阶级投降，所以我们应改名为共产党，来代替'社会民主党'这个名称**"。（《列宁选集》第3卷，第15、16页）提纲还提出了建立第三国际即共产国际的任务。这个提纲给布尔什维克党和无产阶级规定了从资产阶级民主革命过渡到社会主义革命的明确路线，指明了党在推翻沙皇制度后新的斗争条件下的新方针。

"四月提纲"对俄国社会主义革命的胜利，对布尔什维克党后来的工作有着伟大的意义。列宁主张由议会制的共和国进到苏维埃的共和国，这是马克思主义理论和实践方面的重大发展。

由此可见，考茨基所谓布尔什维克只是在解散立宪会议以后才提出改名为共产党人和苏维埃作为国家组织的意义的问题，这完全是歪曲事实。

52．"全部政权归苏维埃"的口号（第32页）

"全部政权归苏维埃"的口号，是列宁在1917年4月间，为结束二月革命后出现的两个政权并存的特殊局面，实现社会主义革命的方针而提出的。

在临时政府武装镇压布尔什维克和彼得格勒工人示威的七月事变以前，苏维埃为孟什维克和社会革命党人所把持，布尔什维克还占少数。尽管如此，列宁预计到，如果全部政权转归苏维埃，那么，布尔什维克就可以经过在苏维埃内部的斗争，夺取苏维埃，实现无产阶级专政。但七月事变打断了这个进程，社会革命党人和孟什维克投入了反革命的怀抱，他们所把持的苏维埃已成了临时政府的附属品，布尔什维克党被迫转入地下。所以，暂时收回了"全部政权归苏维埃"的口号。

1917年8月，反科尔尼洛夫叛乱斗争的胜利，使阶级力量对比发生了巨大的变化。临时政府和妥协派分子在群众中已经完全孤立，广大人民群众日益紧密地团结在布尔什维克的周围，群众改选了自己的代表，把布尔什维克党的代表选进了苏维埃。彼得格勒和莫斯科的苏维埃转归布尔什维克手中，开始了苏维埃布尔什维克化的阶段，表明革命日益走上高潮。在这种情况下，布尔什维克党又重新提出了"全部政权归苏维埃"的口号。但此时这个口号的意义已经完全不同了，它不是把全部政权转归由孟什维克和社会革命党人所把持的苏维埃，而是转归布尔什维克所领导的苏维埃；实现这个口号的方法不是经过和平发展，而是要经过武装起义，直接建立无产阶级专政的政权。

53．同年同月……布尔什维克党代表会议（第32页）

即1917年4月24—29日（公历5月7—12日）在彼得格勒召开的布尔什维克党第七次全国代表会议（四月代表会议）。这是布尔什维克第一次公开举行的代表会议。

列宁根据代表会议日程所规定的各项主要问题作了报告，会议一致通过了关于战争、对临时政府的态度、目前形势、修改党纲、土地问题、苏维埃、民族问题等决议。在会上，斯大林为捍卫列宁关于目前形势的报告发表了演说，并做了关于民族问题的报告。代表会议揭露和批判了加米涅夫、季诺维也夫、皮达可夫、布哈林、李可夫等人的反列宁主义的机会主义路线，确定了争取社会主义革命胜利的路线。

列宁在他所作的报告中，发挥了他在"四月提纲"中阐明过的理论。他在关于目前形势的报告和关于修改党纲问题的报告以及相应的决议中，都声明布尔什维克党不以资产阶级议会制共和国为满足，而是要求巴黎公社类型的或苏维埃类型的工农共和国。提出了"全部政权归苏维埃"的口号，作为党的最近任务。

这次代表会议是无产阶级政党在俄国革命和国际革命日益成长的条件下召开的。这次会议在布尔什维克党史上按其重要性来说，实际等于一次党的代表大会。

立宪会议和苏维埃共和国

54．关于立宪会议……的问题（第37页）

俄国的立宪会议和普通资产阶级议会一样，都是资产阶级的国家机关，是资产阶级的民主制形式。

在资产阶级民主革命时期，立宪会议是作为实现俄国社会民主党最低纲领的一个口号提出来的。1903年社会民主工党第二次代表大会通过的党纲中规定，只有推翻俄国沙皇专制制度并召集全民自由选出的立宪会议，才能保证资产阶级民主革命获得胜利。在1905年革命中，为了实现资产阶级民主革命的任务，建立工农民主政权，以列宁为首的布尔什维克曾提出**"在普遍、直接、平等和秘密的选举权的基础上立即召开立宪会议"**（《列宁全集》第8卷，第78页）的口号，反对沙皇专制制度。列宁指出：**"社会民主党领导下的革命无产阶级要求政权完全转归立宪会议，为了实现这个目的，不仅力争普选权，不仅力争完全的鼓动自由，并且要立刻推翻沙皇政府，而代之以临时革命政府。"**（《列宁选集》第1卷，第515页）当时，沙皇政府、立宪民主党人都反对这个口号。

1917年二月革命胜利后，俄国革命已发展到了一个新的阶段。列宁在"四月提纲"中指出，俄国革命要从资产阶级民主革命阶段过渡到无产阶级社会主义革命阶段，应当用无产阶级专政去代替资产阶级专政。但是，当时广大群众还不了解立宪会议的资产阶级性质，不了解俄国革命任务的改变，所以还要求召开立宪会议，希望通过它来结束战争和废除土地私有制，解决自由、和平、土地和面包问题。资产阶级临时政府虽然口头上答应召开立宪会议，但为了保持住自己的统治地位和防止革命运动的发展，却拖延和反对召开立宪会议，不给人民民主权利。在这种情况下，布尔什维克从革命的策略出发，曾积极支持人民关于召开立宪会议的要求，揭露资产阶级临时政府反人民、反民主、反革命的面目，以教育和争取人民，组织革命力量。临时政府为了控制和破坏立宪会议选举，于8月间任命立宪民主党和右派社会革命党人组成选举委员会。11月15日，按照十月革命前（即10月中旬）各政党推选的候选人名单进行了选举。结果，**地主资产阶级及社会革命党和孟什维克占了多数**。十月革命的胜利，已使一切政权归苏维埃掌握，建立了无产阶级专政。但地主资产阶级及其追随者，不甘心失败，公开叫喊"全部政权归立宪会议"，要求按原计划召开立宪会议，反对把政权交给工兵代表苏维埃，并在许多地方，组织反对苏维埃政权的反革命暴动，企图颠覆无产阶级专政。

列宁在12月1日（14日）全俄中央执行委员会会议上发表演说、12月13日（26日）在《真理报》上发表《关于立宪会议的提纲》，阐述了苏维埃共和国是比立宪会议更高的民主制形式，揭露了立宪会议的反动阶级实质，指出："**立宪民主党人高喊'全部政权归立宪会议'，实际上这就是说：'全部政权归卡列金'。**"（《列宁全集》第26卷，第332页）布尔什维克为了进一步揭露立宪会议的反动本质，教育和争取群众，仍然赞成于1918年1月5日召开立宪会议。会上，立宪民主党人、右派社会革命党和孟什维克利用他们的"多数"，拒绝承认苏维埃政权，拒绝承认《被剥削劳动人民权利宣言》，拒绝承认第二次苏维埃代表大会通过的关于和平、土地、把政权转归苏维埃的法令，彻底地暴露了立宪会议的反动性。1月6日（公历19日）由全俄中央执行委员会宣布把它解散。

55．论各政党的小册子（第39页）

即列宁1917年4月所写的《俄国的政党和无产阶级的任务》一文。列宁在书中论证了俄国比立宪民主党更右的党派集团、立宪民主党、社会民主党（孟什维克）、社会革命党以及布尔什维克等政党的阶级基础和对革命的态度。其中指出布尔什维克主张"建立工兵农代表苏维埃共和国。取消常备军和警察而代之以全民武装；官吏由选举产生，并且可以撤换，他们的薪金不得超过熟练工人的工资。"（《列宁全集》第24卷，第72页）这就是布尔什维克主张建立的、优于资产阶级议会制共和国的巴黎公社类型的国家。

列宁列举本书的目的，是驳斥考茨基对布尔什维克的攻击，证明考茨基所说的"布尔什维克关于更高类型的国家的一切议论，都是布尔什维克在立宪会议占了少数之后，凭空想出来的"，完全是谎话。

56．立宪民主党人和卡列金派（第42页）

立宪民主党是俄国资产阶级的主要政党，成立于1905年10月。首领为米留可夫。立宪民主党在虚伪的民主主义口号掩盖下，自称"人民自由"党，力求把农民吸引到自己方面来。他们企图在君主立宪制的形式下保存沙皇制度，一贯支持沙皇政府的内外政策。第一次世界大战期间，坚持"战争到最后胜利"的帝国主义口号。二月革命后，领导了资产阶级临时政府，支持科尔尼洛夫叛乱。十月革命后，该党曾勾结外国干涉者，组织反苏维埃政权的反革命叛乱。内战结束后，多数首领逃亡国外。

阿列克塞·马克西莫维奇·卡列金（1861—1918），沙皇将军，1917年顿河地区反动的哥萨克军团的首领。从十月革命那天起，卡列金声明顿河军队不服从苏维埃政府，宣布顿河区实行戒严，公开反对苏维埃政权，全力支持克伦斯基的临时政府。卡列金在美、法等帝国主义的支持和援助下，与逃到顿河的反革命头子米留可夫、科尔尼洛夫、阿列克塞也夫等，组织了所谓"志愿军"，并与库班、捷列克、阿斯特拉罕的反革命哥萨克、都托夫以及乌克兰拉达建立了联系，发动了反对苏维埃政权的武装叛乱。1917年12月占领了罗斯托夫、塔干罗格，企图经过顿巴斯向国内中部区域展开进攻。叛乱被平息后，于1918年2月自杀。

57. "民主会议"（第44页）

"民主会议"即"全俄民主会议"是全俄苏维埃中央执行委员会和全俄农民代表苏维埃执行委员会中的孟什维克和社会革命党的首领，于1917年9月14—22日（公历9月27—10月5日）在彼得格勒所召集的会议。在科尔尼洛夫叛乱被粉碎后，革命形势迅速发展，劳动人民纷纷准备起义。孟什维克和社会革命党人在苏维埃中失去了多数的地位，他们不敢召开苏维埃代表大会，而代之以召开"民主会议"，企图使俄国离开苏维埃革命道路而走资产阶级宪政的道路，支持临时政府，削弱全国日益增长的革命运动。

　　参加会议的有各小资产阶级政党、主张妥协的苏维埃、工会、地方自治局、工商业界和军队的代表。但工人和士兵组织以及地方苏维埃的代表名额极少，资产阶级的代表占据多数。会议讨论的主要问题是所谓解决组织政权的问题，即与资产阶级政党结成联盟的问题。这次会议产生了"预备议会"（即俄罗斯共和国临时议会，是临时政府的咨议机关）。

　　布尔什维克党中央决定抵制预备议会，并要布尔什维克党团退出预备议会。只有投降分子加米涅夫、季诺维也夫力图使无产阶级放弃准备武装起义的工作，坚持参加预备议会。布尔什维克揭露了预备议会的叛卖活动。列宁指出，"民主会议"是反动民主派用来为转移人民注意力所伪造的滑稽剧。布尔什维克号召群众准备武装起义。社会革命党人和孟什维克阻止革命发展的企图未能得逞，它很快就被伟大的十月革命所粉碎。10月25日（公历11月7日）预备议会被解散。

58．全俄苏维埃第一次代表大会（六月代表大会）（第44页）

　　全俄苏维埃第一次代表大会，于1917年6月3—24日（公历6月16—7月7日）在彼得格勒举行，社会革命党人和孟什维克的代表占多数。在代表大会议程中所列的问题是：对待临时政府的态度问题、战争问题和筹备召开立宪会议问题等。列宁在会上就对临时政府的态度问题和战争问题发表了演说。布尔什维克对每个根本问题都提出了自己的决议案，揭露了战争的帝国主义性质，揭露了同资产阶级妥协的危害性，并要求全部政权归苏维埃掌握。

　　但是，代表大会的决议采取了社会革命党人和孟什维克支持资产阶级临时政府的立场，赞成临时政府所准备的俄国军队在前线的进攻，反对政权归苏维埃。

59．苏维埃第二次（1917年10月）……代表大会（第44页）

全俄工兵代表苏维埃第二次代表大会，于1917年10月25—27日（公历11月7—9日）在彼得格勒斯莫尔尼召开，有各省和地方苏维埃的代表和前线代表参加。布尔什维克的代表占了多数。孟什维克、右派社会革命党人和崩得分子，因拒绝承认社会主义革命，在大会开幕不久退出了会场。代表大会的工作是在布尔什维克党的直接领导下进行的。

代表大会在第一次会议上通过了列宁起草的《告工人、士兵、农民书》，宣布全部政权已归苏维埃掌握。在第二次会议上，根据列宁的报告，通过了具有历史意义的《和平法令》和《土地法令》等。代表大会成立了以列宁为首的第一届苏维埃政府，即人民委员会。

60．苏维埃……第三次（1918年1月）代表大会（第44页）

全俄工兵农代表苏维埃第三次代表大会，于1918年1月10—18日（公历23—31日）在彼得格勒举行。在大会上，列宁作了关于人民委员会工作的报告和结论以及代表大会的闭幕词。斯维尔德洛夫作了关于苏维埃全俄中央执行委员会的工作报告，斯大林作了关于民族问题的报告。代表大会根据布尔什维克党团的提议通过了一个决议，表示完全同意全俄中央执行委员会和人民委员会的政策；批准了列宁写的《被剥削劳动人民权利宣言》；通过了《关于俄罗斯共和国联邦制度》的决议和《土地社会化法令》（总纲部分）；批准了人民委员会和全俄中央执行委员会关于承认芬兰和亚美尼亚独立的法令；批准了解散立宪会议。代表大会同意人民委员会的民族政策。在代表大会会议期间，代表人数不断增加。会议开始时，有三百一十七个工兵农代表苏维埃和一百一十个集团军、军和师委员会派的代表出席。共有七百多名代表。三天后又有二百五十多个农民代表苏维埃的代表参加了代表大会，这些代表是1月13日（26日）开幕的全俄农民代表苏维埃第三次代表大会的参加者。出席最后一次会议的有表决权的代表有一千五百八十七人。代表大会选出了由三百零六人组成的全俄中央执行委员会。

从第二、三次苏维埃代表大会可以看出，广大群众离开了孟什维克和社会革命党人，转到布尔什维克方面来了。考茨基故意隐瞒这些事实而替立宪会议辩护，这完全是徒劳的。

苏 维 埃 宪 法

61. 苏维埃宪法（第45页）

苏维埃宪法即《俄罗斯社会主义联邦苏维埃共和国宪法》。1918年7月10日，在第五次全俄苏维埃代表大会上通过。是第一部苏维埃宪法。这个宪法共六篇十七章九十条。六篇的内容：一、被剥削劳动人民权利宣言；二、宪法的一般原则；三、苏维埃政权的结构；四、选举权和被选举权；五、预算法；六、国徽和国旗。

这个宪法是在阶级斗争发展过程中形成的，它用法律的形式把无产阶级革命和无产阶级专政的各项胜利成果肯定下来，同时也反映了苏维埃政权在社会主义建设方面的最初措施。它是一部建设社会主义的过渡时期的宪法。

62．右派社会革命党（第46页）

右派社会革命党，是对社会革命党内部分裂后形成的以克伦斯基等为首的右派的称呼。

右派社会革命党积极支持和参加资产阶级临时政府，并公开参加了科尔尼洛夫叛乱等。十月革命后，右派社会革命党人同其他被推翻的国内反革命力量勾结外国干涉者，发动了反对苏维埃政权的国内战争，被从苏维埃政权中开除出去。

63．米留可夫（第46页）

巴维尔·尼古拉也维奇·米留可夫（1859—1943），俄国大资产阶级的政治代表，立宪民主党的首领，俄国反革命头子之一，历史学家。1917年二月革命后，任资产阶级临时政府外交部长。1917年4月，向俄国的盟国发出照会，重申将遵守沙皇政府同协约国所签订的秘密条约，并宣布临时政府决心继续进行战争直到彻底胜利。这一照会引起了人民的极大愤怒，5月2日被迫下台。

十月革命胜利后，米留可夫是反革命叛乱的组织者和外国武装干涉苏维埃俄国的帮凶。武装干涉被粉碎后，他逃往巴黎。

64．克伦斯基（第46页）

亚历山大·费多罗维奇·克伦斯基，生于1881年，俄国资产阶级反动政客，律师，社会革命党的首领之一，临时政府头子。

1917年二月革命后，任李沃夫为头子的临时政府的司法部长。5月5日起任陆海军部长。7月8日继任临时政府总理兼陆海军部长。策划支持科尔尼洛夫叛乱，其目的是"**实行地主和资产阶级专政、解散苏维埃、准备恢复君主制。**"（《列宁全集》第26卷，第14页）十月革命后，逃亡国外。

65. 科尔尼洛夫叛乱（第46页）

拉甫尔·格奥尔基也维奇·科尔尼洛夫（1870—1918），俄国反革命头子之一，沙皇将军。1917年4月任彼得格勒军区司令，曾下令调动炮兵镇压工人反对临时政府的四月示威。十月革命胜利后，他逃到顿河，与邓尼金、阿列克塞也夫等在顿河与库班一带组织反革命的"志愿军"，**在帝国主义支持下**，进行反苏维埃政权的**战争**。后在叶卡德琳诺达尔被击毙。

科尔尼洛夫叛乱，是1917年8月间，俄国资产阶级策划的一次反革命军事阴谋。七月示威以后，临时政府任命科尔尼洛夫为总司令。为镇压革命运动，他公然要求"废除各委员会和苏维埃"，要求采取坚决的措施来"加强前线纪律"和整顿后方"秩序"，恢复了死刑。在克伦斯基政府策划和国际反动派支持下，科尔尼洛夫于8月25日调第三骑兵团和由高加索山民组成的"野蛮师"进攻彼得格勒，在"拯救祖国"的幌子下发动叛乱。布尔什维克在列宁领导下，一方面发动群众反叛乱，另一方面又向群众指出临时政府是叛乱的主谋者，揭露了临时政府及其帮凶社会革命党和孟什维克的阴谋。人民群众发动起来了，三天之内有二万五千工人参加赤卫队，革命的水兵和士兵也参加了战斗。叛乱很快就被镇压下去了。列宁说："**科尔尼洛夫暴动是地主和资本家所支持、立宪民主党所领导的军事阴谋，这种军事阴谋事实上已经是资产阶级发动的国内战争的开端。**"（《列宁全集》第26卷，第12页）

叛乱的被粉碎，从根本上改变了国内的形势，人民群众认清了临时政府及其帮凶社会革命党和孟什维克反革命的面目，他们从实践经验中认识到布尔什维克路线是正确的，所以，人民纷纷转向以列宁为首的布尔什维克一边。

66．"反对党"（第46页）

资本主义国家中与执政党对抗的政党。在两党制国家，在野党往往是反对党；在多党制国家，有时只有一部分在野党是反对党。按英国议会的惯例，在野党议员都坐在左边，即内阁阁员和执政党议员席位的对面，自称对执政党负监督批评的责任，称为反对党。在其他资本主义各国中，凡反对执政党的政党一般也都称为反对党。资本主义国家用承认和允许反对党存在，来标榜资产阶级民主，欺骗无产阶级和广大人民群众。

67．凡尔赛派及其同俾斯麦勾结（第47页）

1870年7月爆发了普法战争，战争开始后，法军迭次失败。9月2日，法国皇帝拿破仑三世率十万军队在色当投降。9月4日巴黎爆发革命，推翻第二帝国，成立第三共和国。但普军仍长驱直入，包围巴黎。法国资产阶级政府执行卖国政策，于1871年1月28日，同普鲁士签订屈辱的停战协定。3月18日，巴黎爆发了无产阶级革命，并成立了世界上第一个无产阶级专政的政权——巴黎公社。以卖国贼梯也尔为头子的资产阶级政府逃往凡尔赛，企图积蓄力量，卷土重来，消灭巴黎公社。但是资产阶级自己没有足够的力量，因此梯也尔政府与自己的敌人俾斯麦（普鲁士王国首相）相勾结，签订了出卖法国的法兰克福和约，从而换得了俾斯麦对凡尔赛的援助。在普鲁士军队帮助下，镇压了伟大的巴黎公社。

列宁用凡尔赛派及其同俾斯麦相勾结镇压无产阶级革命的例子，揭露考茨基背叛无产阶级革命事业，在俄国国内的反革命势力勾结外国干涉者发动反对苏维埃政权的国内战争的情况下，从资产阶级"反对党"的观点来攻击无产阶级专政，反对剥夺资本家的选举权，反对镇压资产阶级反抗的丑恶嘴脸。

68. 果戈里（第47页）

尼古拉·瓦西里也维奇·果戈里（1809—1852），俄国作家。生于乌克兰地主家庭。从1831年起，先后发表了许多短篇集、中篇集等。长篇小说《死魂灵》是他创作的顶峰，书中揭露了农奴制改革前俄国形形色色地主贵族的愚昧、懒惰、贪得无厌，外省官吏的昏庸腐朽，讽刺了农奴制度下俄国停滞落后的社会生活。

后来，由于受到代表地主阶级利益、反对西欧资本主义社会政治和文化改革、反对欧洲资产阶级革命的俄国斯拉夫派的影响，1847年发表了《与友人书信选》，为专制政体辩护。

他的作品对俄国现实主义文学的发展影响很大。

69．都托夫、克拉斯诺夫和捷克斯洛伐克军团的反革命暴动

（第47页）

亚历山大·依里奇·都托夫（1864—1921），沙皇上校军官，奥连堡哥萨克白匪军首领。1917—1919年，在英、美帝国主义指使下，组织乌拉尔哥萨克富农阶层进行反苏维埃政权的反革命暴动。是高尔察克（1873—1920）发动反苏维埃政权的国内战争的重要力量。在高尔察克溃败后，逃亡国外。

彼得·尼古拉也维奇·克拉斯诺夫（1869—1947），沙皇将军。1917年10月，在克伦斯基指使下，曾率领部队向彼得格勒进攻，企图扑灭革命。结果他的部队在普尔科夫高地被击溃，克拉斯诺夫被俘。释放后，又于1918年发动了顿河区域哥萨克人叛乱，继续反对苏维埃政权。1918年10月，在察里津附近被粉碎。克拉斯诺夫逃亡国外。

捷克斯洛伐克军团的反革命暴动，是指1918年5—11月捷克斯洛伐克军团在协约国帝国主义策动和指使下，在苏维埃俄国进行的武装叛乱。第一次世界大战期间，被俄国俘虏的捷克人和斯洛伐克人约五万人，组成了捷克斯洛伐克军团。十月革命后，苏维埃政权准许他们经西伯利亚和远东返回本国。遣返时，斯大林曾命令西伯利亚最高苏维埃政权机关解除其武装，而托洛茨基分子违背了这一指示。结果他们在往海参威途中，由于受美、英、法干涉者以及俄国白卫分子和社会革命党等的指使和策动，在伏尔加河中部区域和西伯利亚，掀起了反苏维埃政权的武装叛乱。他们占领了车里雅宾斯克、平扎塞兹兰等，在许多城市，建立了白卫和社会革命党人的

反革命政权。1918年9—10月,红军粉碎了叛乱,解放了西伯利亚。

列宁引证这些事件,是揭露考茨基从和平时期资产阶级议会斗争的"反对党"观点出发,来看待内战中的敌人.从而暴露了他反对无产阶级专政,鼓吹"纯粹民主",背叛无产阶级革命的狰狞面目。

70．1907年德国同一个统计关于农业中各类农户使用雇佣劳动的数字（第48页）

列宁在《现代农业资本主义制度》一文中,详细引用了德国的这一统计材料,并把它归纳为无产者农户、一般农户和资产者农户三类,对各类农户使用雇佣劳动的情况列表作了说明。从这个统计表中可以看出,拥有不超过二公顷土地的无产者农户,几乎占农户总数的五分之三;而占农户总数二十分之一的资产者农户(即拥有超过二十公顷以上的农户),却占有全部土地和全部耕地的一半以上。

详见《列宁全集》第16卷,第424—428页。

71．萨文柯夫（第50页）

波利斯·维克多罗维奇·萨文柯夫(1879—1925),俄国社会革命党首领之一。在1905年革命高潮时期,参加过一系列的恐怖活动。革命失败以后,叛变革命。第一次世界大战时期,是社会沙文主义者。1917年二月革命后,任克伦斯基临时政府的陆军部副部长,是科尔尼洛夫反革命叛乱的帮凶。

十月革命后,萨文柯夫疯狂反对苏维埃政权。1917年10月与克伦斯基一起率领士官生暴动。1918年7月在英．法帝国主义积极参与和策划下，发动了雅罗斯拉夫白匪暴动，失败后逃往国外，仍继续进行反苏维埃政权的阴谋活动。1924年潜入苏境时被捕，1925年自杀。

72．波特列索夫（第50页）

亚历山大·尼古拉也维奇·波特列索夫（1869—1934），俄国孟什维克首领之一。在1903年俄国社会民主工党第二次代表大会上，同马尔托夫、托洛茨基一起领导了孟什维克集团，反对列宁，反对建立新型的革命的无产阶级政党。1905年革命时期，同资产阶级自由派达成协议，力图使工人运动屈服于资产阶级势力。在斯托雷平反动时期，成为孟什维克取消派的首领之一，主持取消派公开发行的《我们的曙光》和其他一些刊物。第一次世界大战期间，是社会沙文主义者。1917年他领导资产阶级的《日报》，反对布尔什维克党。十月革命后，逃亡国外。在国外白匪的报刊上，继续疯狂攻击苏维埃政权。

73．"积极派"（第50页）

孟什维克的极右派集团。1917年11月16日，在孟什维克各领导机关的会议上讨论到反对十月革命、反对布尔什维克的策略时，发生了分裂：以唐恩等为代表的多数派，主张在政治上孤立布尔什维克；以李伯尔、波特列索夫等为代表的少数派，主张必须手持武器与布尔什维克进行积极的斗争，因此得名。1917年12月，在孟什维克党的非常代表大会上，多数派主张采取"民主"的办法消灭布尔

什维克。少数

子、乌克兰

央委员会

等。

派主张与立宪民主党人、科尔尼洛夫分子、卡列金分

拉达结盟，同布尔什维克进行武装斗争，并拒绝参加中

，正式成立了"积极派"，其首领有李伯尔、波特列索夫

74. "节俭的阿格尼斯"（第51页）

阿格尼斯是欧根·李赫特《社会民主主义的未来图景》一书中的主人公。

欧根·李赫特（1838—1906），德国自由思想党的首领。代表自由资产阶级利益，疯狂反对马克思主义，鼓吹阶级调和。他为了攻击社会民主党人、诋毁社会主义，诱骗劳动人民抛弃社会主义理想，在该书中塑造了阿格尼斯这个人物，说她是个穷裁缝，好容易在储蓄所里存了几十个马克，却被那些夺取政权并且把银行收归国有的凶恶的社会主义者抢走了。这本小册子出版后，立刻成了工厂主欺骗工人的宣传工具，他们成千册购买，发给工人免费阅读。当1901年考茨基还未堕落成无产阶级叛徒时，他曾批判过德国某些人用这个论调反对社会主义者，但1918年考茨基却用类似的捏造反对苏维埃政权了。

75. 拉姆赛·麦克唐纳（第52页）

詹姆斯·拉姆赛·麦克唐纳（1866—1937），反动政客，英国工党右翼首领之一。早年参加过"费边社"，1894年参加独立工党。1900年"工人代表委员会"成立（1906年改名"工党"）时任书记。1911年起为工党首领。在工党和第二国际内，推行机会主义

路线。他宣传反动的阶级合作论，即所谓"改良主义的社会主义"，反对无产阶级革命。

第一次世界大战时期，他站在和平主义立场，口头上反对战争而实际上用和平主义欺骗群众，为社会沙文主义叛变行为辩护，反对无产阶级革命。1918—1920年，他同工党其他首领一起，竭力破坏英国工人反对武装干涉苏维埃俄国的斗争。他奉行分裂工人阶级的政策。1906年当选为下院议员，1924年和1929—1931年，两次任工党政府首相，执行帝国主义政策，残酷镇压英属殖民地人民的解放斗争，积极支持反对苏联和德国人民的"道威斯计划"。1931—1935年，主持了保守党操纵的所谓"国民政府"，任首相。

76．社会和平主义者（第53页）

"社会和平主义者是口头上的社会主义者，事实上的资产阶级和平主义者"。（《列宁选集》第3卷，第55页）他们离开革命，离开阶级斗争，谈论空洞的和平主义的言论，提出了资本主义可以和平发展的谬论。认为帝国主义本身就可以给人们带来和平，因此要求人民在帝国主义战争中等待和平到来，以掩盖帝国主义的掠夺政策，麻痹群众的斗志，转移人民斗争视线，破坏无产阶级革命，为帝国主义效劳。列宁说：**"和平主义和抽象地宣传和平，是愚弄工人阶级的形式之一。" "在今天，宣传和平而不同时号召群众采取革命行动，这只能散布幻想，使无产阶级相信资产阶级的仁慈，使他们成为交战国秘密外交的玩具。认为不经过一系列革命就能实现所谓民主和平的想法，是极其错误的。"**（《列宁全集》第21卷，第140—141页）

社会和平主义组织鼓吹阶级调和与阶级合作，帮助帝国主义资产阶级愚弄人民，反对无产阶级革命和无产阶级专政。而苏维埃则是无产阶级专政的政权组织。所以列宁在这里指出，苏维埃根本不同于社会和平主义者的组织，它就是要对人民实行民主，对地主资本家实行专政的真正革命无产阶级进行阶级斗争的机关。

77. 科尔布之流（第54页）

威廉·科尔布（1870—1918），德国社会民主党右翼首领之一，是党内机会主义刊物《社会主义月刊》派分子。他们反对无产阶级革命，公开否认无产阶级专政，胡说无产阶级专政是与民主相矛盾的，鼓吹露骨的机会主义。科尔布之流，在第一次世界大战中主张"保卫祖国"，反对实行李卜克内西的变帝国主义战争为国内战争的革命路线，成为社会沙文主义者。列宁称《社会主义月刊》派是比考茨基更右的派别。该月刊1897—1933年在柏林出版。

在对待无产阶级革命和无产阶级专政的问题上，考茨基的观点和科尔布之流是一致的，是科尔布的走狗。

什么是国际主义？

78. "政府派社会主义者"（第55页）

"政府派社会主义者"是指参加资产阶级政府，为资产阶级效劳的无产阶级的叛徒。如法国"社会主义者"米勒兰，在1899年借口保护共和国以防止保皇党的运动，参加资产阶级内阁，同镇压巴黎公社的刽子手加费利将军合作，帮助资产阶级镇压无产阶级，为此开了先例。又如第一次世界大战期间，以德国的谢德曼为代表的国际工人运动中的右派，纷纷参加资产阶级政府，投票赞成军事预算，打着"保卫祖国"的骗人口号，支持对外侵略战争，成为资产阶级在工人运动中直接的公开的代理人。

考茨基自称为国际主义者，称谢德曼之流是"政府派社会主义者"。但他自己却为俄国的"政府派社会主义者"孟什维克辩护，从而暴露了他同"政府派社会主义者"是一样的货色。

79．意大利的屠拉梯，瑞士的诺勃斯、格里姆、格拉贝和奈恩（第55页）

菲力浦·屠拉梯（1857—1932），意大利工人运动中的机会主义首领之一。早年参加意大利工党。1892年退出工党，创立社会党。1896—1926年为国会议员。他极力推行改良主义，鼓吹阶级合作，宣扬议会道路，反对无产阶级革命。第一次世界大战期间，他和考茨基一样，背叛了无产阶级，采取了社会和平主义的立场。列宁说他是站在资产阶级经纪人的立场上为帝国主义战争辩护，是意大利的米勒兰。他反对意大利社会党参加共产国际。1922年社会党分裂后，他是改良主义的统一社会党的首领。1922年法西斯党执政后·曾任政府要职。1926年逃亡法国。

恩斯特·诺勃斯，生于1886年，瑞士社会民主党机会主义首领之一。第一次世界大战期间，采取了考茨基主义的"中派"立场。1920年社会党分裂时，他拒绝加入共产国际。1926年又促使社会党回到"第二国际"。1942年、1943年任苏黎世市长。1943年任联邦财政部长，1948年任联邦委员会副主席，1949年任主席（瑞士国家元首）兼财政部长。

罗伯特·格里姆，生于1881年，瑞士社会民主党和第二国际的机会主义首领之一。1909—1918年担任《伯尔尼哨兵报》总编辑。第一次世界大战期间，是瑞士社会民主党"中派"的首领，极力宣扬社会和平主义和资产阶级民族主义。他是齐美尔瓦尔得会议的组织者之一，曾企图阻挠以列宁为代表的布尔什维克参加会议。他反对齐美尔瓦尔得左派对"保卫祖国"口号的谴责。1911年当选为联邦下院议员。他是所谓"第二半国际"的组织者之一。1945—1946年任下院主席。他曾支持反动的"马歇尔计划"。

恩·格拉贝和沙尔·奈恩都是瑞士社会民主党的领导人，第一次世界大战期间，都是格里姆为首的"中派"分子。

列宁在这里指出，无论是法国的龙格，意大利的屠拉梯，还是瑞士的诺勃斯、格里姆、格拉贝、奈恩，英国的拉姆赛·麦克唐纳等，都是第二国际机会主义的一个流派（"中派"），而这个流派的典型代表就是考茨基。"中派""是口头上的革命家，**实际上的改良主义者，是口头上的国际主义者，实际上的社会沙文主义的帮凶**。"（《列宁选集》）第3卷，第58页）

80。齐美尔瓦尔得会议（第55页）

这里是指1915年9月5—8日，在瑞士齐美尔瓦尔得召开的国际社会党人第一次代表会议。这次会议是在大战为人们带来的灾难日益深重，群众反战情绪日益高涨的情况下举行的。出席会议的有俄国、德国、法国、波兰、罗马尼亚、保加利亚、意大利、荷兰、瑞士、瑞典和挪威十一个欧洲国家的三十八名代表，其中多数为考茨基派，左派只有八名。俄国出席这次会议的是三个党派：布尔什维克、孟什维克、左派社会革命党人。列宁领导了布尔什维克代表团。

会上，以列宁为首的国际主义者，同考茨基主义多数派之间展开了激烈的斗争。列宁把左派国际主义者组成了齐美尔瓦尔得左派。左派提出的宣言草案被否决，通过了多数派的宣言草案。经过列宁的斗争，会议通过的宣言中包括了革命马克思主义者的某些基本思想，承认第一次世界大战的帝国主义性质，谴责"保卫祖国"的口号，谴责机会主义者违背《巴塞尔宣言》等。在同机会主义和沙文主义划清界限方面迈进了一步。代表会议谴责了"社会党人"投票赞成军事预算和参加资产阶级政府的行为，号召欧洲工人展开反对战争的斗争，争取缔结不割地不赔款的和约。但这个宣言**"有不彻底和不坚决的缺陷。"**（《列宁全集》第21卷，第363页）

这次会议是国际社会主义者反对帝国主义掠夺战争运动发展中的第一步。

81．哈阿兹（第56页）

胡果·哈阿兹(1863—1919)，德国社会民主党机会主义首领之一，工人阶级的叛徒，"中派"分子。1911年当选为德国社会民主党执行局主席。第一次世界大战期间，他表面上投票反对军事预算，实际上却屈从社会沙文主义者关于投票赞成军事预算的决议，并亲自在国会宣读了这一决议。他赞成帝国主义的"妥协的和平"，同时要求保留被德国帝国主义侵占的领土。1917年4月初，哈阿兹与考茨基等一起组织了所谓"德国独立社会民主党"。列宁称哈阿兹和德国独立社会民主党"**实际上是走狗、空谈家、胆小鬼、资产阶级的帮凶和改良主义者**"。（《列宁全集》第29卷，第515页）1918年德国资产阶级革命时期，他伙同反革命势力残酷地镇压革命运动，全力支持以谢德曼为首的右翼社会民主党人实行反对苏维埃俄国、反对德国工人阶级的政策。

82．市侩民族主义（第56页）

市侩民族主义就是资产阶级民族主义，它以目光短浅的小市民的观点来对待民族间的关系，以本民族暂时的、眼前的利益为满足，而牺牲国际无产阶级的根本利益。

民族问题，说到底是一个阶级斗争问题。马克思列宁主义者从来都是把民族问题同革命的总问题联系起来。在帝国主义和无产阶级革命时代，反对帝国主义压迫的民族解放运动，是无产阶级革命的总问题的一部分，民族解放运动的利益必须服从于国际无产阶级革命的最高利益。考茨基主张在所有交战国没有接受不割地不赔款的口号以前，继续支持本国政府进行战争，胡说"大家都有权利和义务保卫自己的祖国"，这就是市侩民族主义。列宁指出："**这是用市侩民族主义偷换国际主义，这是转到改良主义方面，背弃革命。**"（第56页）

83．沙皇同英法资本家订立的瓜分世界和掠夺他国的秘密条约（第56页）

十九世纪末二十世纪初，随着各资本帝国主义的不平衡发展，提出了重新瓜分世界的要求，各帝国主义国家之间为重新瓜分世界展开了激烈的斗争，并导致了1914—1918年的帝国主义世界大战。以英、法、俄等"协约国"来说，沙皇政府与英、法之间，就在战前和战争期间订有大量的秘密条约，企图通过战争来瓜分世界。仅举1915年的英、法、俄秘密协定为例，足以说明战争的帝国主义性质。这个协定由下述四个文件构成：（1）1915年3月4日，俄国外长萨宗诺夫致英国驻彼得格勒大使标肯年和法国大使帕涅奥洛格的备忘录。备忘录中确定了俄国要兼并君士坦丁堡（伊斯坦布尔）、博斯普鲁斯海峡、马尔马拉海和达达尼尔海峡的西岸；埃诺斯—密底一线以南的色雷斯部分；马尔马拉海诸岛、伊姆布罗兹（伊姆罗兹）岛、德纳多斯（博斯扎达）岛；在博斯普鲁斯海峡、萨卡里亚河与伊斯密特湾海岸有待确定之点间的部分亚洲沿岸地区。备忘录附带声明，"将细心保持法、英两国在上述地区的特殊利益"还向英、法两国保证，当它们"在实现其可能产生的对奥斯曼帝国地区和其他地方的计划时"，也会得到俄国方面的"同样的同情"。（2）1915年3月12日标肯年致萨宗诺夫的备忘录。备忘录中，标肯年以英国政府的名义表示："如果战争胜利结束而英、法两国对奥斯曼帝国和其他地方的欲望得以实现"，那么在这种条件下英国将同意俄国的建议。（3）1915年3月22日萨宗诺夫致标肯年的备忘录。备忘录中表示俄国政府同意给英国以某些补偿（在标肯年与上述1915年3月12日的备忘录同时递交给萨宗诺夫的备忘录中，叙述了英国关于补偿的要求）。在这些补偿中最重要的一项是将1907年英、俄协定规定的伊朗境内的所谓"中立区"划入英国"势力范围"之内；而俄国政府当时仅仅提出一项保留条件，即伊斯法罕地区和伊斯德地区以及在祖尔加法尔附近突出英、俄"范围"间的

"中立区"楔形地带的一部分，应通过确定两国"范围"的界限的方式，并入俄国"范围"。俄国给予英国的其他补偿是：俄国同意规定英国在君士坦丁堡有货物过境自由和在海峡中有贸易航行自由，俄国政府赞同英国关于在"伊斯兰教徒独立统治"的名义下保留麦加和麦地那以及使哈利发自土耳其分立的观点。（4）1915年4月10日法国驻彼得格勒大使馆致俄国外交部的备忘录。备忘录中，法国同意萨宗诺夫1915年3月4日的建议，其条件与标肯年1915年3月12日的备忘录相似，包括将战争进行到胜利结束和英、法两国实现"其在东方以及在其他地方的计划"。

这些文件总合在一起，构成了1915年的英、法、俄秘密协定。英、法谈判和后来以所谓萨伊克斯—皮柯协定而结束的1916年英、法、俄谈判，是这项协定的发展。其后，意大利也加入了上述这两项协定，并提出了关于意大利在瓜分土耳其中应占份额的一些要求。

84．法国大革命就经历了这样一个痛苦时期（第59页）

1789年开始的法国资产阶级革命，把全欧洲的君主和封建阶级吓得心惊胆寒。为了阻止法国革命及其在欧洲影响的扩大，普鲁士、奥地利、荷兰、西班牙以及英国等组织了对法国的武装干涉。雅各宾专政初期，外国干涉者的反法同盟军再一次侵入法国，而法国的旧军队已经瓦解，新的军队又未建立，国内的大资产阶级和贵族在英国等支持下，到处发动反雅各宾派的暴动，国内外情况十分艰难，国家处于十分危急之中。但雅各宾派依靠群众，采取了革命措施，改革了旧军队，建立了一支新的革命的军队，镇压了一些反革命叛乱，粉碎了外国武装干涉，并在1794年7月把他们驱逐出法国。

85. 民族自决（第59页）

"所谓民族自决，就是民族脱离异族集体的国家分离，就是成立独立的民族国家。"（《列宁选集》第2卷，第509页）各民族自己决定自己命运的权利，是马克思列宁主义解决民族问题的原则。无产阶级反对民族压迫，坚持民族平等，主张各民族自由分立与自由联合。无产阶级政党承认民族自决，直至各民族的自由分立和组织独立的民族国家，是反对民族压迫的彻底表现。毛主席说："**民族斗争，说到底，是一个阶级斗争问题。**"（《支持美国黑人反对美帝国主义种族歧视的正义斗争的声明》）无产阶级承认民族自决，其目的在于消除历史上造成的民族隔阂和互不信任，使各民族无产阶级和劳动人民，在反对帝国主义和殖民主义的基础上联合起来，求得民族和阶级的解放。由此可见，民族自决原则是以国际主义为基础，是反对帝国主义殖民主义而保护被压迫民族的，是从各族人民的根本利益出发，服从无产阶级阶级斗争的利益的。考茨基却歪曲这个原则，为社会沙文主义者"保卫"帝国主义"祖国"辩护，完全暴露了他充当帝国主义走狗的嘴脸。列宁指出："**如果认为从民族自决权中似乎会得出'保卫祖国'的结论，因而否认民族自决权，那是很可笑的。社会沙文主义者在1914—1916年常常拿……反对民族压迫的主张，为'保卫祖国'辩护，这也是不值一驳的。**"（《列宁选集》第2卷，第721页）

86．信基督教的无政府主义者和托尔斯泰主义者（第59页）

基督教无政府主义是一种思潮。它批评国家、官方的教会、私有财产以及整个现存的剥削制度，但同时又从宗教观点出发，否认暴力和一切斗争的必要。他们要求用基督教的行动、道德的自我修养，而不使用任何暴力，来改变现存制度。

俄国作家列甫·尼古拉也维奇·托尔斯泰（1828—1910），是基督教无政府主义的理论家。著有《战争与和平》、《安娜·卡列尼娜》、《复活》等作品。他所处的时代是1861年以后到1905年以前的变革时代。在这个时代，**"俄国整个经济生活（特别是农村经济生活）和整个政治生活中充满着农奴制度的痕迹和它的直接残余。同时，这个时期正好是资本主义从下面蓬勃生长和从上面培植的时期。"**（《列宁全集》第16卷，第329页）托尔斯泰的作品反映了这一时期俄国实际生活中的矛盾，反映了以宗法社会为基础的农民世界观的矛盾：一方面无情揭露沙皇制度和新兴资本主义势力的种种罪恶，要求摧毁一切旧制度，打倒国家和私有制；另一方面又宣传"对恶不抵抗"，想以"自由平等的"小农社会来代替沙皇制度。因此，在托尔斯泰主义的思想内容中，也就有禁欲主义，也就有不用暴力抵抗邪恶的主张，也就有深沉的悲观主义的调子等等。列宁指出："**悲观主义、不抵抗主义、向'精神'呼吁，是这个时代必然要出现的思想体系**"（《列宁全集》第17卷，第34页）。

87．威廉（第60页）

即威廉二世（1859—1941），1888—1918年间德国皇帝兼普鲁士国王。他仇视工人，尽一切办法巩固资产阶级与地主贵族的联盟，限制人民的选举权利，废止一切保护工人利益的立法，推行反动的民族压迫政策。对外实行扩张政策，积极扩军备战，力图重新瓜分世界。1891年建立了专门组织"泛德意志联盟"，进行广泛的强盗掠夺的宣传，任命极力主张向外掠夺的人物担任国家重要职务。1897年德国强占了中国的胶州湾，积极参与对中国的瓜分。1899年夺取了太平洋上萨摩亚群岛的大部。1903年同土耳其签订了建筑巴格达铁路的协定，作为进攻东方的第一个步骤。他挑起第一次世界大战，企图通过大战从别国手中夺取广大的殖民地，建立世界霸权。十月革命后，对苏维埃共和国采取掠夺的政策，企图消灭这个无产阶级政权。1918年德国资产阶级革命时，逃亡荷兰。以后，曾与希特勒匪帮互相勾结，从事反人民的勾当。

88．龚帕斯（第61页）

萨缪尔·龚帕斯（1850—1924），美国工会运动的反动头子，工人阶级的叛徒。1886年起任"美国劳工联合会"（简称"劳联"）主席。他极力鼓吹阶级合作，反对工人进行政治斗争。在他领导下，"劳联"逐渐成为垄断资本家的御用组织。他极力阻挠建立工人政党，破坏罢工运动。列宁指出："**我们认为，象……美国的龚帕斯先生这类人物都是资产者，他们的政策不是社会主义的政策，而是民族主义的资产阶级政策。**"他们"**并不是工人阶级的代表，他们代表的只是工人阶级中的贵族和官僚。**"（《列宁全集》第21卷，第406页）

第一次世界大战期间，他被任命为国防委员会咨询委员会委员。他站在沙文主义的立场上，赞成美国参加第一次世界大战并组织劳工军事委员会支援帝国主义战争。他支持帝国主义对苏维埃俄国的武装干涉政策。

89．同左派社会革命党人和"左派共产党人"论战（第63页）

1918年1—3月，围绕着布列斯特和约问题，以列宁为首的布尔什维克党中央同"左派共产党人"、托洛茨基和"左派"社会革命党人展开了一场论战。

"左派共产党人"是一个以布哈林、拉狄克、皮达可夫等人为代表的反党集团。他们和托洛茨基、"左派"社会革命党人一起，以极"左"的词句为幌子，反对同德国进行和平谈判并签订和约。他们叫嚷说这将是一场推翻德国帝国主义的战争，应该继续进行下去。甚至说："为了国际革命的利益，即使丧失……苏维埃政权，也是适当的"。企图把还没有自己的军队、无力进行自卫的苏维埃共和国引向危险的境地，使年轻的苏维埃政权遭到灭亡。"左派共产党人"在托洛茨基的支持下，进行了公开的反党派别活动。他们对党乱加诽谤，造谣中伤，竭力分裂和瓦解党的队伍，以辞去苏维埃和党的职务等来要挟党。

列宁为了拯救苏维埃共和国，同"左派共产党人"、托洛茨基和"左派"社会革命党人进行了坚决的斗争。为了取得一个和平暂息的时机，以便巩固苏维埃政权，建立一支新的军队，列宁坚决主张向德国帝国主义让步，接受苛刻的条件，缔结和约。列宁批驳了"左派共产党人"和托洛茨基的种种谬论，把它称为**"革命空谈"**、**"奇谈与怪论"**，指出："**谁要反对立刻签订即使极端苛刻的和**

约，谁就是在断送苏维埃政权。"（《列宁全集》第27卷，第1、25、54页）列宁揭穿了"左派共产党人"的实质是否认社会主义革命可能在一国胜利，指出，它们是德国帝国主义和俄国资产阶级的走狗。党在列宁的领导下，坚决批判了他们的谬论，痛斥了他们的叛卖和投降行为。"左派共产党人"等终于被孤立、被击溃了。

布列斯特和约的签订，使国家摆脱了帝国主义战争，巩固了苏维埃政权，赢得了时间，以整顿国家经济，建立红军，巩固无产阶级同劳动农民的联盟，在列宁的无产阶级革命路线的基础上团结了全党。

90．从1915年起，在所有国家里清楚地显露出陈旧腐朽的社会党分裂的过程（第64页）

第一次世界大战爆发后，第二国际大多数社会民主党的首领们，违背了斯图加特大会和巴塞尔大会的革命路线和庄严宣言，背叛了无产阶级国际主义，追随各国资产阶级政府，支持帝国主义战争。从此，各国社会民主党都产生了分裂，同第二国际一样，大致都分裂为左、中、右三派。

第二国际最大的党——德国社会民主党分裂为以谢德曼、大卫、列金等为代表的右派；以考茨基、哈阿兹、累德堡等为代表的"中派"；以卡尔·李卜克内西、罗莎·卢森堡、弗朗茨·梅林、克拉拉·蔡特金等为代表的左派。

法国社会党分裂为以列诺得尔、茹尔·盖得、马赛尔·桑巴、阿尔伯·托马等为代表的右派；以让·龙格、普雷斯曼、马耶拉斯、梅亥姆等为代表的"中派"；以洛利欧和他的朋友们等为代表的左派（最接近真正国际主义者）。

英国社会党分裂为以海德门、韩德逊等为代表的右派；以菲力蒲·斯诺顿、拉姆赛·麦克唐纳等为代表的"中派"；以"工联主义者报"和威廉斯·罗素等一部分党员为代表的左派。

意大利社会党分裂为以比索拉梯等为代表的右派；以屠拉梯、特雷维斯、莫迪利扬尼等为代表的"中派"；以康斯坦丁·拉德查理和中央机关报《前进报》的编辑塞拉蒂等为代表的左派（最接近国际主义者）。

在美国、瑞士、比利时、瑞典、荷兰、丹麦、波兰、保加利亚、奥地利等各国社会党也都发生了分裂。这些分裂过程，也就是无产阶级群众离开社会沙文主义领袖向左转，转到革命思想、革命情绪、革命领袖方面来的过程。

91．1847年的被马克思所讥笑的庸人（第64页）

是指1847年马克思在《道德化的批判和批判化的道德》一文中无情批判和讥笑的庸人 —— 卡尔·海因岑（见《马克思恩格斯选集》第1卷，第162—194页）。

卡尔·海因岑（1809—1880），德国小资产阶级共和主义者，民主派政论家。1844年流亡国外。从1849年起住在美国，担任好几种美国的德文报纸的编辑，疯狂反对马克思和恩格斯，反对共产主义。他宣扬抽象的"人道主义"以使社会人道化，幻想在德国建立"最好的共和国"。

马克思写道："**象海因岑这类不仅否认阶级斗争，甚至否认阶级存在的无知的蠢才只不过证明了：尽管他们发出一阵阵血腥气的和**

自以为是人道主义的叫嚣，他们还是认为资产阶级进行统治的社会条件是历史的最后产物，是历史的极限；而且他们只不过是资产阶级的奴仆，这些蠢才愈不懂得资产阶级制度本身的伟大和暂时存在的必然性，他们的那副奴才相就愈令人作呕。"（《马克思恩格斯书信选集》，人民出版社1962年版，第63页）

列宁在这里比喻考茨基象十分近视的庸人海因岑那样，否认阶级斗争，看不见日益迫近的革命形势，背弃了无产阶级革命。

92. 李卜克内西（第65页）

卡尔·李卜克内西（1871—1919），德国社会民主党和第二国际左派领袖之一，德国共产党创始人之一。早年参加社会主义运动，为1907年社会主义青年组织国际联合会的创始人之一。1912年当选为国会议员。第一次世界大战期间，与沙文主义进行了斗争，在议会内以单独一票的少数，反对资产阶级的战争预算。1916年1月1日与卢森堡、梅林、蔡特金等左派领袖组织和领导了"斯巴达克联盟"，在群众中进行反对帝国主义战争的革命宣传，揭露德国帝国主义的掠夺政策和社会民主党领袖们的叛卖行为。他揭露了战争的帝国主义性质，指出德国人民的主要敌人是德国帝国主义、德国好战政党，要"国内战争，而不要国内和平！"号召无产阶级"掉转武器反对国内自己的敌人"。并要求建立新的国际。列宁称李卜克内西是优秀的国际主义者之一。并指出，李卜克内西在他的演说和信件中，不仅同谢德曼、列金、大卫之流作无情的斗争，而且同中派即考茨基、哈阿兹、累德堡之流作无情的斗争。1916年，因参加反帝国主义战争的游行示威，被判处苦役。释放后，积极领导了德国十一月革命，并从事建立德国共产党的工作。1919年1月15日与卢森堡等一同被害。

93. 爱斯兰（第65页）

爱斯兰即现在的爱沙尼亚，苏联加盟共和国之一。位于苏联欧洲部分西部，十八世纪初并入帝俄。

十月革命后，建立苏维埃政权，存在了三个半月（一直到1918年2月被德国占领以前）。1919年在帝国主义支持下，资产阶级统治复辟。1940年爱沙尼亚成立苏维埃社会主义共和国，加入苏联。

94. 第三国际（第67页）

第三国际即共产国际（1919—1943），是世界各国共产党和共产主义组织的联合组织。其任务是争取工人阶级和广大劳动群众站到共产主义方面来，为推翻帝国主义和资本主义统治，建立无产阶级专政，消灭剥削制度和建设社会主义而斗争。

第一次世界大战爆发后，第二国际宣告破产，列宁就为团结各国的革命左派，建立新的摆脱机会主义的第三国际进行了一系列的工作。俄国十月革命的胜利，各国革命运动的发展，许多国家建立了共产党，进一步为共产国际的建立奠定了基础。

1919年3月2日，在列宁领导下，于莫斯科召开了有三十个国家的代表参加的国际共产主义代表会议，通过了列宁的《关于资产阶级民主和无产阶级专政的提纲》和《共产国际宣言》、《共产国际行动纲领》，宣布建立第三国际。第三国际捍卫了马克思列宁主义，帮助各国工人阶级先进分子组成了革命的马克思主义政党，帮助各国共产党培养了大批优秀干部，支持了第一个 社 会 主 义国家——苏联，支援了东方各国被压迫民族的解放运动，进行了反对国际法西斯主义的斗争。它的最高权力机关为代表大会，大会闭会期间为执行委员会和主席团，各国共产党则是它的支部，共有五十七个。它的组织原则是民主集中制。它共召开过七次代表大会。1943年6月，考虑到各国内部与各国之间的情况日益复杂多变等因素，原有的组织形式已经不能适应新的形势的要求，经各国共产党一致同意，第三国际宣布解散。

第三国际历次代表大会召开的时间和地点：

第一次代表大会　　1919年3月2—6日　　　　　　莫斯科
第二次代表大会　　1920年7月19日—8月7日　　莫斯科
第三次代表大会　　1921年6月22日—7月12日　　莫斯科
第四次代表大会　　1922年11月5日—12月5日　　莫斯科
第五次代表大会　　1924年6月17日—7月8日　　 莫斯科
第六次代表大会　　1928年7月17日—9月1日　　 莫斯科
第七次代表大会　　1935年7月25日—8月20日　　莫斯科

在"经济分析"的幌子下
为资产阶级效劳

95. 马斯洛夫（第70页）

彼得·巴甫洛维奇·马斯洛夫（1867—1946），俄国孟什维克经济学家。在1906年俄国社会民主工党第四次代表大会上，他极力维护和贩卖土地市有（即土地地方公有）纲领，反对列宁的土地国有纲领。根本否认俄国农民的革命性。在斯托雷平反动年代，加入了取消派。第一次世界大战期间，他采取了社会沙文主义立场。

他在许多著作中，公开修正马克思主义的基本原理，鼓吹庸俗政治经济学的原则。在土地问题上，他反对马克思关于农业中资本主义发展规律的学说。他宣扬"土地肥力递减规律"，反对马克思的地租理论，否认绝对地租的存在，并反对布尔什维克的土地国有化纲领，主张实行土地地方公有。列宁在《社会民主党在1905—1907年俄国第一次革命中的土地纲领》等许多著作中，对马斯洛夫的修正主义谬论，进行了彻底的批判。考茨基在《无产阶级专政》小册子中，引用马斯洛夫的言论，以反对列宁和布尔什维克，反对俄国的无产阶级专政。

96．1789—1793年法国资产阶级革命（第70页）

1789—1793年法国资产阶级革命，是推翻封建专制制度、确立资本主义制度的革命。十八世纪末，法国封建专制制度极端腐朽，严重阻碍了资本主义的发展。以国王为首的第一等级（僧侣）和第二等级（贵族）与广大的第三等级（手工工人、农民、小资产阶级和资产阶级）之间的矛盾日益尖锐化。1789年5月，国王召集三级会议。第三等级代表反对特权等级（第一、二等级）专横，退出会议，自行召开了国民会议（后改为制宪会议），发表网球场宣言。宫廷为了制止革命，调动军队，阴谋解散制宪会议。7月14日巴黎人民起义，攻占巴士底狱，革命爆发。革命初，代表大资产阶级和自由贵族利益的斐扬派窃得政权，制定1791年宪法，召开立法会议，维护君主立宪政体。1792年8月10日，巴黎人民第二次起义，逮捕国王，驱逐斐扬派。9月21日召开国民公会，次日宣布成立法兰西共和国。但当政的吉伦特派，代表大工商业资产阶级利益，不敢根本触动封建制度，也不坚决抗击欧洲君主国家的武装干涉。1793年5月31日到6月2日，巴黎人民第三次起义，推翻吉伦特派统治，建立雅各宾派专政的革命政权。雅各宾政府颁布了1793年宪法，废除了封建所有制，平息了吉伦特派的反革命叛乱，粉碎了欧洲君主国家的武装干涉。

这次革命是继十七世纪英国资产阶级革命和十八世纪美国独立战争后的一次更彻底、更深刻的资产阶级革命。它摧毁了法国封建专制制度，促进了法国资本主义的发展，震撼了欧洲封建体系，推动了欧洲各国资产阶级革命。

97．1848年德国资产阶级革命（第70页）

1848年德国资产阶级革命，是指1848—1849年间的德国资产阶级民主革命。十九世纪中叶，德意志人民迫切要求消除封建分裂，实现民族统一。1848年3月，奥地利、普鲁士等邦国，相继爆发革命，成立自由资产阶级政府，进行立宪会议选举。马克思恩格斯号召工农群众继续斗争，消灭封建残余，实现民族统一，建立民主共和国。但自由资产阶级领导的法兰克福国民议会，却与封建势力妥协，阻止革命深入发展。1848年11月，奥地利反动派镇压维也纳市民起义，恢复了君主专制；普鲁士发生反革命政变，成立了地主官僚政府。1849年3月，法兰克福国民议会通过帝国宪法，决定建立统一的立宪君主国，规定了某些民主权利，但为各邦君主所拒绝。

5月，在巴登和普伐尔茨等地，爆发了维护宪法的起义；6月，法兰克福议会被解散；7月，巴登——普伐尔茨起义被镇压，革命失败。

98．1918年7月，一部分左派社会革命党人进行冒险的暴动（第70页）

这是指1918年7月一部分左派社会革命党人在莫斯科等地发动的反革命叛乱。1918年夏，俄国农村发生了深刻的阶级分化，"左派"社会革命党人则因反映富农的利益而与布尔什维克对立起来。1918年7月，在第五次全俄苏维埃代表大会期间，当"左派"社会革命党人反对布列斯特和约、反对反富农的斗争、反对派遣工人征粮队到农村去的意见，受到绝大多数人的反对时，一部分左派社会革命党人，特别是他们的首领，便在莫斯科等地，发动了反对苏维埃政权的反革命武装叛乱。7月6日，他们刺杀了德国驻莫斯科大使米尔巴赫，企图破坏布列斯特和约，挑起同德国的战争，以期推翻无产阶级专政的苏维埃政权。他们占据了三仙巷（后称大乌佐夫斯基巷），并从那里向克里姆林宫进行炮击，他们逮捕了几个布尔什维克的领导人，占领了邮电局，鼓动各地反对苏维埃政权。7月7日，叛乱被迅速镇压下去。在莫斯科发生叛乱时，国内其他几个地方的"左派"社会革命党人也曾举行叛乱，都很快被粉碎了。7月8日，第五次全俄苏维埃代表大会通过决议，把"左派"社会革命党人从苏维埃中开除出去。叛乱被平息以后，左派社会革命党便开始分裂和瓦解。

99．查克斯（第70页）

生于1882年。1905年加入俄国社会革命党。以后是左派社会革命党人。十月革命后，查克斯担任革命军事委员会主席团委员和非常侦察委员会委员。1918年任副教育人民委员和肃清反革命非常委员会副主席。1918年7月左派社会革命党叛乱后退党，1918年9月另组"民粹主义共产党"。11月，"民粹主义共产党"解散并与布尔什维克党合并时，加入俄共（布）。

100．柯列加也夫（第70页）

生于1888年。1906年参加社会革命党。二月革命后，是左派社会革命党人。十月革命后，柯列加也夫参加苏维埃政府，任农业人民委员。1918年3月签订布列斯特和约时退出政府。7月左派社会革命党叛乱后，他退出该党，另组"革命共产党"。11月脱离该党，加入俄共（布）。

101．农民从利益上关心粮价高，关心城市工人的工资低（第71页）

这是叛徒考茨基在《无产阶级专政》小册子中，对无产阶级专政和工农联盟的恶毒攻击，对革命农民的诬蔑。他企图证明俄国无产阶级专政只能造成工人阶级和农民根本利益的尖锐对立，工农联盟没有任何基础，无产阶级专政注定要失败。他认为，十月革命以前，农民主要关心的问题是他卖出的粮价高，而买进的工业品的价格低；至于私营工业是靠压低工人工资，还是靠减少自己利润的办法，来降低工业品的价格，农民并不关心。十月革命以后，布尔什维克实行了工业国有化，考茨基认为，农民不但希望粮价高和工业品的价格低，而且希望工人的工资低。他认为，在俄国这样一个农民占多数的国家里，税收主要取自农民；如果国营经济的利润愈高，那么它上交给国家的税收就愈多，而在整个国家的财政收入中，对农民的税收就可以减少。要使国营经济的利润高，那就只有用降低工人工资的办法来实现。考茨基断言，"国营经济发展得愈大，这个矛盾就愈显得尖锐。"他由此得出结论说，俄国革命和无产阶级专政的必然产物是工农利益的根本对立，而不是社会主义。

列宁严厉驳斥了考茨基的这种攻击和诬蔑，指出，工人与农民的根本利益是一致的，农民是支持无产阶级革命和无产阶级专政的。十月革命后，俄国农民所关心的是出卖粮食而换回所需要的农具和商品，只要无产阶级专政的国家实现了工业、商业、银行等的国有化，就完全可以帮助农民发展生产，引导农民走社会主义道路，工农联盟和无产阶级专政就更加巩固。

102. 粮食垄断法（第73页）

即《关于授予粮食人民委员同隐藏存粮和投机贩卖存粮的农村资产阶级进行斗争的特别职权》的法令。于1918年5月9日由人民委员会批准，稍后，又由全俄中央执行委员会批准。

十月革命以后，富农企图用饥荒手段从经济上扼杀无产阶级革命和无产阶级专政。粮食垄断法是为了打垮他们对苏维埃政权的进攻而颁布的。列宁指出，实行粮食垄断制，就是"绝对禁止任何私人的粮食贸易，必须把全部余粮按照固定价格交售给国家，绝对禁

止任何人保存和隐藏余粮。"（《列宁选集》第3卷，第561页）

法令指出了由苏维埃国家对粮食实行垄断和用强力镇压农村资产者反抗的必要性。法令规定，持有粮食的人，除了必需数量的种子粮和在新的收割季节以前的家属口粮以外，一普特粮食也不准许留在手中。法令宣布不交余粮的富农为人民的敌人，将他们交付革命法庭判处十年以上的徒刑，并没收其全部财产；对私自酿酒者判处强制劳动。法令号召全体劳动者和贫苦农民团结起来，同富农进行无情的斗争。

103．海因里希·维贝尔（第73页）

海因里希·维贝尔，即奥托·鲍威尔（1882—1938），奥地利社会民主党和第二国际机会主义首领之一。第一次世界大战期间，是社会沙文主义者。1918年11月—1919年7月，任奥地利共和国外交部长。他与弗里德里希·阿德勒等人是"第二半国际"的上层领导人。鲍威尔是国际修正主义的典型代表人物之一。他极力反对阶级斗争和无产阶级革命，主张用在资产阶级议会中争取多数，并把经济管理职能移交给无产阶级的办法，和平过渡到社会主义。他支持政府镇压工人运动。所以，列宁把他称为"出色的社会主义叛徒"。（《列宁全集》第30卷，第327页）

104．马克思在1871年谈到真正人民革命时所说的"人民"的含义（第75页）

这是指马克思在1871年4月12日给路·库格曼的信中的论述。信中说："我认为法国革命的下一次尝试再不应该象以前那样把官僚军事机器从一些人的手里转到另一些人的手里，而应该把它打碎，这正是大陆上任何一次真正的人民革命的先决条件。"（《马克思恩格斯选集》第4卷，第392页）马克思所说的"人民革命"，是指社会上的大多数人民群众积极地、独立地为自己的经济要求和政治要求而进行的革命斗争。列宁在《国家与革命》中说："1871年，欧洲大陆上任何一个国家的无产阶级都没有占人民的多数。当时只有把无产阶级和农民都包括进来的革命，才能成为把真正的多数吸引到了运动中来的'人民'的革命。当时的'人民'就是由这两个阶级构成的。这两个阶级因为都受'官僚军事国家机器'的压迫、摧残和剥削而联合起来。打碎这个机器，摧毁这个机器，—— 这就是'人民'．人民的多数，即工人和大多数农民的真正利益，这就是贫苦农民同无产者自由联盟的'先决条件'，而没有这个联盟，民主就不稳固，社会主义改造就没有可能。"（《列宁选集》第3卷，第204页）

列宁在这里强调"马克思在1871年谈到真正人民革命时所说的'人民'的含义"（第75页），是说明苏维埃是真正无产阶级和劳动人民的政权，是最高的民主制形式。

05. 普罗相（第76页）

普罗相（1883—1918），左派社会革命党人，曾被选为全俄农民苏维埃代表大会代表。十月革命后，普罗相等几个左派社会革命党人被吸收参加人民委员会。1918年7月6日，左派社会革命党在莫斯科举行反对苏维埃政权的武装叛乱时，普罗相带领叛军占领了电报局，并向全国各地发出电报，宣告布尔什维克已被推翻，通告左派社会革命党人执政，通令各地"凡是由列宁和斯维尔德洛夫签字的一切电报……都要扣住不发……"。7月7日，叛乱被镇压下去，普罗相也被苏维埃政权逮捕。11月27日，由全俄中央执行委员会判处三年徒刑。

106．穆拉维约夫又实行叛变（第76页）

莫·阿·穆拉维约夫，沙皇军官。在科尔尼洛夫叛乱时倾向左派社会革命党。十月革命后转到苏维埃政权方面，参加了反击克伦斯基和克拉斯诺夫向彼得格勒进攻的斗争，后为彼得格勒卫戍部队总司令。以后担任讨伐乌克兰反革命政权中央拉达的总指挥、南方战线总指挥等。1918年6月调任讨伐捷克斯洛伐克军团叛乱的军队总指挥。7月左派社会革命党在莫斯科进行叛乱时，他与左派社会革命党人一起为反对苏维埃政权，在辛比尔斯克策动叛变，提出所谓"和捷克人和平，同德国人宣战"的口号，企图与捷克斯洛伐克军团妥协，并向莫斯科发动军事进攻。但受到在红军中工作的布尔什维克的抵制，他所指挥的那些部队和辛比尔斯克苏维埃没有跟着他走。1918年7月11日在辛比尔斯克逮捕他的时候，因进行反抗而被打死。

107．1917年夏秋两季，阿夫克森齐也夫、谢·马斯洛夫同克伦斯基分子、策烈铁里等等社会革命党人和孟什维克一起逮捕过土地委员会委员（第76—77页）

尼古拉·德米特利也维奇·阿夫克森齐也夫（1878—1943），社会革命党首领之一。1907年起为俄国社会革命党中央委员会委员。第一次世界大战中是沙文主义者，任资产阶级临时政府内务部长。谢·马斯洛夫，社会革命党人，资产阶级临时政府农业部长。伊拉克利·格奥尔基也维奇·策烈铁里（生于1882年），孟什维克首领之一，资产阶级临时政府邮电部长，后任内务部长。十月革命后成为格鲁吉亚孟什维克反革命政府的首脑。

土地委员会是1917年4月，资产阶级临时政府为保护地主利益、镇压农民起义和阻止农民夺取土地而成立的。总委员会中，大部分是由临时政府委派的立宪民主党人和社会革命党人。1917年夏季，在全国革命形势高涨的影响下，一些地区的农民夺取了地区和乡的土地委员会，把它变为自己的革命组织，并领导农民抗拒租税、平分土地和烧毁地主庄园。为阻止农民运动的进一步发展，临时政府和社会革命党人、孟什维克勾结在一起，于1917年夏秋两季，多次镇压了乡村中的农民起义，大肆逮捕了各地土地委员会的委员。

列宁在这里用事实批驳了考茨基掩盖资产阶级专政本质、恶毒攻击苏维埃政权的卑鄙手法。

108．"贫农委员会"（第77页）

贫农委员会是十月革命后俄国乡村的贫农组织。是依照列宁的倡议，根据全俄中央执行委员会1918年6月11日"关于组织贫农并供给他们粮食、生活必需品和农具"的法令成立的。根据法令规定，贫农委员会的工作如下：分配粮食、生活必需品和农具；协助当地粮食机构，没收富农和富人手里的余粮。

贫农委员会的成立，标志着俄国农村社会主义革命进入了一个重要阶段。它是无产阶级专政在农村中的支柱。在反对富农的斗争中，在重新分配被没收的土地和对工业区、红军的粮食供应上，都起了巨大的作用。贫农委员会巩固了苏维埃政权，并对争取中农到苏维埃政权方面来，有着巨大的政治意义。

贫农委员会完成自己的历史任务后，1918年11月，根据全俄苏维埃第六次非常代表大会的决议，与农村苏维埃合并。

109．苏维埃共和国在土地改革这一极困难的也是极重要的社会主义改革方面的立法活动（第79页）

俄国是一个小农生产占优势的国家，因此，解决土地问题，也就是解决农民问题。在解决土地问题时，既要满足农民对土地的要求，又要坚持社会主义方向，这对无产阶级革命来说，是一个极其困难复杂而又极其重要的问题。十月革命胜利后，全俄工兵代表苏维埃第二次代表大会通过了《土地法令》，宣布立即无偿地废除地主土地所有制，永远废除一切土地私有制，以土地全民所有制来代替土地私有制。这一根本原则，在后来的《被剥削劳动人民权利宣言》和《土地社会化法令》中，又加以重申。这一系列法令实现了农民的民主革命的基本要求，又为过渡到社会主义大农业提供了条件。在《土地社会化法令》中，还保证了发展农业集体经济的优先权。这样，布尔什维克就在实际政策上，解决了引导农民经过民主革命过渡到社会主义革命这一极其困难的任务。

考茨基歪曲布尔什维克的土地政策，故意制造混乱，借以反对无产阶级专政的苏维埃政权。列宁逐一地分析了苏维埃政权在土地改革方面的各项法令，粉碎了考茨基的诬蔑和攻击。

110．**资产者同小资产者即同孟什维克和社会革命党人组成的联合政府**（第79页）

这是指1917年5月到十月革命前夕的俄国资产阶级临时政府。四月示威引起了临时政府的危机，迫使临时政府撤销了外交部长米留可夫和陆海军部长古契可夫的职务。孟什维克和社会革命党人执行和资产阶级妥协的政策，他们决定亲自参加临时政府，以支持摇摇欲坠的资产阶级统治。因此，临时政府从5月起便改组成了资产阶级同小资产阶级即同孟什维克（斯科别列夫和策烈铁里等人）和社会革命党人（切尔诺夫和克伦斯基等人）的联合政府。它仍是资产阶级性质的政府。

111．**谢·马斯洛夫的法令**（第79页）

谢·列·马斯洛夫，社会革命党人。俄国资产阶级临时政府农业部长。在其任职期间，出卖了农民的利益，起草了为地主效劳的"调整土地关系"和"出租的土地"法案。这个法案尚未讨论完毕，临时政府即被十月革命推翻。法令草案曾部分公布于社会革命党报纸《人民事业报》。列宁揭露了这一法令的欺骗性，指出这是社会革命党接受了地主和立宪民主党的保存地主土地所有制的计划。列宁在《社会革命党对农民的新骗术》（《列宁全集》第26卷，第208—213页）等文章中，对这个法令进行了详细的揭露和批判。

112．**公社耕种制和协作耕种制**（第80页）

公社耕种制在这里是指农业公社而言。它是苏联农业集体化运动初期劳动农民的一种集体经济组织，是当时存在的三种集体农庄（共耕社、农业劳动组合、农业公社）的最高形式。在公社耕种制下，一切生产资料和集体农民的个人经济都公有化，社员共同劳动，共同消费，收入平均分配。苏维埃国家给予公社以物质和财政援助。这种组织形式与当时较低的生产水平不相适应，所以后来又改为农业劳动组合（即通常所说的集体农庄）。

协作耕种制在这里是指共耕社而言。它是苏联农业集体化运动初期劳动农民的一种集体经济组织，是集体农庄的低级形式。在协作耕种制下，农民共同使用国有土地，共同劳动，耕畜、农具等仍归个人私有，但耕种时共同使用。收入按个人参加集体劳动和提供给共耕社的生产资料的多少进行分配。后来，共耕社发展为农业劳动组合。

公社耕种制和协作耕种制是把农村个体经济过渡到社会主义集体经济的重要措施。列宁当时很重视农业公社和共耕社，说这种组织的建立，是"**在社会主义农业的道路上迈进了一大步。**"（《列宁选集》第4卷，第107页）

113. 村社（第81页）

村社，又叫"农民村社"、"农村公社"、"土地公社"、"邻社"等，产生于原始公社解体和阶级形成时期，它是氏族解体后所组成的地域性联合，是一种社会经济组织。

在俄国，1861年废除农奴制以后的村社中，土地是村社公有，定期分配给农民使用。贫苦农民分得的土地，因经济力量薄弱，无力耕种，被迫租让给富农耕种，自己受雇于人。这样，土地便日益集中在富农手里，村社内部就产生了阶级分化和资本主义的雇佣关系。村社規定土地不得自由買賣，農民不得自由退出村社，因此，農民仍被束縛在土地上。村社還可以任意對農民科處刑罰，強迫農民勞動和進行其他額外工作。沙皇俄國人為地保留村社，是為了便于地主富農剝削農民，便于政府向農民徵稅。

村社的瓦解過程進行得非常緩慢，但隨著社會的發展也有很大變化。西歐的村社都逐漸瓦解了，俄國的村社則經過了幾個社會形態，一直存在到二十世紀初。

114.《被剝削勞動人民權利宣言》（第81頁）

《被剝削勞動人民權利宣言》是列寧1918年1月16日（舊歷3日）在全俄中央執行委員會會議上提出的。全俄中央執行委員會略加修改，一致通過。宣言宣布俄國為工兵農代表蘇維埃共和國，一切政權歸蘇維埃，在各民族自由聯盟的基礎上，建立各民族蘇維埃共和國聯邦。宣言規定，蘇維埃政權的基本任務是消滅人剝削人的制度，鎮壓剝削者的反抗，建立社會主義社會：廢除土地私有制，全部土地為全民財產，廢除外債，實行工人監督法、銀行國有化和普遍勞動義務制；建立工農紅軍，實行反對侵略的和平外交政策等。1月18日（舊歷5日），在立憲會議上，布爾什維克黨團以全俄中央執行委員會的名義宣讀了這個宣言，提請立憲會議討論。由于當時占據多數的立憲民主黨、孟什維克、右派社會革命黨和其他反革命政黨的代表拒絕討論這個宣言，布爾什維克退出了立憲會議，並宣布把它解散。1月25日（舊歷12日），全俄工兵代表蘇維埃第三次代表大會批准了這個宣言。1月31日宣言又為合并后的全俄工兵農代表蘇維埃第三次代表大會所一致通過批准。《被剝削勞动人民权利宣言》于全俄苏维埃第五次代表大会上，正式纳入《俄罗斯社会主义联邦苏维埃共和国宪法》。

115．土地社会化（第82页）

土地社会化是社会革命党人土地纲领的中心点。他们认为，只要废除土地私有制，把土地平均分配给农民，就可以保证向社会主义过渡。这完全是空想。在保留其余一切生产资料私有制和资本主义商品生产的情况下，取消土地私有制不仅不能阻止、而且会促进资本主义在农村的发展和农民的分化。列宁指出："**消灭土地私有制只能是消灭一切私有制的直接的前奏，仅仅把土地交给'劳动者使用'，并不能使无产阶级满足，因为几百万、几千万的破产农民，即使自己有土地，也没有能力去经营。然而要供给千千万万破产农民以农具、牲畜等生产资料，就必须实行全部生产资料的社会化，就必须进行无产阶级的社会主义革命，而不是反对农奴制残余的农民运动。社会革命党人把土地社会化同资产阶级的土地国有化混为一谈了。" "模糊了社会主义的最终目的。**"（《列宁全集》第6卷，第180、181页）

布尔什维克主张土地国有化和社会主义的大生产，不同意土地社会化的口号。但因为"**农民希望保留自己的小经济，希望平均分配，按期重分**"（《列宁全集》第25卷，第273页），所以，布尔什维克仍然在十月革命后的《土地法令》和《土地社会化法令》中，接受了平均使用土地的论点，并加以实现。同时强调了《土地法令》和《土地社会化法令》中的基本观点是土地国有化和必须尽力发展集体农业的思想。

116. 联邦苏维埃政权（第82页）

指俄罗斯苏维埃联邦社会主义共和国（简称俄罗斯联邦）政权，即全俄中央执行委员会和人民委员会。俄罗斯联邦是十月革命首先成立的。俄罗斯联邦包括十二个自治共和国、六个自治省、六个边区、五十三个省、二个边区所辖的省和十个民族州。1922年与乌克兰、白俄罗斯等一起建立了苏维埃社会主义共和国联盟。

117. 论第一次俄国革命中土地问题的著作（第83页）

这是指列宁在1907年11—12月间写的《社会民主党在1905—1907年俄国第一次革命中的土地纲领》一书（见《列宁全集》第13卷，第200—409页）。这部著作，阐明了布尔什维克在资产阶级民主革命中的土地纲领，阐明了在第二届国家杜马中围绕着土地纲领展开的阶级斗争和政党斗争的本质。

列宁在这一著作中指出，平均使用土地的口号具有民主进步、民主革命的意义，因为它反映了反对封建农奴制的不平等现象的斗争，反映了受尽地主剥削的破产农民的愿望，并且推动农民进行彻底的资产阶级革命。

118. 自由主义的土地改革（第85页）

自由主义的土地改革，是资产阶级自由派所提出的改良主义的土地政策。其特点不是发动农民用革命方式去消灭封建的土地占有制，而是在保存地主经济和地主特权的情况下，实行"赎买"，以调和土地占有者和农民的关系。

119. 民粹派（第86页）

俄国革命运动中的小资产阶级派别。产生于十九世纪六十到七十年代俄国资本主义已开始发展，但小生产仍占优势的时期。他们自以为是人民的精粹。在"到民间去"的口号下，当时许多革命青年纷纷到农村去，发动农民反对沙皇制度，代表了当时农民群众推翻专制政权和地主统治的革命要求。但民粹派抹杀资本主义在俄国发展的必然性，认为农民具有共产主义的本能，只要发展当时的"村社"，就可以绕过资本主义阶段，直接过渡到社会主义。他们否认无产阶级是最先进最革命的阶级，蔑视人民群众的力量，主张采取个人恐怖手段反对沙皇政府。这种思想一般称为"民粹主义"。民粹主义的理论是错误的，但六十到七十年代的民粹派还是革命的。在马克思主义团体出现以前，进行了一些革命活动。民粹派的活动不久就失败了。1876年他们又建立了"土地与自由党"，1879年又分裂为"土地平分党"和"民意党"。不久两派都失败或解散。此后，大多数民粹派分子，放弃了反对沙皇制度的斗争，而与沙皇政府妥协。十九世纪八十至九十年代出现的自由民粹派，提出一些反动的"社会改造"计划，变成了富农阶级利益的代表，失掉了早期民粹派的革命性，而走向反动，疯狂地反对马克思主义。1902年由一些瓦解了的俄国民粹主义团体组成了社会革命党。

120. 俄国马克思主义者中间早就有过关于土地国有、土地地方公有（将大田庄交给地方自治机关）和土地分配的争论（第86页）

列宁在这里指的是俄国社会民主工党内关于土地纲领的争论。

争论在1905年革命前已经存在。1906年4月俄国社会民主工党第四次代表大会讨论修改土地纲领时，争论更大。当时主要有三种意见：1、列宁提出的土地国有，即没收地主土地，并在一定政治条件下消灭一切土地私有制，把土地所有权交给国家；2、孟什维克彼·马斯洛夫提出的"土地地方公有"，即农民的土地仍旧归农民所有，征收地主的土地交给地方自治局，然后出租给少地的农民；3、没收地主的土地分给农民。

列宁指出，就马克思主义理论来讲，土地国有是激进的资产阶级口号。因为土地国有化意味着更换级差地租的占有者，而根本消灭绝对地租，降低粮食价格，保证资本有最大限度的竞争和渗入农业的自由。社会民主党实行土地国有的土地纲领，在于它彻底地铲除了农业中一切农奴制残余，即不仅消灭地主所有制，同时也消灭份地占有制的封建残余。它符合俄国农民的要求，能动员农民争取革命的彻底胜利。列宁曾多次指出，在资产阶级民主革命的条件下，它不是社会主义的措施，而是彻底的资产阶级的措施。但是实现土地国有，就给从资产阶级民主革命过渡到社会主义革命创造了有利条件。在无产阶级夺取政权之后，又便于对农业实行社会主义改造。

列宁当时指出，土地地方公有制是错误的，也是有害的。因为它没有号召农民自己用革命方式实行土地改革，反而散布一种有害的幻想，似乎可以在保存反动的中央政权的条件下，用和平方法解决土地问题；没有从土地革命的未来发展来考察目前的土地革命，农民不拥护土地地方公有，农民要求消灭一切土地私有制，重新分配土地。列宁说，土地地方公有制是一种"**半途而废的、不彻底的、不健全**"（《列宁全集》第10卷，第159页）的民主革命。土地地方公有，是反动的改良主义的纲领。

列宁认为，土地分配，不管从经济意义上讲，或是从政治意义上讲，整个说来都会是绝对进步的措施，但是作为一个纲领来说**"是错误的"**，因为它**"片面地看待农民运动，只考虑到过去和现在，没有注意到将来。"**（《列宁全集》第10卷，第312页）农民在反对地主土地所有制的斗争中，必然会超出土地分配的范围，达到废除全部土地私有制的要求。

但是，在第四次党代表大会上，列宁思想的深刻性没有为所有的人所领会，结果如列宁所说，通过了一个**"混杂的纲领"**（同上书，第315页），既有国有化（森林、水流和供移民使用的土地收归国有），也有市有（没收地主土地归地方公有），又有分配（在"形势不利"的情况下赞成把地主土地分给农民）。不过这个纲领与以前的比较起来，有了很大进步，它承认要没收地主土地；纲领指出，"支持农民的革命行动直到没收地主的土地"，这样也就坚决承认了农民的土地革命。

十月革命胜利后，在全俄工兵代表苏维埃第二次代表大会上，通过了《土地法令》，实现了土地国有化。

列宁在这里指出俄国党内历史上的这一争论，是要揭露考茨基"把大地产收归国有，然后把它分成小块租给少地的农民"的荒谬主张，只不过是早已被驳倒的孟什维克彼·马斯洛夫的反动土地纲领的翻版。

121．土地国有正是彻底的资产阶级口号（第87页）

这是指马克思在《剩余价值理论》（亦译《剩余价值学说

史》）中，论述资本主义地租理论时阐明的观点。马克思在《资本论》等著作中，都论述过这一思想。

在资本主义制度下，大部分土地集中在大土地占有者阶级的手中，资本家要使用土地，必须向土地所有者缴纳地租。由于存在着土地私有制和绝对地租，对资本主义农业和工业的发展都是一个严重的障碍。马克思说，土地私有权的存在，正好是投资的一个限制，正好是资本在土地上任意增殖的一个限制。只有土地国有化，才能消除土地私有制所造成的农业中资本主义发展的一系列障碍，消灭绝对地租。列宁也指出，实行土地国有化，就保证资本主义在农业中得到"理想的"纯粹发展。正是在这个意义上，马克思认为土地国有化正是彻底的资产阶级口号，**"激进的资产阶级……当然会在理论上，进而否认土地的私有权，并要在国家财产的形态上，使它成为资产阶级的或资本的共有财产。"**（《剩余价值学说史》，三联书店1951年第4版，第2卷，第199页）

但在实际上，资产阶级缺乏实行土地国有化的勇气。一方面，**"因为对于一种财产形态——劳动条件私有权的一种形态 的攻击，对于别种财产形态，也是极危险的。"**（《剩余价值学说史》，三联书店1951年第4版，第2卷，第19页）他们害怕随着无产阶级革命运动的增长，这一措施会动摇整个资本主义私有制的基础。另一方面，**"资产阶级自己也领有土地"**（同上），资产阶级和地主阶级的利益是交织在一起的，他们在反对无产阶级和农民的斗争方面是站在一起的。所以，土地国有化不可能在资本主义社会的范围内实现。

列宁在这里引证马克思的话，是要指出考茨基虽然知道并在自己的著作中引用过马克思的这一思想，但却跟着孟什维克，叫嚷

"把大地产收归国有，然后把它分成小块租给少地的农民"，反对土地国有化，这只能暴露他的叛徒面目。

122.马克思在《剩余价值理论》一书中同洛贝尔图斯的论战（第87页）

约翰·卡尔·洛贝尔图斯（1805—1875），普鲁士大地主，德国庸俗经济学家，资产阶级化的普鲁士容克地主的思想家。曾任政府大臣和国会议员等反动职务。他反对马克思主义，用所谓国家社会主义的论调，颂扬普鲁士王国。他认为资本与劳动之间的矛盾，在普鲁士制度下可以通过国家帮助来解决。在经济理论问题上，发表了一系列错误的观点和荒谬的主张。他的主要著作有《论对我们的国家经济制度的认识》（1842年）、《致冯·基尔希曼的社会书信》（1850—1854年）等。

列宁在这里所说的论战，是指马克思对洛贝尔图斯的经济理论特别是地租理论的批判。洛贝尔图斯从他的地主的社会地位出发，回避地租同土地私有权的联系，把地租的产生归之于自然的规律，从而否定了土地私有权的经济意义。他的绝对地租理论，是建立在"计算错误"（没有把种子、肥料、工具损耗等计入）这样一个虚构的假设上面的，认为农业生产和工业生产不同，工业产品的成本不仅包括可变资本，而且还包括原料、工具、设备等不变资本的损耗；农产品的成本，则既不包括什么原料等，土地又不要什么花费；但不论农业和工业却都是按同一的比率去获得利润的，农业资本在其所得的利润中，既然没有什么原料等的价值要扣除，因此，农业资本家除了获得和工业资本相等的利润外，就还有一个剩余部分，这一部分就构成了地租。

马克思对洛贝尔图斯的这种谬论作了严厉地批判，指出，洛贝尔图斯的地租实际上只是一个幻影，他这种所谓"计算错误"，在资本主义的现实状况中是不存在的，因而他的地租也是不存在的。洛贝尔图斯企图离开土地私有权的垄断，来说明地租的由来，结果反而否定了地租存在的事实。马克思指出，绝对地租是依土地所有权垄断的存在而存在的。土地私有权的存在，对资本在农业方面的自由增殖是一个限制。因此，激进的资产阶级在理论上常常否定土地私有制。

123·绝对地租（第87页）

绝对地租是资本主义地租的一种形式。是农业工人所创造的农产品价值超过社会生产价格的余额。在资本主义制度下，农业总是落后于工业，农业的技术水平较低，它的资本有机构成比工业低，也就是说，农业资本家用来购买生产工具等生产资料的那部分资本（即不变资本）同工业方面相比就少，而用来购买劳动力的那部分资本（即可变资本）相对地说就多；在剥削程度相同的条件下，等量资本在农业中比在工业中能产生超过平均利润的更多的剩余价值。这部分超过平均利润的剩余价值余额，因土地私有权的垄断阻碍了其他资本自由投入农业，没有在工业资本家和农业资本家之间瓜分，而被留在农业部门中。这就是绝对地租的源泉。农产品不按生产价格而按价值出售，就在它的价值和社会生产价格之间构成一个差额。这一差额就被资本家以绝对地租的形式交归土地所有者占有。绝对地租造成农产品昂贵，加重消费者负担，并且阻碍了资本主义工业和农业的发展。

由此可见，绝对地租是由土地私有制产生的。否认绝对地租，就是否认土地私有权的经济意义。只有实现土地国有，才能消灭绝对地租。所以，土地国有化的理论是同地租理论有密切联系的。而彼·马斯洛夫只承认有级差地租，否认绝对地租的存在，因此他就反对土地国有化，并把他的观点强加到俄国农民的头上，诬蔑俄国农民不赞成土地国有化。所以列宁在这里指出，彼·马斯洛夫曾认为俄国农民不会赞成全部土地（包括农民土地在内）的国有化的观点，在一定程度上可能是同他否认绝对地租的"新奇"理论有联系的。

124. "土地肥力递减规律"（第87页）

"土地肥力递减规律"，亦称"土地报酬递减规律"或"土地收益递减规律"，是纯粹捏造出来的一种关于土地生产力的反科学的资产阶级理论。由法国的杜尔阁首先提出，英国的马尔萨斯加以宣扬，并据以论证其反动的人口论，也为李嘉图级差地租学说的论据之一。这一"规律"还被一些庸俗经济学者所广泛"应用"，因此成为资产阶级政治经济学的中心理论之一。这个"规律"认为，在一定量的土地上进行耕作所得的生产量，不随资本和劳动的增加而相应地增加，即土地的报酬在递减。这种臆造是从农业中的技术是不变的、技术进步是一种例外这种错误假定出发的。而实际上，把追加的资本和劳动投入同一块土地，通常是同发展农业技术、采用新的农业生产方法结合在一起的，这样就提高了农业的劳动生产率。这种资产阶级的反动理论，抹杀事实，无视科学技术进步的作用，把特定条件下的个别现象说成是一般规律。其目的不过是为了掩盖资本主义的矛盾，为资本主义国家的贫困和失业辩护。马克思、恩格斯、列宁对这种反动的谬论都进行过彻底的批判。

孟什维克彼·马斯洛夫承认这个"规律"（他甚至把这种愚蠢的臆造称为事实），并把这个"规律"和级差地租理论联系起来，认为这个"规律"是级差地租产生的前提，否定绝对地租的存在，从而也就否认了土地私有权的经济意义，否定了实行土地国有化的必要。考茨基完全重复彼·马斯洛夫的谬论，反对布尔什维克的土地国有化政策，充分说明了他对马克思主义的背叛。

125. 在1905年革命中就已经表露出，俄国的绝大多数农民，无论村社社员或单独农户，都赞成全部土地国有化（第87页）

1905年秋天，俄国农民运动有很大的发展。全国三分之一以上的县份，都卷入了农民运动和农民起义，并成立了全俄农民联合会。该联合会于8月和11月在莫斯科举行了第一次和第二次代表大会，制定了该会的纲领和策略。联合会的土地纲领包括有废除土地私有制，把寺院、皇族、皇室及国有土地无偿地转归农民的要求。列宁指出，农民在反对地主土地所有制，反对地主土地所有权的斗争中，极广泛地流行着土地国有化的思想。

在1906年5月和1907年2月，由104个农民代表联名提交第一届和第二届国家杜马的土地法"基本条例草案"（称"104人的土地草案"）中，都正式提出土地国有问题。

126. 一个布尔什维克的关于向集体耕种制过渡的任务的"提纲"（第88页）

指1918年夏天，布哈林在国外写的《关于社会主义革命和无产阶级在俄国无产阶级专政时期的任务的提纲》。1918年6月12日，登载在齐美尔瓦尔得国际社会党委员会报道消息的内部通报第41期上。提纲共六部分：①理论引言；②无产阶级夺取政权；③无产阶级专政的形式——苏维埃政权；④民主"自由"与专政；⑤苏维埃共和国的国民经济；⑥形势的困难和国外社会民主党人。

127. 我在论马克思主义者在1905年革命中的土地纲领一书内作了专门的分析（第89页）

指在《社会民主党在1905—1907年俄国第一次革命中的土地纲领》一书中，对土地国有化使资产阶级革命进行到底的意义，所作的分析和论述。

列宁指出，无产阶级主张实行土地国有化，对把资产阶级民主革命进行到底有着重大的意义。因为土地国有化能摧毁俄国一切中世纪土地占有制的残余，为资本主义的经济发展扫除全部障碍。那时即使出现了反革命的复辟，国家政权落到了旧制度的政治代表手里，使土地国有化倒退到土地分配，也不可能再回到封建土地占有制，仍然抹杀不了土地国有的重大意义。因为要恢复旧土地占有制，就必然面临着数百万新兴的资本主义农场的抵抗。

128. 无政府工团主义（第89页）

又称工团主义，是国际工人运动中一种小资产阶级机会主义思潮。十九世纪末二十世纪初传播于法国、意大利、西班牙、瑞士和拉丁美洲等地。主要代表有法国的索烈尔（1847—1922）等。这种思潮认为工会（即工团）是团结和领导工人运动的唯一形式，把生产资料转入工会之手是工人运动的最终目的；工人阶级无须有自己的政党，只要依靠工会，进行经济斗争和改善劳动条件的斗争，采取所谓直接行动，如罢工、抵制、示威、怠工等，就能保证工人阶级的胜利，资本主义就会自动崩溃。它反对进行推翻资产阶级统治的政治斗争，鼓吹工会的"中立性"；要求由工会领导和组织生产，幻想以各地工会在经济上的联合来代替国家机构，故称"无政府工团主义"。它反对马克思主义，分裂工人运动，妄图否定无产阶级政党在工人运动中的领导作用及无产阶级革命和无产阶级专政的必要性。

考茨基在这里故意歪曲列宁的话，把列宁号召工人农民与地主资本家及外国干涉者作斗争，保卫无产阶级专政的**"工人会牢牢地掌握着工厂，农民决不会把土地交给地主"**（第89页）这一句话，歪曲为无政府工团主义的口号，这是对无产阶级专政的恶毒攻击，是考茨基叛徒面目的自我暴露。

129. 工厂法（第90页）

资本主义国家的工厂法，是资本主义国家在工人运动的压力下被迫制定的有关工厂内部的、以劳动保护为主要内容的法规。英国于1833年首先颁布了工厂法，随后各资本主义国家都陆续制定了工厂法。工厂法虽然在形式上规定了工人的劳动时间、工厂安全、卫生设备、工资福利等，但在资本主义制度下，工人的权利并不能因此得到保障。

列宁在这里说的"工厂法"，是个借用语，是指十月革命后布尔什维克的工业国有化方面的法令而言。在这些法令中，明确地规定了工厂、矿山等生产资料收归无产阶级的苏维埃国家所有。考茨基把布尔什维克的工业国有化等政策诬蔑为无政府工团主义，说明他为攻击无产阶级革命和无产阶级专政，竟达到了不顾事实的地步。

130. "最高国民经济委员会"（第90页）

最高国民经济委员会，是根据1917年12月14日的法令成立的，它是苏维埃国家的第一个全国性的经济领导中心，是苏维埃政权为管理全国工业等而成立的一个无产阶级专政的战斗性机构。它最初的任务是组织国民经济和国家财政，在经济领域内对资本家和地主进行斗争。它在实现大工业国有化和组织社会主义生产方面，进行了大量的工作。工业国有化以后，改组为工业管理人民委员部。在外国武装干涉和国内战争时期，主要是供应红军的军事装备。国内战争结束后，它以新经济政策为基础，领导工业转向社会主义生产建设。1932年1月，最高国民经济委员会改组为三个部：重工业人民委员部、轻工业人民委员部和林业人民委员部。考茨基在进行工业"经济分析"时，故意不提"最高国民经济委员会"，而胡说布尔什维克把工厂交归工人私有，以歪曲和攻击布尔什维克的工业国有化政策。

131. 套中人（第90页）

《套中人》原是俄国作家契柯夫在1898年所写的一篇短篇小说的名称。在这篇小说中，契柯夫刻划了一个典型的顽固守旧人物——别里科夫。他反对一切新事物的成长，害怕一切新事物，害怕一切超出常规的新现象，他对周围发生的任何变化都心惊胆战。但是，社会的进展并不因此而停顿，不合他"思想"的新事物不断涌现，使他终日恐惧万状。这个顽固守旧人物的唯一办法，就是逃避现实,把自己象安放在套子里一样来与外界隔绝。他不管天冷天热,出门总是穿着套鞋和棉大衣,带着雨伞和雨帽,"防备万一"。他总是把头藏在衣领里,象戴着套子一样,他把自己的东西都用套子套起来。结果这个人还是被不断发展的现实所吓死,装进了名副其实的套子——棺材里去,永远与世隔绝了。

"套中人"一语,就被沿用为鼠目寸光、畏惧新事物的守旧庸夫的同义语了。列宁常用"套中人"来比喻那些拘谨保守、对沙皇和资产阶级制度百依百顺的人。

这里,列宁把考茨基也比作套中人别里科夫,批判他鼓吹"纯粹民主",反对无产阶级革命和无产阶级专政的叛徒行径。

附录一
关于立宪会议的提纲

132. 乌克兰拉达(第95页)

"拉达"系会议之意,某些斯拉夫族的政权机构名称。乌克兰拉达,是指1917—1919年的乌克兰资产阶级民族主义的中央机构。是1917年4月,在乌克兰资产阶级和小资产阶级党派联盟举行的代表大会上成立的。七月事变前夕,组织了拉达总书记处,作为乌克兰的最高管理机关。七月事变后,临时政府实行民族压迫政策,拉达的首领们很快就同临时政府相勾结,成了乌克兰的反革命堡垒。十月革命后,拉达宣布自己为"乌克兰人民共和国"的最高机关,拒绝承认苏维埃政府,拒绝乌克兰苏维埃的要求,不肯立即召开乌克兰苏维埃边区代表大会，并支持立宪民主党人和卡列金反对苏维埃政权的暴动，走上公开反对苏维埃政权的道路。法国帝国主义给予拉达二亿法郎的贷款，企图依靠拉达，在乌克兰建立反对俄国无产阶级革命的中心。乌克兰的工农群众在布尔什维克党的领导下，与拉达展开了坚决的斗争，并于1917年12月，建立了乌克兰苏维埃政府，进一步和拉达展开了激烈的斗争。列宁在这里通过工农群众反对乌克兰拉达的斗争。说明阶级力量正在重新划分，布尔什维克的革命力量日益迅速发展。

1918年1月，在布尔什维克的领导下，基辅工人举行了反对反革命拉达的起义。苏维埃军队开入基辅，拉达被赶出。后来，乌克兰拉达暗中勾结德国，使乌克兰成为德国的殖民地。1918年11月德国失败后，乌克兰人民举行起义，成立临时工农政府，宣布建立乌克兰苏维埃政权。

133．全俄农民代表第二次代表大会（第95页）

全俄农民代表第二次代表大会，于1917年11月26日——12月10日（公历12月9—23日）在彼得格勒举行。在代表大会上，布尔什维克在左派社会革命党人的支持下，同右派社会革命党人展开了坚决地斗争，捍卫了全俄工兵代表苏维埃第二次代表大会的决议，捍卫了苏维埃政权。代表大会全力支持了苏维埃政权的政策，通过了列宁起草的《告农民书》。列宁在《告农民书》中指出："世界上没有任何东西能够破坏工兵农的一致决定和全俄工兵代表苏维埃第二次代表大会和全俄农民代表第二次代表大会的决定。"（《列宁全集》第26卷，第347页）

列宁在这里是要说明，十月革命后，全俄工兵代表苏维埃第二次代表大会和全俄农民代表第二次代表大会的决议，都宣布了全部政权归苏维埃掌握。立宪民主党人、社会革命党和孟什维克提出的"全部政权归立宪会议"的口号，就是反对十月革命、反对苏维埃政权的反革命的口号和纲领，**"这个口号实际上意味着为排除苏维埃政权而斗争"**，因此**"必然注定要在政治上死亡。"**（第95页）

134. 这个胜利产生的初步结果就是公布秘密条约（第95页）

1917年10月26日（公历11月8日），列宁在全俄工兵代表苏维埃第二次代表大会上宣读的《和平法令》中说："**本政府废除秘密外交，决意在全体人民面前完全公开地进行一切谈判，并立刻着手公布地主资本家政府从1917年2月到10月25日所批准和缔结的全部秘密条约。本政府宣布立即无条件地废除这些条约的全部规定，因为这些规定多半是为俄国地主和资本家谋取利益和特权的，是保持和扩大大俄罗斯人的兼并的。**"（《列宁选集》第3卷，第355页）为了执行这一法令，苏俄外交人民委员会，于1917年11月9日（公历22日）发表"关于公布秘密外交文件的声明"，指出"秘密外交是少数有产者手中的一个必不可少的工具，他们不得不欺骗大多数人，以便使后者服从于他们的利益"，而"废除秘密外交是人民的、真正民主的对外政策的真诚性的首要条件"，宣布"我们现在着手公布沙皇政府和革命的头七个月中历届资产阶级联合政府在对外政策方面的秘密外交文件"。

这些秘密条约起初是在报纸上面披露的，前后五、六个星期，至少刊出了七卷秘密文件，共一百多个条约和许多其他外交资料。

例如：1916年7月3日帝俄与日本缔结的秘密协定，根据这个协定，两国必须对抗任何企图在中国立足的第三国（这个协定的有效期限到1921年）；1916年春天英、法与帝俄缔结的关于瓜分土耳其的秘密协定；俄、英秘密条约及1907年公约；1913年奥匈帝国和意大利关于瓜分和占领阿尔巴尼亚的协定，等等。关于1917年美、英、法大使在俄国的活动情形，也公布了不少文件。例如1917年5月，美国派往俄国去的路特特别外交使团，其目的是阻止俄国退出战争。

附录二
王德威尔得论国家的新书

135.王德威尔得（第98页）

艾米尔·王德威尔得(1866—1938)，比利时反动政治家，社会沙文主义者，比利时工人党的首领，第二国际右翼首领之一。1900年起担任第二国际社会党执行局主席。在其全部政治活动期间，出卖工人阶级的根本利益，主张与资产阶级调和。第一次世界大战刚爆发，他便参加了本国的资产阶级内阁任首相。他积极怂恿对苏维埃俄国的武装干涉。后任司法、外交、卫生等部部长。他极力分裂国际工人运动，反对建立共产党人和社会党人的反法西斯统一战线。

136.国际社会党执行局（第98页）

即国际社会主义常务局，又称社会主义国际局或国际社会主义书记处，是第二国际的执行机关，于1900年9月，在巴黎召开的第二国际第五次代表大会上决定建立。常设地址在布鲁塞尔。它由出席巴黎代表大会的各国代表团各派两名代表组成，每年开会四次；大会休会期间由比利时工人党的中央执行委员会代行其事。主席是艾米尔·王德威尔得，书记是卡·胡斯曼。

国际社会党执行局始终没有起到对国际工人运动应有的指导作用。它只起了一个通讯和统计的"信箱"作用。

第一次世界大战期间，国际社会党执行局采取了社会沙文主义的立场，把各国社会党的机会主义分子集合在自己的周围，企图通过各国社会党人"互相宽恕"来恢复第二国际。所以，列宁把它称为"同社会主义利益毫不相容的机会主义和社会爱国主义的堡垒。"（《列宁全集》第23卷，第147页）

137．罗曼语国家（第98页）

罗曼语包括西班牙语、葡萄牙语、勃洛万斯语（在法国西南部）、法兰西语、意大利语、萨尔特语、后罗曼语（在意大利和瑞士的部分地区）、东罗曼语（在罗马尼亚和阿巴尼亚等）。这里说的罗曼语国家，主要是指法兰西、意大利、比利时、西班牙等国。

138．李特列（第101页）

马克西米连·保罗·艾米尔·李特列（1801—1881），法国资产阶级哲学家，孔德的实证主义的拥护者，语言学家。他的哲学观点是庸俗唯物主义和唯心主义思想的折衷主义混合物。巴黎公社以后，公开敌视无产阶级。1871年被选为法国语言科学院的院士。1875年起担任参议员直至死亡。他的主要著作有《法语词典》和

《法国语言史》、《论实证哲学》、《自然史》等。

139. 盖得（第103页）

茹尔·盖得（1845—1922），法国工人党创始人之一。早年参加第一国际并逐渐接受马克思主义。1877年创办《平等报》，宣传社会主义思想。1879年领导建立法国工人党，曾与工人运动中的一些机会主义和小资产阶级影响作过斗争。但也犯了许多理论上及策略上的错误，尤其是夸大议会斗争的作用，不能正确理解工人阶级政党的作用。在资本主义发展到帝国主义时代，转向中派主义立场，是第二国际中派首领之一。第一次世界大战期间，堕落为社会沙文主义者。1914—1915年参加资产阶级内阁。

140. 门格尔（第103页）

卡尔·门格尔（1840—1921），奥地利资产阶级庸俗经济学家，"奥地利学派"的创始人，维也纳大学教授。他反对马克思主义，用主观唯心主义来对抗辩证唯物主义，夸大心理现象以掩盖阶级关系，片面强调个人消费以否定社会生产的决定作用。他反对马克思的价值学说，荒谬地捏造"边际效用价值论"，胡说商品的价值决定于最后一单位的效用，即"边际效用"。在他的著作中，宣扬"劳动的人民国家"的谬论。其实，他的"劳动的人民国家"，就是拉萨尔"自由的人民国家"的旧调重弹，就是企图用这种陈词滥调来代替马克思主义无产阶级专政的理论。

141. 圣西门

克劳得·利昂·圣西门（1760—1825），十九世纪著名的空想

社会主义者。法国人，贵族出身。曾参加过北美独立战争，同情17
89年法国革命。抨击当时的资本主义社会是一个充满罪恶和灾难的
"是非颠倒的世界"。他幻想建立一个人人都有劳动权利和义务、
不受压迫和剥削的平等和幸福的社会。他认为在这个新社会里，应
当各尽所能，为人类造福；应当有统一的科学计划来组织大工业生
产；对人的政治统治将变成对物的管理和对生产的领导，国家将变
成为生产管理机关。他不要求剥夺资产阶级。他不了解社会发展的
真正动力，把无产阶级看成受苦受难而无力解放自己的阶级；主张
由知识分子和实业家领导社会改造运动，幻想通过宣传教育，以及
科学、道德和宗教的进步，来实现他的理想社会。恩格斯指出：
**"在圣西门那里，除无产阶级的倾向外，资产阶级的倾向还有一定
的影响。"**（《马克思恩格斯选集》第3卷，第58页）他的主要著作有《一
个日内瓦居民给当代人的信》、《人类科学概论》、《新实业制
度》、《新基督教》等。

142．奥斯特罗果尔斯基（第104页）

莫伊塞·雅可夫列维奇·奥斯特罗果尔斯基（1854—1919，一
说生于1852年），俄国法学家，立宪民主党人。他的主要著作是
《民主和政党》（1903年以法文出版，1912年再版），书中详细地
分析了英国和美国的资产阶级政党的活动和组织状况。以后又在
《欧洲通报》杂志上发表了一系列文章，论述英国国家制度的演
变。

这里说的奥斯特罗果尔斯基的言论，即指他的《民主和政党》
一书。

会议文件之一

马、恩、列、斯、毛主席
关于学习问题的部分论述

天津市学习马列和毛主席著作经验交流会

会议秘书处 　　　　　　　一九七四年十二月

一、认真看书学习

批判的武器当然不能代替武器的批判，物质力量只能用物质力量来摧毁；但是理论一经掌握群众，也会变成物质力量。

马克思：《黑格尔法哲学批判导言》《马克思恩格斯全集》第一
卷第四六〇页

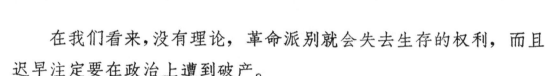

没有革命的理论，就不会有革命的运动。

列宁：《怎么办？》《列宁选集》第一卷第二四一页

在我们看来，没有理论，革命派别就会失去生存的权利，而且迟早注定要在政治上遭到破产。

列宁：《革命冒险主义》《列宁全集》第六卷第一六三页

要理智地、自觉地、有效地投身于革命，就必须学习。

列宁：《论彼得格勒公共图书馆的任务》《列宁全集》第二六卷
第三一〇页

为了革新我国的国家机关，我们一定要给自己提出这样的任务：第一、是学习；第二、是学习；第三、还是学习，然后要检查，使学问真正深入到我们的血肉里面去，真正地、完全地成为生活的组成部分，而不是使学问变成僵死的条文或时髦的词藻（……）。

列宁：《宁肯少些，但要好些》《列宁全集》第三十三卷第四四
二——四四三页

工人阶级底党不精通工人运动底先进理论,不精通马列主义理论,便不能实现其为本阶级领导者的作用, 便不能实现其为无产阶级革命底组织者和领导者的作用。

斯大林:《联共(布)党史简明教程》第四三三页

在国家工作和党的工作的任何一个部门中,工作人员的政治水平和马克思列宁主义觉悟程度愈高, 工作本身的效率也愈高,工作也就愈有成效;反过来说,工作人员的政治水平和马克思列宁主义觉悟程度愈低, 就愈可能在工作中遭受挫折和失败,就愈可能使工作人员本身庸俗化和堕落成为鼠目寸光的事务主义者,就愈可能使他们蜕化变质, ——这要算是一个定理。

斯大林:《在党的第十八次代表大会上关于联共(布)中央工作
的总结报告》《列宁主义问题》第六九七页

领导我们事业的核心力量是中国共产党。

指导我们思想的理论基础是马克思列宁主义。

毛主席:《中华人民共和国第一届全国人民代表大会第一次会议
开幕词》一九五四年九月十六日《人民日报》

我们的斗争需要马克思主义。

毛主席:《反对本本主义》《毛泽东著作选读》甲种本第二二页

我们的任务,是领导一个几万万人口的大民族,进行空前的伟大的斗争。所以, 普遍地深入地研究马克思列宁主义的理论的任务, 对于我们, 是一个亟待解决并须着重地致力才能解决的大问题。

毛主席：《中国共产党在民族战争中的地位》《毛泽东选集》第
二卷第五二一——五二二页

在全党中提高马克思列宁主义的理论水平是完全必要的，因为只有这种理论，才是引导中国革命走向胜利的指南针。

毛主席：《中国共产党在抗日时期的任务》《毛泽东选集》第一
卷第二五五页

一般地说，一切有相当研究能力的共产党员，都要研究马克思、恩格斯、列宁、斯大林的理论，都要研究我们民族的历史，都要研究当前运动的情况和趋势；并经过他们去教育那些文化水准较低的党员。特殊地说，干部应当着重地研究这些，中央委员和高级干部尤其应当加紧研究。指导一个伟大的革命运动的政党，如果没有革命理论，没有历史知识，没有对于实际运动的深刻的了解，要取得胜利是不可能的。

毛主席：《中国共产党在民族战争中的地位》《毛泽东选集》第
二卷第五二一页

认真看书学习，弄通马克思主义

毛主席语录。转引自一九七一年四月九日《人民日报》

要教育干部懂得一些马列主义，懂得多一些更好。就是说，要搞马列主义，不搞修正主义。

毛主席语录。转引自《人民日报》、《红旗》杂志、《解放军报》
一九七〇年七月一日社论要搞马克思主义，不要搞修正主义；要团结，不要分裂；要光明正大，不要搞阴谋诡计。

毛主席语录。转引自一九七二年第四期《红旗》杂志

情况是在不断地变化，要使自己的思想适应新的情况，就得学习。即使是对于马克思主义已经了解得比较多的人，无产阶级立场比较坚定的人，也还是要再学习，要接受新事物，要研究新问题。

毛主席：《在中国共产党全国宣传工作会议上的讲话》《毛泽东
著作选读》甲种本第三六九页

对我们的同志，应当进行辩证唯物论的认识论的教育，以便端正思想，善于调查研究，总结经验，克服困难，少犯错误，做好工作，努力奋斗，建设一个社会主义的伟大强国，并且帮助世界被压迫被剥削的广大人民，完成我们应当担负的国际主义的伟大义务。

毛主席：《人的正确思想是从那里来的？》《毛泽东著作选读》
甲种本第三八四页

一切共产党人和革命干部，都必须学习马克思列宁主义的辩证唯物论，都必须学会在实际工作中运用辩证唯物论，这是我国社会主义事业不断取得胜利的最重要的保证。

毛主席语录。摘自一九六五年一月十七日《人民日报》

二、批判修正主义、批判资产阶级、
批判一切反动没落阶级的意识形态

共产主义革命就是同传统的所有制关系实行最彻底的决裂；毫不奇怪，它在自己的发展进程中要同传统的观念实行最彻底的决裂。

　　马克思恩格斯：《共产党宣言》第四十四页

恩格斯认为，社会民主主义运动的伟大斗争并不是有两种形式（政治的和经济的），——象在我国通常认为的那样，——而是有三种形式：与这两种斗争并列的还有理论的斗争。

　　列宁：《怎么办？》《列宁选集》第一卷第二四二页

没有革命的理论，就不可能有被压迫阶级，即历史上最革命的阶级的世界上最伟大的解放运动。革命理论并不是谁臆想出来的东西，它是从世界各国的革命经验和革命思想的总和中产生出来的。这种理论在19世纪后半期形成。它叫做马克思主义。谁如果不尽力研究和运用这种理论，谁如果在我们这个时代不同普列汉诺夫、考茨基之流歪曲这种理论的行为进行无情的斗争，谁就不能做一个社会主义者，不能做一个革命的社会民主党人。

　　列宁：《法国社会党人的正直呼声》《列宁全集》第二十一卷第三三二——三三三页

……问题只能是这样：或者是资产阶级的思想体系，或者是社会主义的思想体系。这里中间的东西是没有的（因为人类没有创造过任何"第三种"思想体系，而且一般说来，在为阶级矛盾所分裂的社会中，任何时候也不能有非阶级的或超阶级的思想体系）。因此，对于社会主义思想体系的任何轻视和任何脱离，都意味着资产阶级思想体系的加强。

列宁：《怎么办？》《列宁选集》第一卷第二五六页

机会主义是我们的主要敌人。工人运动中的上层分子的机会主义，不是无产阶级的社会主义，而是资产阶级的社会主义。事实证明：由工人运动内部的机会主义派别活动家来维护资产阶级，比资产者亲自出马还好。工人要不是由他们来领导，资产阶级的统治就无法维持了。……这是我们的主要敌人，我们必须战胜这个敌人。我们在离开大会的时候，应该下定最大的决心，把各个党内的这一斗争进行到底。这是主要的任务。

列宁：《共产国际第二次代表大会》《列宁全集》第三十一卷第二〇三页

我们应当坚决地同一切资产阶级思想作斗争，不管它披着怎样时髦而华丽的外衣。

列宁：《政治鼓动和"阶级观点"》《列宁全集》第五卷第三〇九页

准备无产阶级获得胜利的必要条件之一，就是进行长期的、顽强的和无情的斗争，去反对机会主义、改良主义、社会沙文主义以及诸如此类的资产阶级影响和思潮。这些影响和思潮是不可避免的，因为无产阶级是在资本主义环境中行动的。不进行这种斗争，不预先完全战胜工人运动中的机会主义，就根本谈不上无产阶级专政。

列宁：《立宪会议选举和无产阶级专政》《列宁全集》第三十卷第二四三——二四四页

不同机会主义作斗争，不同机会主义决裂，同帝国主义作斗争就是欺骗

列宁：《关于帝国主义的笔记》《列宁全集》第三十九卷第二五五页

现在，不坚决同机会主义决裂，不向群众说明机会主义失败的必然性，就不可能完成社会主义的任务，就不可能实现工人的真正国际主义的团结。

列宁：《战争和俄国社会民主党》《列宁全集》第二十一卷第十五页

马克思主义在理论上的胜利，逼得它的敌人装扮成马克思主义者，历史的辩证法就是如此。

列宁：《马克思学说的历史命运》《列宁全集》第十八卷第五八三页

旧社会遗留下来的旧的习气、习惯、传统和偏见是社会主义最危险的敌人。这些传统和习气控制着千百万劳动群众，它们有时笼罩着无产阶级各阶层，有时给无产阶级专政的存在造成极大的危险。因此，同这些传统和习气作斗争，在我们各方面的工作中必须

克服这些传统和习气，并且以无产阶级的社会主义精神教育新的一代，——这就是我们党的当前任务，不执行这些任务，就不能取得社会主义的胜利。

斯大林：《关于俄共（布）第十三次代表大会的总结》《斯大林全集》第六卷第二一七页

只有和理论上的资产阶级偏见作斗争，才能巩固马克思列宁主义的阵地。

斯大林：《论苏联土地政策的几个问题》《斯大林全集》第十二卷第一二七页

要抓意识形态，要抓上层建筑，巩固我们的思想阵地，巩固我们的政权；……

毛主席语录。转摘自一九六六年七月五日《解放军报》

无产阶级必须在上层建筑其中包括各个文化领域中对资产阶级实行全面的专政。

毛主席语录。转引自一九六七年十一月六日《人民日报》、《红旗》杂志、《解放军报》编辑部文章

在中国，又有半封建文化，这是反映半封建政治和半封建经济的东西，凡属主张尊孔读经、提倡旧礼教旧思想、反对新文化新思想的人们，都是这类文化的代表。帝国主义文化和半封建文化是非常亲热的两兄弟，它们结成文化上的反动同盟，反对中国的新文化。这类反动文化是替帝国主义和封建阶级服务的，是应该被打倒

的东西。不把这种东西打倒，什么新文化都是建立不起来的。不破不立，不塞不流，不止不行，它们之间的斗争是生死斗争。

毛主席：《新民主主义论》《毛泽东选集》第二卷第六八八页

否定马克思主义的基本原则，否定马克思主义的普遍真理，这就是修正主义。修正主义是一种资产阶级思想。修正主义者抹杀社会主义和资本主义的区别，抹杀无产阶级专政和资产阶级专政的区别。他们所主张的，在实际上并不是社会主义路线，而是资本主义路线。在现在的情况下，修正主义是比教条主义更有害的东西。我们现在思想战线上的一个重要任务，就是要开展对于修正主义的批判。

毛主席：《在中国共产党全国宣传工作会议上的讲话》《毛泽东著作选读》甲种本第三七九页

我们在批判教条主义的时候，必须同时注意对修正主义的批判。修正主义，或者右倾机会主义，是一种资产阶级思潮，它比教条主义有更大的危险性。

毛主席：《关于正确处理人民内部矛盾的问题》《毛泽东著作选读》甲种本第三五四页

在我国，资产阶级和小资产阶级的思想，反马克思主义的思想，还会长期存在。社会主义制度在我国已经基本建立。我们已经在生产资料所有制的改造方面，取得了基本胜利，但是在政治战线和思想战线方面，我们还没有完全取得胜利。无产阶级和资产阶级之间在意识形态方面的谁胜谁负问题，还没有真正解决。我们同资产阶

327

级和小资产阶级的思想还要进行长期的斗争。不了解这种情况，放弃思想斗争，那就是错误的。

> 毛主席：《在中国共产党全国宣传工作会议上的讲话》《毛泽东
> 著作选读》甲种本第三七八页

凡是错误的思想，凡是毒草，凡是牛鬼蛇神，都应该进行批判，决不能让它们自由泛滥。

> 毛主席：《在中国共产党全国宣传工作会议上的讲话》《毛泽东
> 著作选读》甲种本第三七八——三七九页

马克思主义仍然必须在斗争中发展。马克思主义必须在斗争中才能发展，不但过去是这样，现在是这样，将来也必然还是这样。

> 毛主席：《关于正确处理人民内部矛盾的问题》《毛泽东著作选
> 读》甲种本第三五二页

三、理论联系实际

只要进一步发挥我们的唯物主义论点，并且把它应用于现时代，一个伟大的、一切时代中最伟大的革命远景就会立即展现在我们的面前。

恩格斯：《卡尔·马克思"政治经济学批判"》《马克思恩格斯全集》第十三卷第五二六——五二七页

我们的理论是发展的理论，而不是必须背得烂熟并机械地加以重复的教条。

恩格斯：《致弗·凯利—威士涅威茨基夫人》《马克思恩格斯选集》第四卷第四六〇页

马克思和恩格斯总是说，"我们的学说不是教条，而是行动的指南"，他们公正地讥笑了只会背诵和简单重复"公式"的人们，因为公式至多只能指出一般的任务，而这些任务随着历史过程中每个特殊阶段的具体的经济和政治环境必然有所改变。

列宁：《论策略书》《列宁选集》第三卷第二十四页

离开工作，离开斗争，共产主义小册子和著作中关于共产主义的书本知识，可以说是一文不值，……

列宁：《青年团的任务》《列宁全集》第三十一卷第二五—页

精通马列主义理论，——这就是说要领会这个理论底实质，要学会在无产阶级斗争各种条件下，在解决革命运动底实际问题时运用这个理论。

斯大林：《联共（布）党史简明教程》第四三四页

科学和实际活动的联系、理论和实践的联系、它们的统一，应当成为无产阶级党的指路明星。

斯大林：《论辩证唯物主义和历史唯物主义》《列宁主义问题》

我们要的是马克思列宁主义的学风。所谓学风，不但是学校的学风，而且是全党的学风。学风问题是领导机关、全体干部、全体党员的思想方法问题，是我们对待马克思列宁主义的态度问题，是全党同志的工作态度问题。既然是这样，学风问题就是一个非常重要的问题，就是第一个重要的问题。

毛主席：《整顿党的作风》《毛泽东选集》第三卷第八一五页

我们的党从它一开始，就是一个以马克思列宁主义的理论为基础的党，这是因为这个主义是全世界无产阶级的最正确最革命的科学思想的结晶。马克思列宁主义的普遍真理一经和中国革命的具体实践相结合，就使中国革命的面目为之一新，……

毛主席：《论联合政府》《毛泽东选集》第三卷第一〇九四页

我国的革命和建设的胜利，都是马克思列宁主义的胜利。把马克思列宁主义的理论和中国革命的实践密切地联系起来，这是我们党的一贯的思想原则。

> 毛主席：《中国共产党第八次全国代表大会开幕词》《中国共产党
> 第八次全国代表大会文献》第九页

要能够真正领会马克思列宁主义的实质，真正领会马克思列宁主义的立场、观点和方法，……并且应用了它去深刻地、科学地分析中国的实际问题，找出它的发展规律，……

> 毛主席：《整顿党的作风》《毛泽东选集》第三卷第八一六页

中国共产党人只有在他们善于应用马克思列宁主义的立场、观点和方法，善于应用列宁斯大林关于中国革命的学说，进一步地从中国的历史实际和革命实际的认真研究中，在各方面作出合乎中国需要的理论性的创造，才叫做理论和实际相联系。

> 毛主席：《整顿党的作风》《毛泽东选集》第三卷第八二二页

马克思、恩格斯、列宁、斯大林的理论，是"放之四海而皆准"的理论。不应当把他们的理论当作教条看待，而应当看作行动的指南。不应当只是学习马克思列宁主义的词句，而应当把它当成革命的科学来学习。不但应当了解马克思、恩格斯、列宁、斯大林他们研究广泛的真实生活和革命经验所得出的关于一般规律的结论，而且应当学习他们观察问题和解决问题的立场和方法。

> 毛主席：《中国共产党在民族战争中的地位》《毛泽东选集》第
> 二卷第五二一页

我们的同志必须明白，我们学马克思列宁主义不是为着好看，也不是因为它有什么神秘，只是因为它是领导无产阶级革命事业走向胜利的科学。直到现在，还有不少的人，把马克思列宁主义书本上的某些个别字句看作现成的灵丹圣药，似乎只要得了它，就可以不费气力地包医百病。……对于这种人，应该老实地对他说，你的教条一点什么用处也没有。马克思、恩格斯、列宁、斯大林曾经反复地讲，我们的学说不是教条而是行动的指南。

毛主席：《整顿党的作风》《毛泽东选集》第三卷第八二二页

许多同志的学习马克思列宁主义似乎并不是为了革命实践的需要，而是为了单纯的学习。所以虽然读了，但是消化不了。只会片面地引用马克思、恩格斯、列宁、斯大林的个别词句，而不会运用他们的立场、观点和方法，来具体地研究中国的现状和中国的历史，具体地分析中国革命问题和解决中国革命问题。这种对待马克思列宁主义的态度是非常有害的，特别是对于中级以上的干部，害处更大。

毛主席：《改造我们的学习》《毛泽东选集》第三卷第七九七页

学习马克思主义，不但要从书本上学，主要地还要通过阶级斗争、工作实践和接近工农群众，才能真正学到。

毛主席：《在中国共产党全国宣传工作会议上的讲话》《毛泽东著作选读》甲种本第三七一页

对于马克思主义的理论，要能够精通它、应用它，精通的目的全在于应用。如果你能应用马克思列宁主义的观点，说明一个两个实际问题，那就要受到称赞，就算有了几分成绩。被你说明的东西越多，越普遍，越深刻，你的成绩就越大。

毛主席：《整顿党的作风》《毛泽东选集》第三卷第八一七页

马克思列宁主义理论和中国革命实际，怎样互相联系呢？拿一句通俗的话来讲，就是"有的放矢"。"矢"就是箭，"的"就是靶，放箭要对准靶。马克思列宁主义和中国革命的关系，就是箭和靶的关系。有些同志却在那里"无的放矢"，乱放一通，这样的人就容易把革命弄坏。

毛主席：《整顿党的作风》《毛泽东选集》第三卷第八二一页

唯心论和机械唯物论，机会主义和冒险主义，都是以主观和客观相分裂，以认识和实践相脱离为特征的。以科学的社会实践为特征的马克思列宁主义的认识论，不能不坚决反对这些错误思想。

毛主席：《实践论》《毛泽东选集》第一卷第二八四页

四、建设一支马克思主义理论队伍

我们要战胜敌人，首先要依靠手里拿枪的军队。但是仅仅有这种军队是不够的，我们还要有文化的军队，这是团结自己、战胜敌人必不可少的一支军队。

毛主席：《在延安文艺座谈会上的讲话》《毛泽东选集》第三卷第八四九页

工人中间应该教育出大批的干部，他们应该有知识，有能力，不务空名，会干实事。没有一大批这样的干部，工人阶级要求得解放是不可能的。

毛主席：《'中国工人'发刊词》《毛泽东选集》第二卷第七二二页

只有领导骨干的积极性，而无广大群众的积极性相结合，便将成为少数人的空忙。但如果只有广大群众的积极性，而无有力的领导骨干去恰当地组织群众的积极性，则群众积极性既不可能持久，也不可能走向正确的方向和提到高级的程度。

毛主席：《关于领导方法的若干问题》《毛泽东选集》第三卷第九〇〇页

我们所要的理论家是什么样的人呢？是要这样的理论家，他们能够依据马克思列宁主义的立场、观点和方法，正确地解释历史中和革命中所发生的实际问题，能够在中国的经济、政治、军事、文化种种问题上给予科学的解释，给予理论的说明。

毛主席：《整顿党的作风》《毛泽东选集》第三卷第八一六页

在担负主要领导责任的观点上说，如果我们党有一百个至二百个系统地而不是零碎地、实际地而不是空洞地学会了马克思列宁主义的同志，就会大大地提高我们党的战斗力量，并加速我们战胜日本帝国主义的工作。

毛主席：《中国共产党在民族战争中的地位》《毛泽东选集》第二卷第五二二页

五、坚持数年　必有好处

在科学上面是没有平坦的大路可走的，只有那在崎岖小路的攀登上不畏劳苦的人，有希望到达光辉的顶点。

马克思：《资本论》法文本的序和跋　《资本论》第一卷第二四页

不用相当的独立功夫，不论在哪个严重的问题上都不能找出真理；谁怕用功夫，谁就无法找到真理。

列宁：《几个争论问题》《列宁全集》第十九卷第一三六页

不过起初也许有人会因为难懂而感到害怕，所以要再次提醒你们不要因此懊丧，第一次阅读时不明白的地方，下次再读的时候，或者后来从另一方面来研究这个问题的时候，就会明白的，……

列宁：《论国家》《列宁选集》第四卷第四一页

最有害的，就是自以为我们总还懂得一点什么，……

列宁：《宁肯少些，但要好些》《列宁全集》第三十三卷第四四
一页

坚持数年，必有好处。

毛主席语录。转引自一九七二年七月六日《人民日报》社论

然而由于努力学习，可以由无知转化为有知，由知之不多转化为知之甚多，由对于马克思主义的盲目性改变为能够自由运用马克

思主义。

　　　　毛主席：《矛盾论》《毛泽东选集》第一卷第三一二页

钻进去，几个月，一年两年，三年五年，总可以学会的。

　　　　毛主席：《论人民民主专政》《毛泽东选集》第四卷第一四八五页

"世上无难事，只怕有心人。"入门既不难，深造也是办得到的，只要有心，只要善于学习罢了。

　　　　毛主席：《中国革命战争的战略问题》《毛泽东选集》第一卷第
　　　　　　一七五页

学习的敌人是自己的满足，要认真学习一点东西，必须从不自满开始。对自己，"学而不厌"，对人家，"诲人不倦"，我们应取这种态度。

　　　　毛主席：《中国共产党在民族战争中的地位》《毛泽东选集》第
　　　　　　一卷第五二三页

世界上只有唯心论和形而上学最省力，因为它可以由人们瞎说一气，不要根据客观实际，也不受客观实际检查的。唯物论和辩证法则要用气力，它要根据客观实际，并受客观实际检查，不用气力就会滑到唯心论和形而上学方面去。

　　　　毛主席：《关于胡风反革命集团的材料》按语

胡风参加过二万五千里长行也是鲁迅先生的好友，是左联时期员责人之一。新中国成立後因对毛的《在延安文艺座谈会讲话》有不同的看法，被毛打成反革命，毛死後被邓解放。

337

0167

在斗争中培养一支
战士业余理论队伍

四六八八部队某部八连党支部

天津市学习马列和毛主席著作经验交流会

会议秘书处   一九七四年十二月

在斗争中培养一支战士业余理论队伍

在同林彪反党集团斗争中，特别是批林批孔以来，我们遵照党中央、毛主席的指示，努力培养一支马克思主义战士业余理论队伍。现在，全连共有理论骨干十九人。这些骨干在批林批孔和部队建设各方面都发挥着很大的作用，被大家称赞为看书学习的尖兵，批林批孔的闯将，研究历史的骨干，学文习武的榜样，各项工作的模范。

我们的作法和初步体会是：

一、不断解决认识问题，确实把理论队伍建设看成是反修、防修的百年大计

中央〔1974〕17号文件和《红旗》短评指出，建设一支理论队伍，是使全党全军能文能武，坚持马克思主义、反对修正主义的百年大计。对这个意义的认识，我们是在斗争实践中不断提高的。

一九七二年初，在批判林彪"国富民穷"谬论时，大家用新旧社会两重天的无数事实把它批得体无完肤，但在批"民富国强"谬论时，却因不懂革命理论而感到无从批起。在这种情况下，原一排长崔立珍和副班长李卫平等五位同志，一起学习了《哥达纲领批判》，运用马克思批判拉萨尔鼓吹"不折不扣的劳动所得"和"公平分配"等谬论的观点，揭穿了林彪"民富国强"谬论的实质。这件事使我们深刻地认识到："**我们的斗争需要马克思主义。**"于是，自动成立了学习马列小组。当时，党支部书记王福臣等多数同志认为，战士们自动

组织起来学马列，这是批林斗争中的新生事物，应予大力扶植和支持。但也有少数支委认为，学马列是高中级干部的事，连队战士不一定公开提倡去学。为了统一"一班人"的思想，党支部组织大家认真讨论了毛主席关于**"认真看书学习，弄通马克思主义"**的教导，批判了林彪破坏学习马列和毛主席著作的罪行。大家进一步认识到：全党学马列，是毛主席的号召，也是批修的迫切需要。由于党支部及时地统一了思想认识，使这个在批林中萌芽的新生事物很快成长起来。

但是，对建设理论队伍的认识，并不是一次可以完成的。去年八九月间，有的同志感到批林批得"差不多"了，部队训练和生产任务又比较重，就认为连队学习马列小组应把精力放在训练和生产上。结果，在这段时间里，理论小组基本上没有什么活动，连队的看书学习和革命大批判也受到一定影响。这就给我们提出了一个问题：建设战士理论队伍，是抓一阵子就完，还是长期抓下去？当时，党支部分析了批林的形势，一致认为，批林确实已经取得了伟大成绩；但是，要从各方面彻底肃清林彪路线的流毒，任务仍然很艰巨，绝不能因批林取得很大成绩和训练生产任务重，就放松了抓理论队伍的建设。尤其在学习了中央17号文件后，我们进一步认识到：加强马克思主义理论队伍的建设，是坚持马克思主义、反对修正主义的百年大计。这样，党支部抓好理论队伍建设的自觉性就又提高了一步，不仅考虑当前需要，而且也考虑长远需要；不仅看到对连队建设的作用，而且更看到对反修防修的作用。

思想认识统一了，还会不会有新的矛盾呢？今年七月上旬，上级把编写儒法斗争讲稿的任务交给我连理论组，要求十五号前要搞出成果。党支部书记王福臣为按时完成任务，把七名理论骨干集中起来，日以继夜地突击编写。但根据训练计划，二十号要进行夜间实弹射击。负责抓训练的副书记赵来林看到时间只剩十来天，理论骨干还没怎么练，心里很着急，总想抓他们去训练。这样，矛盾就产生了。书记说：编写儒法斗争讲稿是批林的大事，完不成任务不行。副书记则说：训练搞不好，纲举目不张，也不行！当时，团里在我们连蹲点的张经义副政委看到这个情况后，就和我们分别谈了心，而后又在一起进行了研究，使我们认识到，正副书记都想把工作任务完成好，是为了连队建设，出发点是好的；缺点是都缺乏全面考虑，没有认真研究调整矛盾的办法。在张副政委帮助下，正副书记对理论骨干编写材料和训练做了妥善安排：白天写讲稿，晚上搞夜训。结果，儒法斗争史讲稿按时完成了，所有参加编写讲稿的理论骨干，夜间射击也全是优秀成绩。

我们体会到，对建设理论队伍的认识，经常出现矛盾是正常的。重要的是党支部要认准方向，坚定不移，不断提高认识，始终抓住不放。

二、用心培养，在实践中不断提高理论队伍的战斗力

怎样在斗争实践中提高战士理论队伍的战斗力？这是我们经常考虑和注意的一个问题。在这方面，我们主要抓了以下三点：

（一）注意在实践中提高理论骨干的理论水平。

我们认为，加强理论队伍的建设，首先要多从革命理论上培养提高理论骨干，尽可能让他们学得更多一些，更好一些。在批林批孔中，我们经常举办理论骨干学习班，组织他们学习马列和毛主席的有关著作。二、三月间，我们紧密结合批判《林彪与孔孟之道》，先后组织全组学完了中央〔1974〕2号文件里规定的十六篇文章和另外十九

篇有关的马列和毛主席著作。中央每次批林批孔文件下发后，我们也根据文件精神，组织理论骨干看书学习，掌握理论武器。理论小组的同志也很自觉，坚持每天集体学习一小时。理论组副组长、副指导员李卫平，几年来不论训练、生产、野营、出差、住院，都以顽强的毅力坚持攻读马列和毛主席著作。他针对自己年轻，社会知识少和缺乏阶级斗争实践的情况，总是抓机会搞社会调查，处处拜工农为师，联系实际地进行学习。开始学习《中国社会各阶级的分析》一文时，他感到很抽象。后来在党支部的启发下，他在野营拉练中，先后调查了六十多个村的阶级和阶级斗争状况，访问了几十户贫下中农，从分析大量事实中，深刻地认识了不同阶级对革命的不同态度，具体地懂得了应该依靠谁、打击谁的道理。在学习革命导师政治经济学理论时，他为了搞清剩余价值问题，特意跑到工厂去请教老工人；为搞清商品和价格问题，他利用假日到市里去的机会拜售货员为师；为搞清社会主义为什么还要有税收的问题，他又到税务所去请教。就这样，李卫平在社会大课堂里，当工农兵教员的小学生，大大丰富了感性知识，从而加深了对马列著作和毛主席著作的理解。现在，他已通读了两遍《毛泽东选集》，读完了二十多本马列著作，写下了三十多万字的读书心得笔记。其他理论骨干也普遍通读完了《毛泽东选集》和六本以上的马列著作。理论小组的学习精神和学习效果，对全连的看书学习影响很大。每天晚上他们集体学习和讨论时，总有不少同志自动去参加。从一九七二年上半年开始，全连就掀起了学习马列著作的热潮。

为使理论骨干在看书学习中起到骨干作用，我们还下力量把他们培养成读书辅导员。开始，不少理论骨干一听说要让他们登上理论讲台，都感到"头大"。党支部就具体帮助他们提高勇气，克服困难。去年入伍的理论骨干董铁军，第一次交给他上《共产党宣言》的辅导课时，不知从何讲起。原党支部书记王福臣就先后五次同他一起学习和研究：第一次，和他一起读原著，理解内容，明确重点，介绍有关参考材料；第二次，一起研究了如何把本章的基本观点和毛主席的有关论述结合起来讲解；第三次，一起研究了怎样写辅导提纲和联系实际问题；第四次，组织骨干听他试讲；第五次，根据试讲反映，一起修改、定稿。经过一年多的锻炼，现在董铁军不仅能在全连辅导，而且多次参加战士批判队，到军、师、团去进行巡回报告。不久前，已被选到团专业理论组。今年春天刚从文盲班毕业的侗族战士李庆田，经过一段实践锻炼，不仅能在本班辅导，还给全连讲了列宁《帝国主义是资本主义的最高阶段》第一章《生产集中和垄断》的辅导课，受到了大家的好评。其他理论骨干经过实践锻炼也都提高了勇气和水平。到现在为止，理论小组成员已为全连上了读书辅导课五十八次。

去年“十大”以后，党支部决定举办政治夜校。理论小组就主动承担起讲座的任务，每周用一至两个晚上时间给大家讲马克思主义的基本知识。开始，他们把《论马克思》、《论马克思和恩格斯》、《论列宁》三本书的许多基本观点，逐个举行讲座。批林批孔展开后，他们又以政治夜校为阵地，举办历史知识讲座，或讲儒法斗争故事。理论小组还在“不让一个战友在看书学习上掉队”的口号下，热心进行个别辅导，给一些接受能力低的同志“吃小锅饭”。连里两位饲养员，常因打猪草、喂猪和起粪参加不了学习。理论小组就利用课余和假日时间分组轮流下猪场，由一名理论骨干给他们讲课辅导，其他同志替他们打猪草、喂猪、起粪。他们还担任了“双学班”的小教员，帮助文盲战士学政治、学文化。理论骨干夏新德担任了“双学班”小教员后，为了帮助战友赶队，用自己的钱给文盲同志买书和笔记本。战士刘军富同志入伍时连自己的名字都不会写。开始参加“双学班”时总是坐不住，学不进，认为自己"太笨"，不是学文化的材料。夏新德就给他讲了连里侗族战士李庆田由文盲变成理论骨干的事例，又给他讲了毛主席的《实践论》，批判林彪的"天才论"，还用农民起义的故事给他讲了人民群众是创造历史的动力等基本观点，增强了他的主力军思想。在夏新德热心帮助下，刘军富经过半年的刻苦学习，就基本上能够读书、看报、搞批判，还亲笔给家里写了一封信。他父母接到这封信后，十分感动，逢人就讲，一下子轰动全村，都说解放军大学校里就是出息人。近两年来，全连十一名文盲和半文盲，都在理论小组的帮助下从"双学班"毕了业，有的成了读书典型，有的参加了理论队伍，成了批林批孔的骨干。

（二）注意把理论骨干放到批林批孔的洪炉中千锤百炼

理论队伍是在批林批孔斗争中延生的。实践证明，批林批孔是造就战士理论队伍的大学校。我们是这样抓的：

一是紧跟党中央、毛主席批林批孔的战略部署，把带头批判的任务交给理论组。每当中央下发了批林批孔文件以后，我们就提前组织理论队伍学习，并根据文件中提出的批判内容，确定重点批判题目，而后帮助他们准备好批判稿，让他们在全连带头发言，为大家引路。仅在贯彻中央一号文件中，我们连理论小组的成员就写了一百一十多篇批判稿。这些稿子在军人大会上宣读后，得到了干部战士的好评。

二是组织理论骨干为连队开展革命大批判提供理论武器。今年二月，部队开始批判《林彪与孔孟之道》时，大家都迫切需要掌握理论武器。理论骨干张京树、董铁军、郭廷占三个同志，就根据党支部的要求，在三昼夜时间里，连续查阅了三十三本马列和毛主席著作，从八个方面摘录出二百一十八条语录，而后迅速复写发到各排，及时满足了全连同志的需要。师政治部还把这本语录转发全师。今年七月，在开始研究儒法斗争史活动以后，我们又组织理论骨干查阅并选编了六十条革命导师有关研究历史方面的语录，作为研究历史的指导思想。

三是把攻克批判难点的任务交给理论队伍，通过攻坚使他们得到更大的锻炼。今年四月，部队在反复批了几次"克已复礼"以后，不知道怎样从理论上深入一步。我们就把攻克这个反动思想堡垒的任务交给理论骨干。他们运用马克思主义的唯物辩证法、政治经济学的原理和党的基本路线进行深入批判，使大家很受启发。今年六月，在批判林彪与儒家反动的战争观，反对"耕战"、主张"去兵去食"的谬论和唯心论形而上学的战术原则时，由于过去谁也没有搞过这样的批判，感到难度很大。党支部就帮助理论骨干董铁军、贾兴林和苏建海等同志，刻苦攻读毛主席的军事著作，用毛主席的军事思想和军事路线去剖析林彪和儒家反动的军事思想和军事路线，最后终于写出了三篇质量比较好的文章，被上级机关转发，报刊、电台也选用了。

（三）组织理论骨干用马克思主义研究历史，把历史经验，变为手中武器。

今年六月十九日，我们连的四名理论骨干，听了天津站工人宣讲儒法斗争史，并当面听了中央首长关于研究历史问题的重要指示。通过学习首长指示，我们认识到：历史上的阶级斗争和路线斗争是现实阶级斗争和路线斗争的一面镜子；广大工农兵研究儒法斗争史，是普及、深入、持久地开展批林批孔的一个重要方面。于是，我们就以天津站工人为榜样，让理论骨干研究和编写儒法斗争历史讲稿。研究工作开始后，没有资料，他们就分头到杨村中学、师范学校和南开大学等单位借阅；不懂古文，就虚心向工人、教师和学生请教。经过四天日以继夜的奋战，一部几万字的儒法斗争史初稿就和全连见面了。随后，他们又根据同志们的意见和在上级机关宣讲后的反映，多次做了修改，使讲稿逐步完善、准确。在分时期写出儒法斗争史的基础上，党支部又以不断革命的精神要求他们，从政治路线、思想路线、组织路线和经济路线等各个方面，分别研究儒法两千多年来斗争的焦点，找出规律性的东西来，以便吸取历史经验，从各个领域里深批林彪的反动路线。

在研究儒法斗争史中，理论组同志发扬知难而进的革命精神，以马克思主义为武器，贯彻"古为今用"的原则。理论骨干张勇，党支部分工他研究儒法两家经济路线的斗争焦点及其基本经验。开始，他手头什么资料也没有。为了找到资料，他跑了几个地方借到一本《盐铁论》，而后又借到一部记载了有关经济情况的古书《食货典》。许多古字不认识，他就跑到驻地学校借来《康熙字典》，一个个地查；不懂得意思，他就找领导机关和中学教职员工请教。经过刻苦努力，他终于找到了不少有关的材料。怎样才能把这些杂乱无章的材料梳出辫子、提起纲来呢？他遵照毛主席关于历史唯物论的观点和抓主要矛盾的教导，一个时期一个时期地分析儒法两家的经济政策，而后再从废"井田制"与复"井田制"、奖励"耕战"与反对"耕战"、盐铁官营与盐铁私营等经济政策中，寻找其共同的东西。通过分析，他清楚地看到：两千多年来儒法在经济路线上的斗争，始终围绕着是束缚生产力还是促进生产力这一中心进行的。这样，重点就抓到了，规律性的东西就找到了。在这个基础上，他从林彪攻击社会主义制度、污蔑我国国民经济停滞不前、鼓吹"民富国强"，打着"为民请愿"的旗号反对党和社会主义的罪行中，找出其与儒家反动经济路线的联系，从而深挖了林彪修正主义经济路线的历史根源及其腐朽没落的反动思想根源。

四个月来，理论小组先后写出了有关研究儒法斗争的材料共十七份，达二十多万字。有的在全师范围内做了宣讲，有的被上级机关转发，对普及、深入、持久地开展批林批孔运动起到了一定的作用。

三、不断加强思想教育，
促进理论骨干的思想革命化

实践告诉我们，要使战士理论队伍健康成长，就必须不断加强对理论骨干的思想教育。

尽管我们连参加理论队伍的同志，都是比较优秀的同志，但在他们的头脑里，也同样存在着各种非无产阶级的思想。如有的同志感到自己学得多，带头批，成绩大，因而往往流露出骄傲情绪。也有的同志感到自己水平不高，要担任读书辅导是麻袋片做大袍，不是上讲台的"料"，往往产生畏难情绪。还有的同志感到当了理论骨干，增加了不少额外负担，往往又产生出怕累情绪。个别的同志参加了理论队伍，还带有好入党、好提干部的个人主义情绪。这些非无产阶级思想，都是理论队伍健康成长的障碍。我们就抓住这些思想苗头，经常开展思想整风，不断对理论骨干进行教育。今年七、八月间，《人民日报》、《解放军报》、《战友报》都在头版头条刊登了我连加强战士理论队伍建设的体会。有些理论骨干看到报纸以后，沾沾自喜，甚至说："咱们总算是打出去了！"党支部和理论小组的骨干在分析这种现象时，认为，这是骄傲自满情绪的流露。于是，我们就及时在理论队伍中搞了一次思想小整风，让大家讨论：究竟如何正确看待所取得的成绩？当前我们还存在什么问题，应当怎样做才符合党和毛主席对我们的要求？讨论中，大家一致认为，我们所取得的一些成绩，全靠毛泽东思想的指引和群众的帮助。尽管我们做了一些工作，但离毛主席和党中央的要求还差得很远，只有谦虚谨慎才能继续前进。许多同志主动检查了自己沾沾自喜的骄傲情绪，决心不为名，不为利，脚踏实地，不断前进。两年来，理论小组先后进行了九次思想小整风，每次都收到了良好的效果。

我们还经常教育理论队伍用高标准要求自己，做到"二不脱离"。今年夏收时，连里留下十名理论骨干编写儒法军事斗争史讲稿，准备到军党委会上去汇报。理论骨干们为赶时间，连续四个晚上熬到下半夜。个别理论骨干因太疲劳，白天就在宿舍里睡觉，还有的夜里写、白天写，坐得屁股痛，休息时就抓个兰球到球场上活动一会。一些正在场上打麦子的同志看到他们打球，就议论说："你们倒自在啊，我们受累，你们睡觉；我们干活，你们打球。"有的理论骨干听到这些意见，感到很委屈，甚至还堵气说："看着不顺眼，可以换着干！"当我们了解到这一情况后，就专门召开理论队伍会议，专题讨论"怎样对待来自群众的批评意见？"的问题。通过讨论，大家一致认识到，群众给自己提意见，是对自己的严格要求，绝不能自己辛苦一点，就听不进别人意见；如果听到群众的批评就堵气、抵触，势必脱离群众，失掉战士理论队伍的本色！与此同时，我们又召开了党员会议，专门讨论"如何正确看待理论骨干"的问题。大家遵照毛主席关于要学会全面地看问题的教导，充分肯定了理论骨干的成绩，一致认识到，不能只看自己劳动一天辛苦，也要看到理论骨干熬夜动脑的辛苦；不能光看自己打麦子收到的物质成果，也要看到理论骨干编写批判林彪与孔孟反动军事思想的讲稿所收到的精神成果。从那以后，党员们和全连同志都更加关心和体贴理论骨干。炊事班的同志一看他们熬夜，就主动给做夜餐；哨兵看到他们熬夜，就主动多站一班岗或悄悄交给下一班。理论骨干则处处用高标准要求自己，坚持做到不脱离群众，不脱离训练、生产，不脱离公差勤务，也不要领导上特殊照顾。有时晚上加班，其他同志悄悄替他们站哨，他们就在第二天午睡时补上。九月初连队到四钢秋收时，四名理论骨干正赶写儒法政治路线、思想路线、组织路线和经济路线斗争四篇专题讲稿，上级要求他们要在四天时间里拿出来。连里考虑任务重，时间紧，想留他们在家写，但他们白天坚持跟着连队往返四十里地去收高粱，晚上回来后再加班编写。结果，四天的秋收一天也没耽误，四篇讲稿也如期编写了出来。

理论骨干还做到"文仗"天天打，"武仗"时刻准备打，努力学文习武，严格训练，严格要求，苦练杀敌本领。现有十九名理论骨干，在今年进行的第二、三、四练习的实弹射击中，除第四练习有三人是及格成绩外，其它同志的成绩全部是优秀和良好；刺杀、投弹、战术、单杠也全是优良成绩，投弹平均达四十六米二。党支部今年树立的射击、刺杀、投弹、军体四名军事训练的标兵中，有三名是理论队伍的成员。

理论骨干们还以雷锋为榜样，全心全意地为人民群众和全连同志服务。理论骨干张京树，主动接过了班里的传家宝——修鞋箱，为大家补鞋。不懂修鞋技术，他就到驻地鞋店向老师傅学习；手被扎出了血，缠上布条继续干；补鞋的材料用完了，就用自己的津贴费去购买；时间紧，他就在午睡和熄灯后给大家缝补。入伍以来，他为全连补鞋三百多双。理论骨干董铁军，用自己的津贴费买来了一套工具，利用课余休息时间为伙房和全连同志焊补锅盆碗勺。有的理论骨干还主动当了义务木匠，为连队和驻地群众修理门窗板凳；有的当了义务理发员，为战士和社员理发；还有的同志常年不懈，天天坚持打扫厕所。在理论队伍的带动和影响下，部队正气上升，好人好事大量涌现。许多班排都自动成立了学雷锋小组，利用节假日和课余时间到驻地为群众做好事；还有几个班设立了"节约箱"，搜集牙膏皮、碎玻璃等卖给收购站，而后购来马列著作或历史小丛书供大家学习。

事实证明，理论队伍只有坚持"三不脱离"，不搞特殊化，才能**健康成长**，也才能受到指战员的欢迎。

四、认真选拔骨干，不断充实力量，使战士理论队伍具有各方面的代表性。

最初，我连理论小组的几个成员文化都比较高。他们虽然在学习与批判上带了头，但不容易把全连同志都带起来。其原因之一，就是缺乏代表性。例如，开始学习中央批林文件时，部分文化低、普通话还学得不好的侗族战士听不懂文件的意思，一些文化较高的汉族理论骨干多次热心地对他们进行辅导，但结果仍然解决不了问题。后来，党支部让一位文化较高的侗族战士担任了他们的小教员，他只讲了一遍，那些同志就大体理解了文件的精神。这使我们认识到：使理论骨干具有各方面的代表性，对带动全连学习、批判是有好处的。为此，我们先后几次调整了理论骨干的成员，使其既有干部，又有战士；有文化高的，也有刚从双学班毕业的；有从城市入伍的，也有从农村来的；有汉族战士，也有少数民族战士；有战斗班的成员，也有勤务班的成员。事实证明，这些骨干代表各个方面，他们所起的作用也能够更好地影响到各个方面。例如，党支部吸收了刚摘掉文盲帽子的侗族战士李庆田参加了理论队伍以后，连里几位文化低的少数民族战士很受鼓舞和鞭策，无论看书学习还是批林批孔，都更加努力，也更有成效。

我们还根据连队干部战士有出有进，每年都要复补和理论骨干常有调动的情况，及时补充新的血液，使理论队伍始终在组织上得到落实和巩固。

除在全连建立了战士理论队伍外，我们还在班排建立辅导组和辅导员，形成了一个看书学习的辅导网，层层都有批修骨干。

在毛主席的正确路线指引下，我们连的理论骨干正在健康成长着。第一任理论小组长崔立珍，二十二岁，一九六九年入伍，被选为师党委委员，并担任了营教导员职务。理论小组副组长李卫平，十九岁，一九七〇年入伍，被选为团党委委员，并担任副指导员职务。还有另外两名理论骨干被选调到上级机关工作。现有十九名理论骨干中有十二名被树为各级标兵。今年连队党支部吸收的七名新党员中有五名是理论骨干。事实证明，加强马克思主义理论队伍的建设，也是培养千百万无产阶级革命事业接班人的一条重要途径。

在建设理论队伍中，我们虽然作了一些工作，但离毛主席、党中央的要求还差得很远。我们一定要继续努力，把连队马克思主义理论队伍建设得更好，让他们在打文仗中更有战斗力，把批林批孔运动进行到底！

0167

认真看书学习深入批林批孔

天津警备区某部一连

天津市学习马列和毛主席著作经验交流会

会议秘书处　　　　　　　　　　一九七四年十二月

认真看书学习，深入批林批孔

在天津市委、市革委和天津警备区各级党委的关怀和领导下，我连党支部努力落实伟大领袖毛主席关于**"认真看书学习，弄通马克思主义"**的指示，一年来狠抓了学习马列著作和学习毛主席著作的群众运动，推动了批林批孔的深入发展。七月份，我连遵照毛主席、党中央关于要学习儒法斗争的历史经验，读点法家著作的指示精神，在天津站、小靳庄工人、贫下中农的带动下，开展了群众性的学习、研究儒法斗争史的活动。干部战士齐上阵，群策群力搞普及，在不到一个月的时间里，编制了从先秦至近代的《儒法两家斗争史简表》和《"五四"运动以来反孔与尊孔斗争史简表》，编写了劳动人民反孔斗争和儒法斗争史故事一百五十多个，利用多种形式普及了儒法斗争的历史，有效地提高了干部战士的阶级斗争觉悟和路线斗争觉悟。我们在此基础上开展了总结历史经验的活动，进一步把主要的注意力放到学习和批判上来，使得批判促进了学习，提高了同志们看书学习的自觉性；学习带动了批判，运用学到的马克思主义的原理，加深了对林彪反革命修正主义路线和孔孟之道的认识；在学习和批判的斗争中，提高了大家的阶级斗争和路线斗争觉悟，推动了连队的各项工作，加强了连队的建设。同志们说，批林批孔的一年，是看书学习大跃进的一年，也是我连各项工作大提高的一年。实践证明，只要认真看书学习，搞好批林批孔，就能不断夺取和发展革命的大好形势。

现在，我向首长和同志们汇报一下我连在抓学习和批判方面的情况和体会：

一、认真看书学习，提高批判的水平，
正确总结历史经验

在不断深入发展的批林批孔运动中，我们遵循研究儒法斗争和整个阶级斗争的历史，要为现实的阶级斗争、路线斗争服务，为巩固无产阶级专政服务，为反修防修服务的原则，在用多种形式普及儒法斗争史的基础上，九月起开展了用马克思主义的立场、观点、方法，总结历史经验的活动。这时，我们发现有的同志一说研究历史，就拼命读史料，钻古书，而不重视对马列主义理论的学习。结果，在一些问题上，产生了一些模糊认识。有的过高地估计了法家在历史上的作用；有的对儒法斗争的历史经验不是批判的继承，而是搞历史类比。

为什么会出现这样的问题呢？党支部组织大家学习了毛主席的教导：**"我们必须尊重自己的历史，决不能割断历史。但是这种尊重，是给历史以一定的科学的地位，是尊重历史的辩证法的发展，而不是颂古非今，不是赞扬任何封建的毒素。对于人民群众和青年学生，主要地不是要引导他们向后看，而是要引导他们向前看。"** 大家认识到总结历史经验，一定要用马克思主义的立场、观点、方法，历史地、阶级地、具体地分析历史上的人物和事件，运用一分为二的辩证唯物主义的观点去其糟粕，取其精华，从正反两个方面去总结。没有马克思主义基本原理为指针，研究历史就会走错路。只有坚持批判继承的原则，才能避免"颂古非今"、"盲目搬用"的偏向，达到"古为今用"，为无产阶级政治服务的目的。于是，在贯彻北京军区基层批林批孔经验交流会会议精神时党支部作出了《以孙守方同志为榜样，认真看书学习》的决定。全连同志认真学习了毛主席有关批林批孔的指示，批判了叛徒、卖国贼林彪反对和破坏学习马列主义的群众运动，所散布的马列主义"离我们太远"、"马列的书太多，读不完"、"深奥难懂"等修正主义的谬论。同志们认识到，我们的眼力不够，只有借助于马列主义这个"望远镜"、"显微镜"，才能透过复杂纷繁的历史现象，抓住阶级斗争的实质，科学地总结历史经验，找出带规律性的东西来。只有掌握马克思主义这个锐利的思想武器，才能对修正主义和**孔孟之道进行深刻的，有分析的有说服力地批判。连队**的理论骨干在讨论中说："只有以马列主义为指针，才能正确地研究历史；正确地总结历史经验，同时加深对马列主义、毛泽东思想和党的基本路线的理解，加深对林彪反革命修正主义路线和反动的孔孟之道的批判。"同志们进一步认清了学习和批的关系，端正了学习的态度，看书学习的自觉性就更高了。在三个月的时间里，我们学习了《哥达纲领批判》、《实践论》、《人的正确思想是从哪里来的》、《关于正确处理人民内部矛盾的问题》等文章，着重领会了马列主义关于"历史研究必须为无产阶级政治服务"，"要用马克思主义的立场、观点、方法来研究历史"，"生产力和生产关系、经济基础和上层建筑的矛盾是社会的基本矛盾"，"阶级斗争是阶级社会发展的动力"，"人民群众是历史的创造者"，"要正确评价历史人物"等重要观点。从而保证了研究历史经验的正确方向。

同志们运用学习的成果，在总结历史经验的过程中，一分为二地看社会、看法家，看劳动人民的反孔斗争，注意了这样几个问题：一是认清在封建社会中，农民阶级和地主阶级的矛盾是社会的主要矛盾，农民的斗争才是历史发展的真正动力。在封建社会初期，也只有劳动农民才是反对奴隶主复辟的主力军。二是认清法家人物是地主阶级的代表，他们的思想无不打着地主阶级的烙印。他们在封建制代替奴隶制的社会变革中，有进步的一面，同时也有压迫劳动人民保守的一面，从根本上看法家的进步措施是从维护地主阶级的利益这一基本立场出发的。三是认清劳动人民反孔斗争是与反剥削压迫紧紧地联系在一起的，区别于法家的反孔斗争；同时由于阶级和历史的局限性，农民阶级没有先进思想所指导，所以不能彻底判判、战胜反动的孔孟之道。我们从封建制的兴起到巩固近三百年的历史中，选择了一些重大历史事件和重要的历史人物，逐个地运用马克思主义的观点解剖、分析，写了二十篇小文章。每一篇文章解剖、分析一个人、一件事，说明马克思主义和党的基本路线的一个观点。为了加深对**"社会主义社会是一个相当长的历史阶段"**的理解，我们研究整理了一份《从"黔首安宁，不用兵革"谈起》的材料，在肯定秦始皇用封建制代替奴隶制生产关系这一进步作用的同时，指出了他不可能正确认识阶级斗争的规律，因而招致了秦王朝的覆灭、奴隶制的复辟。通过研究秦始皇"焚书坑儒"前后的阶级斗争，整理成《"鲁壁藏书"的启示》一文，我们在肯定秦始皇"焚书坑儒"进步作用的同时，总结了意识形态领域里的阶级斗争不能靠简单的办法来解决的经验，使同志们进一步认清了社会主义时期阶级斗争的特点，更加重视意识形态领域里的阶级斗争。通过编写《"清君侧"是一切野心家两面派的反革命策略》和《"为民请命"是一切反动派复古倒退的惯用旗号》两篇文章，进一步提高同志们对反革命修正主义的识别能力。在研究《从刘邦战胜项羽看路线正确与否是决定一切的》这一问题时，同志们进一步加深了对**"思想上政治上的路线正确与否是决定一切的"**这一论断的理解。研究历史上儒法斗争和劳动人民反孔的历史经验，紧密联系现实的阶级斗争和路线斗争，使同志们更清醒的认清了林彪反革命修正主义路线的极右实质。同志们在批判文章中指出："林彪和孔老二是一对复辟狂，同样都逃脱不了覆灭的下场。"由于大家能够比较正确地评价法家和农民运动在历史上的进步作用，认清他们是哪个阶级的人，代表哪个阶级的利益，既充分肯定他们在历史上的进步作用，又恰如其分地指出他们的历史局限性，阶级局限性，使同志们认清无产阶级比历史上的任何革命阶级都先进，社会主义制度比以往任何社会制度都优越，马克思主义、列宁主义、毛泽东思想比以往任何思想体系都强大和具有生命力。从而进一步提高了同志们的路线觉悟，增强了看书学习的自觉性。

一排长任俊海同志在编写《农民战争史》时，看到我国历史上那么多声势浩大的农民起义都失败了，思想上有些不大理解。他通过学习毛主席著作，认识到，农民起义不能成功的根本原因是没有先进的无产阶级来领导，没有马列主义、毛泽东思想作指导，从中体会到，马列主义、毛泽东思想是劳动人民翻身解放的指路明灯，无产阶级夺取政权，巩固政权都要靠马列主义、毛泽东思想的指引。从那以后，他更加如饥似渴地看书学习，白天时间不够用，就在床头按了个小灯泡，平日每晚学一个半小时，星期六学两个小时，星期日学四个小时。从七月以来，他读了《哥达纲领批判》、《国家与革命》、《实践论》和《简明中国哲学史》、《中国近代史》等二十本书，写了两万八千字的笔记，编写了近十万字的研究材料和批判、体会文章。最近，他又以战斗的姿态，迎接一九七五年，制定了在新的一年里的读书计划。为了防止"大块时间找不到，分散时间浪费掉"，他在学习计划中学习雷锋同志在学习上的"钉子"精神，要求自己做到："饭前饭后学一点，节日假日抓紧点。大块时间学一篇，分散时间学一段。学一点用一点，体会一点写一点。"任俊海同志已成为全连看书学习的好榜样。

在批林批孔运动中，我连干部战士看书学习的自觉性逐步提高，表现在由靠领导组织学发展到被批判的任务压着学，又发展到自觉地有计划地学。当前，我连看书学习的空气更浓了，同志们在诗歌中赞道"白天练兵忙，杀声震天响，夜晚灯火一片亮，人人动手写文章"，生动地描绘了干部战士认真看书学习的大好形势。现在，人人都写读书笔记，人人都觉得时间快，利用休息时间和节假日读书的人越来越多了。今年，全连共写读书笔记三千一百八十八篇，批判稿七千四百六十篇。掀起了一个新的学习高潮。

二、认真看书学习，清除孔孟之道的
流毒和影响，加强世界观改造

在批林批孔运动中，能不能提倡克服非无产阶级思想，加强世界观的改造呢？对这个问题，我们开始是不够明确的。总怕一讲世界观改造，就扭转了运动的大方向。我们连党支部带着这个问题，反复学习了《共产党宣言》。马克思和恩格斯在这篇光辉的著作中指出："**共产主义革命就是同传统的所有制关系实行最彻底的决裂；毫不奇怪，它在自己的发展进程中要同传统的观念实行最彻底的决裂。**"我们又进一步学习了天津站和小靳庄的工人，贫下中农深入批林批孔，打意识形态领域里的进攻战，贯彻边破边立原则的经验。我们认识到，无产阶级改造世界的任务，包括两方面的内容，既要改造客观世界，也要改造主观世界。而且，如果不能很好地改造主观世界，就不能很好地掌握马克思主义的立场、观点和方法，也就不可能真正地完成改造客观世界的任务。所以，要深刻地批判孔孟之道，要彻底肃清它的流毒和影响。党支部一班人提高了认识之后，在最近几个月的时间里，带领全连同志打了一场意识形态领域里的进攻战。具体做法是：

1.划清两种世界观的界线，清除孔孟之道的流毒和影响。为了划清两种世界观的界限提高对旧观念的识别和抵制能力，我们组织连队批判了《名贤集》、《弟子规》、《神童诗》、《烈女传》、《二十四孝图》等侵透了孔孟之道的反动小册子，列了图表，用马克思主义的观点去对照孔孟之道和林彪的反动观点，写出了批注和专题批判文章。在这个基础上经过群众反复摸索、研究，编成了由四十个笑话组成的《群丑图》，用以揭露所谓名贤、大儒、忠臣、孝子、义士、神童的政治上的反动，道德上的虚伪，学术上的无知，勾画出孔孟之道典型人物的丑恶咀脸。同时，编成了"要革命不信天命"、"读马列批判孔孟"、"为人民不谋私利"、"分阶级破人性论"、"讲实践破天才论"、"靠群众破英雄史观"、"反潮流不搞中庸"、"敢决裂不守旧章"等八个方面，共有七十一篇无产阶级英雄人物故事的《英雄谱》。适应青年战士的特点，通过讲儒家的笑话和讲无产阶级英雄故事，使同志们形象地、具体地划清了两种不同世界观的界限。接着，我们又组织大家学习了《共产党宣言》、《为人民服务》、《关于纠正党内的错误想想》等著作和毛主席关于改造世界观的有关论述；由领导同志运用马克思主义的观点，结合《群丑图》和《英雄谱》中的人物形象，讲了两种世界观的根本区别。这样从形象到理论，从具体到抽象的教育，使同志们提高了对两种世界观的辨别能力。在此基础上，我们发动群众摆出了八十多条在社会上流传的孔孟之道的反动谚语，从中选了二十二条，分成八类，发动全连同志批判，写了二十四篇批判文章，编成了《匕首集》。过去有些同志特别是老战士对于复员回乡参加生产是有想法的，受社会上阶级斗争的影响在连队中个别人的口头上流传着"当兵不当兵，早晚还是个拱地虫"、"抠地皮，没出息"这样两句所谓的"疙瘩话"。其实，这正是孔孟之道的流毒，是剥削阶级对劳动人民的诬蔑。可是我们有些同志，却不自觉地受到影响。一九七〇年入伍的骆文祥同志，由于受"抠地皮，没出息"的影响，曾经错误地认为复员后回农村干庄稼活没出息。后来我们狠批了这两句"疙瘩话"，对他震动很大，意识到原来自己头脑里**也**钻进了孔孟之道的流毒。通过学习毛主席的有关教导，学习雷锋、甘祖昌的英雄事迹和王荣才复员后重新回农村干革命的事迹，批判了**孔老二**轻视劳动，诬蔑劳动人民的谬论之后，他认识到不想回农村，轻视农业劳动，实际上是一种忘本的思想。一个革命战士必须全心全意为人民服务，干一行爱一行。他说："革命工作都是光荣的，都是我的志愿。工作岗位可以变，革命目标不能变；人可以离开部队，不能离开继续革命的岗位。"思想变了人也变，现在他每天中午和晚上各用半小时坚持读书，一个月来，学习了《共产党宣言》、《为人民服务》，写了十五篇心得笔记。大家说："骆文祥从不想回农村，到决心一切服从党的安排有很大的进步，我们应该向他学习。"

2.学英雄，做英雄，正面教育，提高觉悟。为了在批林批孔运动中使同志们进一步牢固树立无产阶级世界观，我们采取了批判孔孟之道的世界观，开展学英雄、做英雄的活动，增强了连队的团结，进一步树立了无产阶级**"一不怕苦，二不怕死"**的革命精神。我们始终坚持了正面教育的原则，通过学习马列主义、毛泽东思想的有关论述，批那些代表一定思潮的孔孟之道的反动谚语，出正面题目进行讨论的方法，提高大家的认识。为了帮助同志们树立革命的苦乐观，我们组织大家讨论了不同的阶级为什么有不同的苦乐观；两种不同的苦乐观的对立表现在哪些方面；我们应该怎样树立**"一不怕苦，二不怕死"**的革命精神这样三个问题，学习了无产阶级革命战士为人民不谋私利的英雄事迹，用恩格斯关于**"道德始终是阶级的道德"**，**"一切已往**

的道德论归根到底都是当时的社会经济状况的产物"的教导，批判了孔孟之道的"人为财死，鸟为食亡"腐朽的人生观，运用阶级分析的观点，解剖了两种苦乐观。认识到，不同的阶级有不同的阶级利益，就有不同的苦乐观。剥削阶级不劳而获，鄙视劳动，把劳动看为苦，把坐享其成的寄生虫的生活看为乐；无产阶级认为劳动创造了人类世界，斗争才能推动社会前进，把劳动和斗争看作是最大的幸福。炊事班的么庆贵同志，过去不太安心在炊事班烧火做饭，认为这活又脏又累，别人看不起。批判了剥削阶级的苦乐观，他体会到，烧火做饭关系到全连同志们的健康，是为人民服务。大家吃好饭，自己再受点苦心里也舒服。他现在工作安心了，还想方设法节约煤炭，以自找苦吃的精神，把烧过的煤灰中还可以烧的煤渣拣出来继续烧。他还多次利用休息时间修改炉灶，使耗煤量下降到五两以下，一年来为革命节煤六吨多。现在大家都把英雄的豪言壮语记在头脑里，把英雄人物的形象印在心坎上，学英雄，做英雄，努力按照共产主义的世界观来改造自己的思想。战士康继信说："写英雄学英雄，英雄事迹记心中。革命干劲百倍增，继续革命永不停。"

3.开展多种活动，积极用无产阶级世界观占领思想阵地。社会主义时期的阶级斗争规律告诉我们，无产阶级与资产阶级在意识形态领域里的争夺是非常激烈的。所以我们要在这个领域里打进攻战，用毛泽东思想改造世界观，大树无产阶级新思想，新风尚。近三个月来，我们发动全连大唱革命样板戏，在原来的基础上，全连已能合唱二十二个革命样板戏选段；组织大家讲革命英雄故事，儒法斗争故事，劳动人民反孔斗争故事和揭露儒家的笑话；编写了十个文艺节目，成立了评介图书小组，评论介绍新出版的图书。同时，发动全连干部战士人人动手写革命诗歌，先后掀起了三次高潮，共写了六百多首，其中有四首已被人民音乐出版社谱成歌曲。同志们一致反映，战士写的战士歌，战士唱起心头乐。我们还积极开展了体育活动，参加了各项比赛。业余时间开展了丰富多采的活动，活跃了连队生活，振奋了革命精神，连队新人新事不断涌现出来。战士耿二楞原来是个文盲，在研究儒法斗争史中，他解放了思想，轻装上阵，在同志们的帮助下积极学文化、查资料，编写故事，总结历史经验批判孔孟之道，思想境界大大提高。他的母亲着急给儿子说媳妇，第一次给找了个政治条件不好的姑娘，耿二楞拒绝了，并对母亲说："我们贫下中农要牢记阶级斗争。"后来，他母亲又连着给他说了三个对象，但都要彩礼，最少的也要三百元，耿三楞都不同意，他认为给彩礼是"四旧"，我们不能向旧传统屈服。同时，他还向母亲宣传晚婚的道理。通过批林批孔，新人新事新风尚，在我们连越来越多。同志们的思想觉悟不断提高，连队面貌不断发生着新的变化。

三、认真看书学习，坚持"纲举目张"，
全面加强连队建设

在深入进行的批林批孔运动中，我们认真地学习了毛主席关于**"路线是个纲，纲举目张"**的教导，学习了毛主席为我军制定的建军思想、建军路线，狠批了林彪提出的"以四好为纲"的资产阶级军事路线，以及孔孟之道"以礼治军"的儒家思想。进一步弄清了政治与军事、革命与生产、纲与目的关系。我们体会到，建设连队的根本，就是要把革命搞好，把路线搞对头。而且，任务越重，工作越忙，越是要抓好看书学习，抓好批林批孔，抓好政治思想工作。只要抓住了路线这个纲，人的思想觉悟提高了，各项工作就一定能够促上去。一次，我连接受了警卫中央首长的任务，从上级下达任务，到布哨完

毕，仅有一个半小时的时间了。怎样才能完成好这项任务呢？当时，有的同志认为，时间这么紧，赶紧编班就行了，用不着搞什么动员了。还有的说，警卫中央首长和外宾是老任务，不会出什么问题。党支部感到这是单纯军事观点和和平麻痹思想的表现，必须在路线问题上把好关，加强执勤中的思想政治工作。于是，我们在准备工作中，首先进行了深入的思想动员，说明了完成任务的重要意义，提出了提高警惕，克服麻痹思想的要求。同时，在执勤中又做了两次动员，园满完成了任务。要做到"纲举目张"，我们还体会到，在进行路线教育时，一定要联系部队的工作实际和思想实际，从理论和实践的结合上说明问题。在总结历史经验的活动中，为了进一步提高大家的阶级斗争觉悟，加深对党的基本路线的理解，我们还两次请了驻地附近派出所的同志，给连队介绍了敌社情，进一步增强了敌情观念，提高了阶级警惕性。同志们说："原来总觉得风平浪静，现在从理论到实际，都懂得了阶级斗争的复杂性和严重性。"

在批林批孔深入发展中，同志们的路线觉悟提高了，无产阶级的世界观树立得更牢了。我们努力把思想上焕发出来的积极性，落实到各项工作中去，从各方面加强连队建设。

首先，加强了团结。通过学习马列主义关于团结的论述，学习毛主席关于"国家的统一，人民的团结，国内各民族的团结，这是我们的事业必定要胜利的基本保证"的指示。批判影响团结的孔孟之道的谬论，全连讨论了三个问题，即：①无产阶级革命团结与林彪鼓吹的"仁"有什么根本区别？②孔孟之道的"人性论"、"中庸之道"是怎样破坏无产阶级团结的？③我们应该怎样自觉地维护和加强革命团结？同志们认识到，团结是有阶级性的，我们要的是在马列主义、毛泽东思想指导下，建立在执行正确路线基础上的团结。林彪把"仁"说成团结，实质上是抹煞团结的阶级性，搞虚伪的一团和气，取消阶级斗争、路线斗争。大家批判了"亲不亲，一乡人"、"多栽花，少栽刺"等影响团结妨害思想斗争的反动谚语，体会到，讲团结不是不要斗争，"一切联合否认斗争"和"一切斗争否认联合"的看法都是片面的。只有从团结的愿望出发，开展积极的思想斗争，才能不断加强革命队伍的团结。我们党支部基本上是团结的，但也不是没有问题。比如，有个战士支委觉得自己入伍时间短，经验少，水平低，受"中庸之道"的影响，采取了"多干少说"的态度，不能积极参与集体领导，不能大胆开展思想斗争。最近，我们批判了"多吃饭身体好，少说话威信高"这样浸透了"中庸之道"思想毒素的"疙瘩话"，使这个战士支委思想上受到了很大教育。他感到少说话，不批评，就可以提高威信，得到好处是从个人利益出发的自由主义态度。认识到自己是集体领导的一员，应该以主人翁的态度参加支部工作，坚持马克思主义的斗争哲学，出以公心，坚持斗争，这样才能加强团结，搞好工作。现在每个支部委员都能从维护支部的团结出发，经常开展批评与自我批评，进一步加强了团结。支部一班人的团结，带动了军政的团结。军事干部组织政治学习，主持批判会；政工干部深入实际抓好执勤训练中的政治思想工作，相互支持，相互配合。支部的团结也带动了官兵团结，干部爱兵爱的自觉，干部顶班上哨，帮助战士克服在学习中的困难，探望来队家属，看望住院和外出执行任务的战士，已成了自觉行动。战士也更加尊重干部，服从管理，支持干部的工作。支部的团结还带动了战士之间的团结，由于克服了老乡观念、自由主义等妨碍团结的因素，同志们在政治上互相关心，互相帮助，出现了团结向上的良好风气。

　　同时，连队的各项工作，也取得了较好的成绩。今年以来，我连除担负正常的勤务外，在上级党委正确领导和兄弟单位的密切配合下，还较好地完成了十八次警卫中央首长和外宾的临时任务。在军事训练方面，比去年有很大的进步，去年各种武器进行了六次实弹射击，其中两次优秀，一次及格，三次不及格。今年进行了八次实弹射击，其中四次优秀，四次良好。游泳训练参加训练一百一十人，有一百零六人达到了千米以上，消灭了"秤砣"，达到了千米连的要求。手榴弹投掷取得良好成绩。刺杀完成了基础动作，对刺训练取得了较好的成绩。战备施工挖电缆沟三千二百零四米，提前三分之一的时间完成了任务。在农副业生产方面，产菜六万七千多斤，除自给外，交售国家二万五千多斤。自打马草二万多斤，自做酱油二千五百多斤。连队的组织纪律观念也比过去加强了。我连的驻地到处都是果木树，全连同志自觉执行三大纪律八项注意，受到群众的称赞。全连六名干部探家，全部提前归队；二十九名战士探家全部按时归队，还有八名提前归队。

当前连队出现的大好形势，完全是通过认真看书学习，深入批孔批林所取得的成果。为了巩固和发展大好形势，我们决心进一步搞好学习和批判，抓好以下几个环节：

第一，党支部一定要把主要的注意力放到学习和批判上来。要定期分析学习和批判的形势，制定学习的计划，检查落实的情况。今年，我们采取不断召开经验交流会、举办心得笔记展览等方法，起到了互相学习，互相促进的作用，这种做法还要坚持下去。连队干部要学在前头，多学点，学好点，才能取得指导连队学习和批判的发言权。

第二，不断提高看书学习的自觉性，充分发动群众。马克思主义认为，**理论一经掌握群众，也会变成物质力量**。搞好学习与批判，必须充分发动群众，提高大家看书学习的自觉性，并及时发现、支持群众运动中的新生事物，不断提高学习和批判的水平。在年终总结中，我们发现二班的张新民同志，积极自学斯大林的《社会主义经济问题》和政治经济学，研究帝国主义的经济危机和农村中的两条道路斗争。我们就积极地加以指导，使他走在前面。蹚出路子来，号召更多的同志学习列宁的《帝国主义是资本主义的最高阶段》，掀起新的学习高潮。

第三，坚持理论联系实际的原则。为了把批林批孔不断引向深入，深批林彪反革命修正主义路线的极右实质和反动的孔孟之道，在学习的内容上，把读马列的书与读毛主席的书结合起来，把系统读一本书与选学某一方面的论述结合起来，把学习统一规定的文章与根据斗争的需要自选必要的著作结合起来，把学原著和学原理结合起来。努力使同志们在斗争的实践中，学习系统的而不是零碎的，实际的而不是空洞的理论。

第四，抓好典型，培养理论队伍。我们树立了单位、干部和战士各方面的典型，用来指导运动的发展，实践证明这是行之有效的。理论骨干队伍是打硬仗的刀尖子。培养这样一支理论队伍是非常重要的，一定要舍得花本钱。我连的理论队伍已由十九人扩大到三十一人，我们采取了加强辅导不断帮助，交给任务提出要求的办法，使他们在斗争中锻炼、提高。我们还采取了干部和勤杂人员顶班上哨的办法，保证了他们学习和突击任务的时间。二个月来，我们已在理论骨干中发展了两名党员，选拔了一个排长、一个班长和一个副班长。实践证明，批林批孔运动是培养、锻炼无产阶级革命事业接班人的大课堂。

回顾一年来的批林批孔运动，我们感到同志们的路线斗争觉悟提高了，连队的建设加强了。但是，由于我们的水平不高、努力不够，连队的读书活动还存在不少问题，在学习的广度和深度上，比起许多先进的单位，还有很大差距。我们一定要紧跟毛主席的伟大战略部署，在上级党委的领导下，进一步抓好学习和批判，把批林批孔运动普及、深入、持久地进行下去。

团结起来，争取更大的胜利。

中央负责同志和中央文革小組同志以及一些报刊編輯部关于批判资产阶級反动路綫的言論摘录。

《人民日报》編輯部十月十三日解答：

問：资产阶級反动路綫有那些表现形式？

答：执行资产阶級反动路綫的，可以是党委，工作組，工作組撤走后可能通过工作組安排的假文革委员会，也可能是原党委，工作組找一些代理人，指使一些人幕后操纵。执行资产阶級反动路綫也可能有一些受资产阶級反动路綫影响而执行反动路綫。目前表现形式很复杂，不能全举，那里有资产阶級反动路綫都要批判，要肃清它的影响。

陶铸同志8月25日说：

凡是真革命，假革命，中中革命，三分之一革命，四分之一革命，都要在运动中受考验。过去好人，在这次大革命运动中不一定是好人。

王力同志11月17日说：

批判资产阶級反动路綫时涉及到同学，工人，文革委员会，是不是群众斗群众，学生斗学生？现在资产阶級反动路綫的贯彻，是通过群众組织进行的，因此在批判资产阶級反动路綫时不可避免地要批判他们操纵的組织，但我们斗争的鋒芒是指向背后操纵的领导者，对执行这条资产阶級路线的学生提出批评，对他们进行辩论，贴他们的大字报，这是完全正常的，不是学生斗学生，群众斗群众，针对的是错误的资产阶級反动路线，不是涉及到文革的个别人。我们不是采取以前他们对我们的手段，如搜身，偷看日记，盯梢等手段来对待他们，我们是摆事实，讲道理和他们进行辯后，我们掀起夺大权的风信号一时顿觉蓬勃。在错误路线的形响下，为所谓夺权是虚假的，号召了反的，我们相信真理在我们这一边，夺大权风定会吹到我们这一边的。

国务院10月7日解答：

问：怎么解决运动中的黑官问？

答：是具体的，具体分析，一般易分不具体分析。①号黑帮部必是黑官，号要树权力，必须要官号政我开着。②有的反动了群众领导瘫痪了，为了运动体断隔，如领导运动也是黑官。

江青同志十月不日说：
一个真正的无产阶级革命者一定是掌握原则掌握政策希望同志们主大群大众的锻练中掌握政策，没有是于现用斗争的锻练取不足能号是无的义工是争思想无则普及以上于斗功改除时料专分要求大左派队伍团结夺大权颁意革命的人团结那些受蒙蔽的人孤立了打击一小撮党内走资本主义道路的人走资本主义道路的当权派。

东方红 革命造反公社 翻印

天津市二戏曲艺术学校
66 12月

什么是资产阶级反动路线

1. 不高举毛泽东思想伟大红旗，而高举组织某些人的旗帜，不是把毛主席著作学习放在一切工作首位，而是放在一切工作的后头。

2. 不是放手发动群众，而是搞宗派，千方百计排斥别人，压制少数，这是资产阶级反动路线热衷执行者的通病。

3. 蒙蔽工农兵，挑动不明真象的工农群众围攻学生。

4. 极力造谣诬蔑之能事，将革命群众打成反革命。

5. 在斗争党内走资本主义道路当权派时，借口要花招，走过场，只刮风不下雨，甚至明斗阴包庇，不是行左实右，就是行右实左。

6. 不是充分利用大鸣大放，大字报大辩论。对揭发自己或揭发自己的大字报，害怕的要命，组织反击或采用卑鄙的手段，掩盖革命的大字报。

资产阶级反动路线表现形式 （一）

1. 触及到自己的灵魂时，便转到群众那里去。

2. 怕字当头，压制群众，破坏文化大革命。

3. 颠倒黑白，混淆是非，把革命群众打成反革命。

4. 转移斗争目标，挑动群众斗群众。

5. 对抗十六条，反对以毛主席为首的正确的无产阶级路线

6. 讲规律，不许群众首创，造成少数人的运动。

7. 高高在上，官气十足，老虎屁股摸不得。

8. 画框子，向上而下，严重地脱离群众。

9. 定调子，包办代替，使文化大革命走过场。

10.

国印毛泽东思想革命战斗队
1966年12月25日

资产阶级反动路线表现形式 （二）

1. 害怕群众，压制群众，打击群众的革命行动。

2. 矛头指向群众，挑动工农斗学生，学生斗学生。

3. 在学校及其它单位搞宗派活动，利用一种组织压制另一种组织。

4. 搞假文革，假红卫兵，制定反条路线，自己在幕后活动。

5. 他们口头上也讲十六条，在行动上却离开十六条。

6. 利用广大群众对党和毛主席的无限热爱，制造一部分工农群众，反对革命群众，造成群众斗群众学生斗学生的局面。

资产阶级反动路线表现35条
代替"实右的阶级路线"

一、代替实右的阶级路线。

1. 高喊以文以红五类为主的你们的阶级队伍，实际上百般刁难跟自己意见不同的红五类子女加入这个组织。

2. 口头上讲贯彻党的阶级路线，实际上不把黑五类的其子女加以区别，黑五类出身的一律被看为"狗崽子"混蛋。

3. 打着非常时期的幌子，排斥工农、同等及其劳动人民出身的革命群众。

4. 有些人三类干部子女被对为黑邦子女。

5. 办事走秘密线，不走群众路线。

6. 三类人物与黑邦不加以区别。

二、镇压群众运动。

7. 把敢向自己提意见的革命群众打成"反革命集团""反动学生"。

8. 用造谣公布档案、追查出身、社会关系等形式，打击报复敢于造反的革命群众。说他们是别有用心的。

9. 抓群众运动中的小辫子、扣帽子戴黑水、戴上黑帽，把群众运动打成反革命行动。

10. 稿人过关，实行白色恐怖。

11. 规定种种清规戒律，变相四大阻挠革命串联。

12. 垄断打黑邦压制群众的革命热情。

13. 垄断红卫兵用武力干预群众运动。

14. 抓住群众运动、导向转变中的困难和挫折，散布惊慌情绪，宣布开倒车。

15. 幕后操纵文革小组、文革委员会压制群众运动，挑动群众斗群众。

三、挑起群众斗群众。

16. 按拥护自己的一批人，打击不拥护自己的一批人。

17. 挑动群众斗所谓"反动学生""右派学生"大搞"抓游鱼""反干扰"办、事、累。

18. 挑动工人同工厂骂、斗争纵教职员工。

19. 人为的制造红卫兵之间的矛盾。

20. 利用工农群众对党深厚感情，挑动工农群众斗争，对抗党中央领导和毛泽东思想。

四 对抗党中央和毛主席思想。

21. 把基层党组织同党中央等同起来，胡说什么反对基层党组织就是反对党中央。

22. 对毛主席著作学习，不领导，不组织，不宣传，不鼓励。

23. 胡说毛主席著作已过时，阻挠群众学习毛著。

24. 打着大仗：不符合毛泽东思想的旗号，实际以把自己的意见 = 毛泽东思想。

25. 高喊革命心无，而实际无，不通过毛著，触及自己的灵魂，改造自己思想。

26. 极端民主化，遇稠不合自己的意见，就随心所欲的造反。

27. 对中央首长，采取不欢迎或者造中央领导同志的谣言，煽动群众反对党中央，炮打无产阶级司令部。

28. 用种种借以抵制主席像、纪念章、革命书刊发行、反对文斗违反党的政策。

29. 斗黑邦用辱骂和变相体罚代替摆事实讲道理。

30. 变文斗为滋斗 变武斗为文斗。

31. 借破："四旧"砸国家重要古玩文物。

32. 随便毁掉国家商品物资等。

33. 抢走国家人事档案、机密文件等，不抓革命促生产。

34. 开会"四大"对面串联，不领导，不组织，不计成本，随便动用生产时间。

35. 把生产劳动任务看成无足轻重，可以任意不完成。

河北大学毛泽东思想"八·一八"红卫兵第十中队翻印
抄于北京大学北大。
国庆天津印发工毛泽东思想革命战斗队
1966.12.21 翻印

資产阶级反动路线25种表现

一 运动初期：

　　1 框 —— 定下框々束缚群手脚。
　　2. 观 —— 观看潮流見风使舵。
　　3. 靠 —— 依靠上司奴隶主义。
　　4. 保 —— 拼命保皇甘当走卒。
　　5 察 —— 侦察动静准备出动。

二 群众起来：

　　6 怕 —— 怕得要死胆颤心惊。
　　7 转 —— 转移方向指向群众。
　　8 救 —— 大放谣言制造烟幕。
　　9 歪 —— 歪曲事实颠倒黑白。
　　10 阻 —— 层々阻碍层々破坏。

三 斗争尖锐化了：

　　11 压 —— 镇压革命白色恐怖。
　　12 打 —— 打击左派猛泼冷水。
　　13 抓 —— 瞎抓右派斗争群众。
　　14 独 —— 破坏决定独断独行。
　　15 抗 —— 对抗中央专横跋扈。

四

　　16 混 —— 混水摸鱼政治投机。
　　17 变 —— 变换手腕貧充好人。
　　18 睛 —— 睛上压下阴奉阴违。
　　19 溜 —— 处境愛劣溜之大吉。
　　20 咬 —— 反咬一口死皮赖皮。

五、严重后果：

21装 —— 伪装"左派" 蒙骗群众。

22篡 —— 形"左"实右 残害群众。

23卖 —— 毁灭自己 出卖同志。

24夺 —— 牛鬼蛇神 夺权篡政。

25送 —— 云党云国 江山断送。

倒印毛泽东像题 12.18. 造反队翻印
12.20.

一切革命战友走们联合起来
彻底粉碎资产阶级反动路线！

把无产阶级文化大革命进行
到底！

保卫党和毛泽东保卫党中央保
卫毛主席！！！

关于黑材料部份

周总理讲话：1966.10.12日晚，在中南海小礼堂接见凡各校多数派。

……我们一直空怖黑材料大概有这样的东西：

第一，工作组对上级的报告，这些报告总报告学生分成两派，从一去就这样做，揭工作组就是反革命派了。

第二，排队也不恰当嘛，排左、中、右。

第三，析讨材料，让被压制的一方查讨。

第四，对支持工作组的就叫他们供应材料。

第五，出简报，这种简报有很大的倾向性，把反工作组的都说成是反革命，把拥护工作组的都说成是好的。

第六，工作组员记的日记，记那同志说什么语……。

第七，工作组会议记录，据我调查大体有这样七颥。

关于这七数材料或多或少工作组都有，因此无怪乎受压制的少数你不给他就去抢！……所有工作组如果自觉处理省得被动。解放了少数现在也解放了你们嘛！你们上了当，犯了错误了改正了就轻松了。……私人日记中的材料最好自动勾掉免得误会，我不主持同学互相搜身，我反对这样做，……。

毛泽东思想夫刀队 抄自红岩战斗队走访国务院记实
66.12.12

李富春同志 十月三十一日对七机部传达

　　　　中央 指示

　　材料问题是文化大革命的材料, 时间是指文化大革命以來自处理方针。

　　一, 凡是斗錯了的, 錯正了的, 受压制的一律予以平反个人的材料一律退回。领导干部应公开承认錯误。

　　二, 凡是用做为批判錯误路线的材料在不至于引起群众斗群众, 不影响全面情况下, 由领导主动提供受压制一方面的群众。

　　三, 凡是引起群众对立的材料, 如排队名单, 工作组報告, 工作组手册, 会议记录, 上级指示 这些材料經多方群众同意, 可以当群众烧毁, 如果不同意请上级处理。

　　现在有些单位比較敢动, 引起一些群众搶材料, 处理这个问题说不清楚的, 可以请上级派人处理, 如果不迅速处理处理不下去, 只好任取反省, 因此要求各单位主动处理这些材料。

印染公司毛泽東思想尖刀队抄自 口防学校红卫兵联络总部尖佳队　　66 12.12.

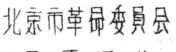

北京市革命委員会

重 要 通 告

（北京市革命委員会全体会议通过，並经中央批准。）

一、革命群众都必须坚决执行毛主席、党中央关于"抓革命、促生产工作"的指示，争取革命和生产双丰收。

二、坚决执行毛主席关于要文斗，不要武斗的指示。严禁打、砸、抢、抓。煽动武斗的少数坏人和情节严重的打人凶手，应该受到无产阶级法律的制裁。

人民解放军北京卫戍部队和军代表有权处理武斗问题，有关方面必须以，不得拒绝执行。

三、不准破坏国家财产，不准动用交通工具参加武斗，不准调动人员加外单位的武斗。

四、坚决执行毛主席关于"必须坚决克服许多地方存在着的某些无纪状态或无政府状态"的指示。不许破坏劳动纪律。不许无故旷工。坚决一切扰乱革命和生产秩序的现象作斗争。

五、无产阶级专政机构应该按照毛主席的教导，坚决支持无产阶级革派，担负起维护和巩固无产阶级专政的革命秩序、保卫国家财产、保卫产阶级文化大革命的神圣职责。

六、坚决执行中共中央、国务院、中央军委、中央文革小组四月二十关于停止外出串连的通知。已经外出串连的北京学生和群众，除经中央许的以外，应当立即全部返回北京，外地来北京串连的学生和群众，也应该立即全部返回本地。

本通告自公布之日起生效，并由革命委员会常务委员会分别采取具体施。

北京市革命委員会　67年5月14日

天津市公安局无产阶级革命造反总部转抄　67·5·17

中共中央、国務院、中央軍委、
中央文化革命小組关于化工部"紅战团"搶
走国家机密档案的通报

党中央、国家机关各部委、軍委各部門、各省市（自治区）革命委員会（筹备小組），各軍区，各級軍事管制委員会幷轉各革命羣众組織：

化工部"紅色战斗兵团总部"（簡称"紅战团"）的某些負責人，于八月二十日晚，違反中央关于保障党和国家机密安全的規定，強行搶走化工部的国家机密档案材料十一卡車。为了保卫党和国家机密的安全，严厉制止这种搶劫国家机密档案，損害无产阶級文化大革命的行为，中央文革小組責令办事組曾先后五次打电話通知"紅战团"的負責人，要他們把搶走的档案材料交北京卫戍司令部封存，但"紅战团"的某些負責人无視中央文革办事組的意見，以种种借口，拒絕交出档案材料。在北京卫戍司令部根据中央文革小組办事組的通知，前去收回这批档案材料时，他們又故意刁难。事后，他們不仅沒有絲毫的自我批評，反而无理地指責中央文革小組办事組。

我們訳为，"紅战团"的某些負責人違反中央規定，搶走机密档案的行为是非常錯誤的，在中央文化革命小組办事組要他們交出档案时，又拒絕执行，这更是錯誤的。我們希望化工部的无产阶級革命派和中央各部、北京市各单位的无产阶級革命派同志們，訳真对待这件事，以原則的态度，严肃批評"紅战团"某些負責人的这一錯誤，幫成造成这一事件的直接策划人向群众做公开检討。我們大家要从这一事件中吸取教訓，共同保卫党和国家机密档案的安全。今后，任何群众組織和个人，都絕对不准台走党、政、軍机关和企业单位的机密档案。違者，要按党紀国法严肃处理。

（此件可以在机关、学校、工厂內部張貼）

一九六七年八月三十一日

（中发（67）283号）

关于在无产阶级
文化大革命中加强公安工作的若干规定

无产阶级文化大革命，是毛泽东思想统帅下的、无产阶级专政条件下的大民主运动，它把广大群众的革命积极性调动起来了。形势大好。没有无产阶级专政，就不可能实行人民群众的大民主。公安机关是无产阶级专政的重要工具之一，必须适应无产阶级文化大革命形势发展的需要，采取恰当的方式，加强对敌人的专政，保障人民的民主权利，保障大鸣、大放、大字报、大辩论、大串连的正常进行，保障无产阶级的革命秩序。为此，特规定：

（一）对于确有证据的杀人、放火、放毒、抢劫、制造交通事故进行暗害、冲击监狱和管制犯人机关、里通外国、盗窃国家机密、进行破坏活动等现行反革命分子，应当依法惩办。

（二）凡是投寄反革命匿名信，秘密或公开张贴、散发反革命传单，写反动标语，喊反动口号，以攻击污蔑伟大领袖毛主席和他的亲密战友林彪同志的，都是现行反革命行为，应当依法惩办。

（三）保护革命群众和革命群众组织，保护左派，严禁武斗。凡袭击革命群众组织，殴打和拘留革命群众的，都是违法行为。一般的，由党政领导和革命群众组织进行批判教育。对那些打死人民群众的首犯，情节严重的打手，以及幕后操纵者，要依法惩办。

（四）地、富、反、坏、右分子，劳动教养人员和刑满留场

（厂）就业人員，反动党团骨干分子，反动迫会門的中小道首和职业办道人員，敌伪的軍（連长以上）、政（保长以上）、警（警长以上）、宪（宪兵）、特（特务）分子，刑满释放、解除劳动教养但改造得不好的分子，投机倒把分子，和破余、被关、被管制、外逃的反革命分子的坚持反动立場的家属，一律不准外出串連，不許改換姓名，伪造历史，混入革命群众組織，不准背后操纵煽动，更不准他們自己建立組織。这些分子，如有破坏行为，要依法严办。

（五）凡是利用大民主，或者用其他手段，散布反动言論，一般的，由革命群众同他們进行斗争。严重的，公安部門要和革命群众相結合，及时进行調查，必要时，商情处理。

（六）党、政、軍机关和公安机关人員，如果歪曲以上规定，捏造事实，对革命群众进行鎮压，要依法查办。

以上规定，要向广大群众宣傳，号召革命群众协助和監督公安机关执行职务，維护革命秩序，保証公安机关人員能正常执行职务。

这个规定可在城乡广泛張貼。

中共中央　国务院

一九六七年一月十三日

1、什么叫经济主义？

经济主义是反马克思列宁，反毛泽东思想的，是彻头彻尾的反革命修正主义的货色。

经济主义适合下分群众的落后心理，用经济收买的手段，腐蚀革命群众的意志，把群众的政治斗争引向经济议的道路。就是说，先是无产阶级只为增加一点工资福利而斗争，只顾个人的暂时利益，不顾整个无产阶级的长远的根本的利益，不去为实现社会主义和共产义而进行斗争。也就是我们需说的，只是钞票挂帅，不是政治挂帅。

2、当权派够了什么条件才能罢官。 运动也有

三反分子要罢官，四类分子要罢官，摘问，他们在群众斗群众，又不认真给群众平反，他们在群众中的威收丧失了，能不能罢官。三类干部有的也可以有严重问题，以后他不能胜任了就可以，但还是内部矛盾，对于那些认识错问出身好的，要教育好、处理完。

3、罢官与停职"反省"一样吗？

停职反省也叫罢官，停止一切职务也叫罢官。

4、家庭问题看本人，历史问题看现在，这句话怎样理解。

基本上是正确的，家庭问题要看个人的表现，也要看历史，问题要看现在表现也要看，要看现在，但不能只看现在。

4、什么样的错误误属于路线、方向性错误。

方向性指方头的问，搞什么，路线性指依靠谁，派工作组是方向性路线性错误。

5、斗批走，最后如何处理。

最后处理是根据问题性质，过去的贡献和他们的认识。

《走 訪》

中央國務院文革联合接待站

—— 接談記要 ——

時间：1906．11．29 下午

接待员：王化普同志

一、在我院給革俗群众貼成批的大字報集体簽名祢不祢围攻？

答：对領导上、对当权派集体写大字报是可以的，但对于群众写集体簽名的大字报就属於围攻了。

二、給革俗群众貼了成批的大字报，斗了，並掛牌送进劳改队，实行了專政可是有的領导说，当時就打成反革俗未正通告，谈不上平反不平反，对不对？

答、那应当平反，並当众恢复名誉，不然群众不知道是怎么回事，在运动中被打成反革命的有多少人是正式通告宣佈过的呢？絕大多数没有，凡是革俗群众被批了，斗了，实际上"享受"了被强制专政待近的，就应当平反，人家精神上受了很大刺激領导上不承認錯误不給平反那怎么行呢。

三、关于平反方面，有的領导说，那是群众搞的，不是領导上搞的，谈不上平反不平反，对不对？

答：所謂群众搞的那是推脱责任，是借口，这是錯誤的，实际上都是在領导的同意，支持或默許下干的，当揪革俗群众時領导上站出没有了沒有站出來就是同意、支持、默許，就是領導上的責任，竟要求領導者要"敢"字當头，一面要敢于发动群众，一面要敢于坚持政策。如果領导上站出来阻止过，那责任还輕些，如果沒有站出来阻止，那就是領导上的责任，推不掉，就应当由領导上来平反。

平反是党委、工作組或文革負责人来做。

如宣武区某工厂一位女工被街道紅衛兵打了，剪了头发，现在才一寸長，还不敢脱帽子，这領导上要負责任。沒有領导上的同意，群众是不会那样做的。因此，应当平反，賠礼道歉。

四、现在有的領导人还說：搞错了那是群众搞的。这是不是林继续坚持资产阶級路線？挑动群众斗群众？

答：可以說是继续坚持资产阶級反动路线，是继续挑动群众斗群众。

五、有的人給革命群众組織了成批大字报，並強迫写检查，对不对？

答：那是錯誤的，应当退还检查，銷毀材料。

六、有人借口革命群众"态度"不好，就給掛牌，送給"劳改队"並隨之又解除了其爱人近十年的合同工作，祢什么問題？

答：借口"态度"不好挂牌送劳改队是錯誤的，进一步解除其爱人的工作那就更不对，这类问题領导上要負责任。（有人說是群众要求的）那同样是借口。誰决定的，誰通知的，那一定是領导上，别的合同工解除了沒有？（答别的合同工沒有解除又吸收了新的臨時工）那就更不对了，几个月的工资怎么办呢？这根据政策研究决定，这也是平反内容，应当平反道欠。对于革命群众挂了牌子已了政也必须平反道欠。

七、关于材料的銷毀，各級領导及有关文革成员而写的記录本、日記、小組記录，大字报底稿等祢不祢里材料？

答：烧。凡是整群众的材料一律清点集中、销毁，中央指示中明确指示，凡是整理过的和没有整理过的（日記本、会议记录大字报底稿等）都要清点、集中、销毁，凡是五月十六日以后，各种有关整群众的材料都烧（整当权派的材料不在内）一律作废，销毁，但不宜公佈，免得引起群众和群众间的隔阂。

八、科研单位当权派指的那一级？

答：在中央机关是局、司長級以上，因为任何决定都通过他们，他们說了烧数，他们簽了字全國都要执行。

在现场一般說来，車间主任、科長就称当权派。

科研单位没有具体規定，可参考其他单位。

九、我院处理了一批人，有的戴了帽子，有的未戴，有的送回乡下去，有的送往现场作了处理，对不对？

答：那不符合中央精神，十六条中規定，群众当中既使有了右派分子也要到运动后期处理，当然现行犯够处理条件的应当处理。

十、这次运动整不整革命群众？

答：这次运动不是整革命群众，群众是自我教育问題，是帮助问題，不是整的问題，这話林彪同志講过。

十一、抓革命促生产怎么搞？

答、工厂方面是业余时间搞，科研单位没有具体規定，社論上也没有具体說，可以到其他单位了解一下，大家商量解决。

十二、有的群众被贴过成批的大字报现在要到下现场合不合适？

答：你们院搞生产要到现场去，有的人被贴过成批大字报要下去思想上有负担，精神不舒暢，也不能搞好生产，要搞好生产应须提高覺悟，心情舒暢的情况下，如果領导上为了减輕压力支干去是不对的，但不能都那样想，我们要注意組織紀律，可以給領导提意見，在这样的情况下，去着不合适。

但领导上决定要去，还是要去的．提击保留意见．回来再搞。

主、中央文件中提到的其他有关组织是指的什么组织？

答、是指的文革委员会，红工兵等（问：造反团包括不包括？）造反团也包括在内。

西、在平反问题上领导怎样做才对？

答：如果领导上现在还躲々肉々，不敢勇于承认错误，勇于承担责任，不彻底给受打击的革命群众平反，而想推脱责任，继续挑动群众斗群众，那他检查五六次也是通不过的，那他就会滑到与党相对抗的地步，如果是一个愿意革命的领导，他就会勇敢的站出来，彻底检查承认错误，给被打击的革命群众平反，这样革命群众会原谅他们的，检查一二次就会过关的。

全國紅色工农造反总P
66 12.11

天津印染公司毛澤东思想尖刀队翻印
66.12.17

走访 **中共中央办公厅**
国务院秘书厅 文化革命联合接待室

接待人：谭东武同志（解放军）

上访单位：工代会二机联委长城无线电厂革造叛队
　　　　　"在险峰"造反队
　　　　　保卫毛主席路线警卫兵团

接待时间：1967年5月26日下午一点半到三点。

上访纪要：

问：您对天津目前形势了解吗？

答：有一定了解，但不如你们清楚，我们可以交换一下意见。

问：您对天津目前武斗有何看法？

答：天津武斗目前比较严重，这主要是受无政府主义思潮的影响，对于武斗问题林彪同志已经谈过，人民日报在二十二日也发表了社论，估计可以扭转一下。

问：我们认为社论发表后，天津的武斗并没有得到很好解决？

答：如果是这样的话，他们还无视中央的社论，这挑起武斗的一定有幕后操纵的，不过不要怕，对于挑起武斗的人和打人情节严重的都要给予制裁，你们回去以后要宣传"人民日报"的"立即制止武斗"这篇社论。

问：对天工"八·二五"您有什么看法？

答：对天工"八·二五"的问题，伯达同志已在三月八日讲了话，但讲话后他们并没有及时改正错误，并且有所发展，如果这样的话，他们就走向自己的反面。

问：有人说天津夺权小组欺骗了中央文革，所以陈伯达三月八日才讲那样严重的话，是真的吗？

答：这是怀疑一切的做法，不相信中央文革，天津问题是中央布署的，中央在天津有人民日报记者，有观察员，每天天津和中央都有联系，你们说中央能不调查不研究吗？

问：为什么陈伯达同志五月八日讲完话后，有些单位却大喊"与天工（八·二五）风雨同舟"？

答：这不是唱对台戏吗？他们那样写只是某单位中几个人干的，这绝不是那个单位全部群众都同意的。

問：关于李雪峯被夺权的說法是真的嗎？

答：你们相信是真的嗎？中央首长不是許过嗎？各大局的权就是中央的权，如果夺各大局的权就是向中央夺权，这是不允許的。

关于李雪峯的问题我们有三点可以說明：

第一，中央確实任命了謝富治同志为北京軍区政委，刘格平同志为付政委，但是李雪峯同志仍然是北京軍区第一政委。說夺了李雪峯的权那是造謠。

第二，李雪峯同志是毛主席派到天津去領导天津文化大革命的，我们認为李雪峯同志不是党內走资本主义道路的当权派。

第三，李雪峯同志过去犯过一些严重的錯誤，但中央已做了結論，李雪峯同志也做了檢查，毛主席就认为他的檢查是"老实的，誠恳的"。

主于天津的文化大革命程还有一些缺点这是不可避免的是正常的，天津的部署是中央安排的，把一切责任都推到李雪峯身上这是不客观的。

問：李雪峯为什么不回天津？现在天津还在大反李雪峯，有人說：李雪峯要进驻天津，是这样嗎？

答：李雪峯在天津做了大量的工作，这一点中央首长在接見天津各造反派时已經做了結論。

陈伯达同志說："天津的主要矛盾是革命群众同万、張反党集团的矛盾，斗争的鋒芒应針对万、張反党集团，的不是針对李雪峯同志。周总理也說过："天津反对李雪峯搞得太过分了"。中央首长对李雪峯同志的問題都已經同你们进京代表談了，有些人无視中央首长講話，还那样做，那当然就不对了。

李雪峯现在因为是华北局第一书記，那他有更重要的工作要做，他还要領导河北省文化大革命，山西省文化大革命，北京市文化大革命，內蒙古自治区文化大革命。有人說他在遥控天津，那为什么刘少奇现在不能遥控天津，邓小平为什么不能遥控呢？天津是李雪峯的职权范围之內嗎？当然他要負責。

問：有人說李雪峯是万、張反党集团的后台老板，是这样嗎？

答：那会不这么回事，那他们是找各种借口达到反李雪峯同志的目的。

問：我们認为天津五全代表会議成員受压制，有些抬不起头来？应如何理解。

答：天津五个代表会议中央已經肯定，我们坚决支持五个代表会议，至于你们談到現在有些組織闹得很凶，攻击五个代表会议，我们認为这是暂时的，如果他们再这样下去，只能走向自己的反面了。只要五个代表会議牢牢掌握运动大方向，是会得到越来越多的群众的支持的。

問：关于天津駐軍問題，有人說解放軍在天津問題上犯了方向性錯誤，路綫性錯誤，是这样嗎？

答：这种說法沒根据，江青同志对天津的工作已經肯定，江青同志说过，天津駐軍是最好的。

問：关于天津夺权問題，怎么拖得这么久？

答：我们認为在夺权前应尽量把工作做得細致些、周到些，尽量把一切工作都在夺权前做好，这不更好嗎？实际天津的权已經不在方、别反党集团手里啦！

問：什么叫保守組織？

答：保守組織站在反动资产阶级反动路綫，不揭发走資本主义道路的当权派，甚至是被这些人所操縱。

造反派对保守組織要有正確态度，保守組織的广大群众是要革命的，应当帮助他们認识资产阶級反动路綫的罪恶。

問：有没有丟掉运动大方向把斗争矛头指向群众，指向革命組織的造反組織？

答：如果把矛头指向群众，指向革命組織，不批判资产阶級反动路綫，不揭发党内走資本主义道路的当权派，不管他闹得有多凶，也是形"左"实右。如果各組織都这样，刘、邓能揪出来嗎？万、张能揪出来嗎？

問：如果有人說某某組織是保守組織，还要辯論怎么办？

答：如果你不是保守組織，你就不理他，坚持你的大方向，打内战是不好的。

問：目前天津市又出現了全市性組織，我厂也有部分人参加了这个組織，你的态度如何？

答：文化大革命現在已发展到按系統联合的新阶段，对于全市性組織我们不支持。

問：目前我们厂有少部分学生，因为某組織个别人問題辯論不清，經常在广播器中叫喊要辯論这样做我们怎么对待？

答：紅衛兵小將來廠串聯你們應以禮相待，但他們除在你的生產以外，如果在這當中有什么問題，雙方要互相諒解，文化大革命主要依靠本單位進行斗，批、改。任何人干涉外單位的文化大革命是不相信群眾，都是不對的。他們為什么要在廣播器中罵人呢？廣播要宣傳毛澤東思想嘛？！

問：團支部負責人稱當權派嗎？如果有人撬開他的辦公桌對嗎？文件丟失了怎么處理，保衛科怎么辦？

答：有那么二、三十個人的團支部書記也算不了什么當權派，如果他執行了資產階級反動路線，可以自己教育自己。

撬開他的辦公桌就不對了，查抄當權派的黑材料還得有當權派在場呀！這事保衛科要負責追查，如果文件確實丟失而不是栽贓的話，都是撬鎖人要負責。

問：關于平反問題：中央文件（指66·11·16）下達后我廠被打成牛鬼蛇神的革命群眾要求平反，但當時革命組織不讓工作隊進廠（回廠）

答：現在也不要希款工作隊您怎么辦？自己以后要解決，要由革命組織積極努力把平反問題解決了把這些群眾解放出來。

（註：以上內容未經本人審閱，仅供參考）

工代會二机联委长城无线电廠警远戰队

长城无线电廠"在险峯"造反队

长城无线电廠保卫毛主席路线紅卫兵团　67·6·3

工代会印刷系統指揮部文革印刷廠革命造反队翻印

天津部織品進出口公司革命造反总指揮部翻印

1967·6·8

上 访 中共中央办公厅 文化革命
国务院秘书厅
联合接待站天津组

接待员：苏同志

上访时间 1967年7月6日下午1:30分～5:00

，，地点：劳动人民文化宫

，，单位 工代会化学公司毛泽东思想战斗队

，，，有机公司红色造反团廿单位

苏同志说天津现在的政治力量分三大派，一派是支持五代会，支持三结合，一派是反对的 另一派是中间状态的目前正在观察和考虑今天在这个接待室里就是这三派，可以说是天津政治力量的缩影，观点不同但到这里来的目的是相同的，就是想了解一下中央对天津的看法，现在我就把我知道的有关天津的情况说给你们。

一、天津形势 天津形势是一个大好形势，要说天津形势，不能不回忆中央首长三次接见天津代表的讲话。江青同志说：天津军队是一支好军队，在天津文化大革命中做了不少工作，做了三促成，促成了天津革命秩序的建立 促进了城乡社会主义生产的发展 促成了 革命派大联合。关于天津革命大联合，陈伯达同志提过中央指示，这不是个人意见，是代表中央文革小组的意见。

关于大联合，天津的大联有缺点，混来一些保守组织。要在现有基础上巩固、加强、扩大。大联合的主流、革命"三结合"的大方向基本上是应该肯定的。

天津斗争的主要矛盾：斗争的主要矛盾是天津团内有了人民同万、张反革修正主义集团的矛盾，斗争的锋芒应该针对万张反党集团，而不是针对李雪峰同志，千万不要忘记万张反党集团在天津的阴谋，从对主要矛盾的分析导出了天津的大方向。天津斗争的大方向，1刘邓。2万张反革命修正主义集团。3本单位走资本主义道路的当权派。关于天津革命派的大联合，革命"三结合"中央首长在三次接见天津代表的

已明确了：态度是明朗的，坚定的。大家心里取有，这个问题也不是你们所关心的，你们所关心的是中央首长对天津形势有没有新的提法和表态，没有，这足证明历来的指示现在仍然有效。关于李雪峰：

周总理在一次接见内蒙地区代表时说过，李雪峰在揭发乌兰夫的问题上立了大功。五代会有缺点，看怎么看，抱什么态度。这是个观点问题。观点解决了什么都好办了。这是马克思列宁主义者，毛泽东思想如何对待群众，对待新生事物的问题。真正的马列主义者，从来就是满腔热情地对待新生事物。黑龙江省革命委员会的成立也没经过五代会的过程，由小到大　很不容易，其他省区也没有开过五代会，这是一个新生事物了，古今中外都没有搞过，在文化大革命以前更是新生事物了。夺权本身就是一个新生事物，目前还在群众的创造中，关键在怎么样对待缺点，新生事物不能一点缺点都没有，要从建立了历史上看成绩，克服缺点。在这点上，我们不能脱离毛泽东思想，巴黎公社精神一直到现在还在鼓舞着我们。它是第一个无产阶级政权，这是世界上工人夺权的英勇尝试，但巴黎公社也有缺点仅仅存在世界一天半。但是没有因为缺点，马克思就否定了这个组织。人民公社也是一样，人民公社是一面红旗，但也有缺点，周总理去邯郸时发现食堂化脱离了农民现有的生活水平，后来取消了。但人民公社的成绩是肯定的，这样看问题是马列主义态度，有人却说糟糟了，冒进了，不能全盘否定，另起炉灶，任何组织和个人对待新生事物都不要抱这个态度，从这个观点去看五代会，就象中央指示那样。今后处理的方针，在现有的基础上，加强，扩大革命派的大联合，革命的三结合，砸烂、改组都是不对的，重新搞一个五代会是错误的。

反复辟的组织是不合法的　在跨行业的组织中，中央是承认五代会其他跨行业的组织是双层政权。在无产阶级专政下的我国是不允许双层政权存在的。否则不就变成三国鼎立的了，各占山头，成了北洋军阀的局面，肯定地说，反复辟在这点上是违犯中央精神的，我们不支持。至于承认与否是另一个问题，那个组织也没经中央批准的以他们用不着反，建复辟了天津但另外人不承认反复辟为万这个数，这是益的，我们了解，没搞么多人，我们看的清楚，他们斗争矛头错了，斗争的大方向错了，这一错，一切都错了，造谁的反，革谁的命，对于反革命修正主义集团，开过象样的批斗会吗？还没有，中央对天津的看法仍是坚定不移的。有人搞成生米已做成了熟饭，非叫中央承认不可，给中央施加压力，这种作法是错误的，内蒙出现假夺权，王逸伦的老婆非叫中央承认，周总理说过，难道反革命的夺权也承认吗？最近社会上有人武斗从左的方面动摇中央政策，有的以极左的面貌出现，给中央施加压力，强迫中央政策改变，极左不是革命的，调子高不等于革命，指导文化大革命只能用毛泽东思想，而不能是其他阶级的思想。

五代会里，保守组织进来了，怎么办？要帮助，教育，如果他们认清心形势，反戈一击，我们欢迎，不应歧视他们，对人和组织都是一样，正象人民日报在立新写的文章指出，要允许人家犯错误，已允许人家改正错误，允许再犯错误，也允许再改正错误，但是，一个人，一个组织要坚持错误那是不对的。

天津五代会是以左派为核心的，决不是什么老保小保夺权，五代会都程度不同的在扩大，大专院校红代会发展慢一些，工代会几乎增加了一倍，目前正在大踏步地前进，左、中、右三派政治力量都在分化，中间派也有分化，全时对二派要有取舍，都在朝着健康的方向发展，各派政治力量都登台表达了，表达之后，中间派就会决定其自己的取向。天津四百万人决定要取舍，其标准是：

第一个标准：对一个组织及其负责人，看是不是高举毛泽东思想伟大红旗，不看你戴什么样的袖章，违反组织的名子怎样，人们要察其言，观其行，有的组织按中央方针办事，有的组织则不是这样干的，人心所向，人们就将舍弃他们。天津四百万人的心是向着毛主席的，无论是谁，那个组织也逃不开四百人民的取舍，有的人口城衷心誓死捍卫毛主席，实际上却不按中央政策办事，这在实际斗争可以表现出：比如李雪峰问题，毛主席认为他的施查是诚恳的，这一句话该顶一万句吧，可是有人听，有人不听，文斗、武斗也是一样，有的听，有的不听，最近天津也发起几次武斗，109中学经验事先毛主席做了指示，后边是经验介绍，天津都的组织大城，109中的经验是棵大毒草，毛主席的批示是公成了大毒草了？又说是经验为什么不上报？文化大革命那么多事情都得登报？最近人民日报刊、载了这个经验，解放军报几乎登了半版，五、七军训的指示是毛主席提示未的，有的学校却指武，军训是刘邓路线、是作么、是修养……。看来读毛主席的书容易，按毛主席的指示办事不容易。

第二个标准：是否不折不扣地执行党的方针政策。武斗问题，中央早以三申五令，七申八令，一直是反对的。十六条指示要文斗不要武斗，热烈响应……，无论业类对的讲话中也强调……，文斗才能触及灵魂。后来中央又转批了公安六条，批转了军委八顶命令，人民日报发表了立即制止武斗的社论，北京市革命委员会至要通知中也指示要文斗不要武斗，块后中央下来了又六通告。只是没有办法了才采取武斗，有办法可以辨法哪、前天曾讲武斗是摭夺政策，是资产价级研采风络，一下子把人打示，破坏回大，这是刘邓资产

〈接下页〉

阶级反动路线对待群众的运动发法，谁搞谁是这个样子，有的领导说：武斗是一种流氓行动，以为眼不了人。对阶级兄弟不能採取武斗，把劲头用在斗争万、张反党集团上不好吗？天津有的组织来访问到：有没有革命的打、砸、抢，有没有红色的打、砸、抢？这是反动口号。不要看到他们嚣张一时，要看到他们的懦弱性。谁搞打砸抢，谁负责任。不要以为你打了一下人，别人不知道，谁搞武斗将来都没好下场，现在就是没有时间，将来再说，这不是秋后秌账，不要看他们现在了不起，武斗是人心所背的。

第三条标准，这个组织是否紧跟中央精神。执行不执行中央方针、政策，是不折不扣的，还是反对。天津四西万人民要做取舍，今天是七月六日，去年这个时候，谁敢喊打倒刘少奇，可是毛主席在66年五、六通知中所说的一段话有人猜是指彭真，实际主席指的是刘少奇。你对最高指示党的方针、政策时不理解是可以允许的，但不执行它，就要犯错误。在执行中逐渐理解它。当时不认识是可以理解的。不去执行是不对的，执行了就对了。像历史的西安事变，张、杨扣当了蒋介石，毛主席当时决定放蒋介石，后来放了。当时有些将军们都不理解主席的用意，但放了的意义现在都明白了，如不放，国民党亲日派要把蒋介石炸死在西安，蒋介石一死势必导致国民党内战，阶级矛盾将会代替了民族矛盾，把他放了，阶级矛盾服从了民族矛盾，促进了国共合作，建立了抗日统一战线，当时不执行毛主席的"放"的政策，就会变成民族的罪人。

第四条标准，是否站在毛主席的革命路线一边。

凡符合以上四条的，一个组织就会由小变大。不符合者，就会由大变小，天津有人说中央文革受骗了，李□峯的检查是上敷下压，学校搞军训是框，天津103中学的经验是株大毒草等，要把这些论调统统串起来看，这是怀疑一切论。你怀疑这一切，中央都没发现，你们却发现了，你们水平比毛主席党中央还高，你们把陈伯达同志放在什么位置了，把毛主席和党中央放在什么位置了，党中央不能那样主观武断，偏听偏信。上面那些论调是值得批判的，各个组织检查一下，符不符上述四条标准，如不符合，就要垮台，不改是不行的。

此外还有两点：

第一，对待自己所犯错误的态度，这也是对待两条路线，对待群众的态度，历史上对待错误有两种态度。一种是知错必改，另一种则是阳奉阴违。群众舆论大了，感到压力大了，表面上承认错误，说什么：他的讲话是对我们的最大关怀、鼓舞……暗里则搞什么计划，搞运动。这种人，正像陈伯达同志所讲的，让自己走向反面。

第二点，看把斗争的矛头指向谁，斗争的大方向对不对。言行要一致，表面上轰轰烈烈，嚣张一时，实际上打的是内战，这一条也是衡量一个组织是革命的，还是保守的标准，我们是动机和效果一致论者，动机和效果应该是一致的。天津万、肺反党集团现在很舒服。热衷于打内战，客观上起了保万肺反党集团的作用，把人们的力量都集中到打内战上去了。一个组织是革命，还是保守的，要辩证的看，脱离上面四条，革命的组织可能由革命的变成不革命的（自觉的或不自觉的或幕后有操纵的）原来是保守组织，可能在斗争中会变成中间的，最后变成革命的组织。就是说要用毛主席的两点论去看这个问题，要用阶级分析的观点去看。这个问题，林彪三月廿日讲话中已经提过（原引此略）林彪同志说，我们所打倒的一些不是用宗派原则，而是用政治原则……要看他们站在那一边……立场站错了。本事越大越反动，如同文艺作品，作者的观点是资产阶级的，作品的艺术性愈高，本质越反动。对待保守组织应该采取批评、教育、团结，使之翻然一新，看一个组织是保守的，还是反动的，不要从一两件事去看，不要轻易给一个组织下定论，要慎重。中央首长接见各组织代表时，从来给那个组织下过定义，如北京七机部915、916二大组织，中央从未下过结论，二个组织有了分歧，不要从经济去卡，要通过协商去解决。

天津有几种现象。

1. 有两个关于李з峰的传单，一个是李з峰罢了官，一个是李з峰到内蒙去了，纯属造谣，得到这两个消息之后，我们马上做了辟谣，李з峰的问题开始时，形式上是焦点，实质上是针对五代会三结合要透过现象看本质，打倒李⺡峰的本质是搞垮五代会，搞垮革命的三结合，想扭转革命的大方向。

2武斗也是一个现象，武斗的实质是进行很尖锐的政治斗争，解放军挨了打，还一抢一拳，斗争就会转了方向，两个月来天津的驻军挨了打，没还一枪，没还一拳，对方也想争取还一枪，还一拳，解放军没有上他们的当，这足以证明六六军是一个很好的军队，真要一打，情况、性质全变了。

3天津大街上的大字报传单小报有三种，一种是革命的，一种是不革命的，一种是反动的，有的传单说李⺡峰调到内蒙去了，组织就去内蒙去搞活动，像在天津一样，李雪峰一到，就给他当头一棒，内蒙人民识别了这个问题，说根本没这么回事，把他们赶了回去，李雪峰的职务现在没变，仍是华北局第一书记，北京军区第一政委，飞扬李立三大方向不会错，他的东西不少，历史上是一个老机会主义分子，老修正主义份子，总和毛主席唱反调，一直唱到今天文化大革命，搞李立三，就看你有没有本事，搞李立三（在华北局地区）是大方向。

问：公安局革命造反党卫，河大八一八是什么样组织？

答：对天津的造反组织我们一个也不加评论，公安造反没问题，政法公社翻不了案

1、20夺权是反革命性质的，1、20夺权不能翻案，不信等将来看，肯定翻不了案，谁也翻不了。

问：胡昭衡是个什么样的干部怎么看？

答：一句话，由你们天津四百万人民去识别，中央没肯定，也没否定，哪有那么多叛徒，不过对胡昭衡有几个遗象可供分析：

1、他是天津七人夺权领导小组成员。

2、这个成员里的人不能揪。

3、胡昭衡扑日本科学仪器展览会剪彩是中央决定的，天大八一三破坏了是另一回事。

4、天津6.20大会是纪念毛主席关于正确处理人民内部矛盾发表十周年，是一个很好大会，胡昭衡同志参加了大会，天大八一三

给搅了，退了去去，这是另一回事。十九岁还没入党，怎么成了地
後了。

问：天津什么时候夺权。

答：那就很快就到了，但不能要想明天早上就夺权了，天津正在积极准备夺权。天津夺权的关键是质量问题，而不是时间问题，中央要日天津的夺权找出很多很多经验，为全国各省提供经验，已夺权的七个省市只有北京开了四代会，除了北京外，天津还开了三代会。有的省区夺了权，中央不承认，天津的夺权涉及到了组织的使用问题，要那样想问题就做错了，天津的夺权是个质量问题，而不是时间问题，若是时间问题，早就解决了。

问：现在有些组织炮打江枫，怎么看？

答：矛头对准江枫同志不对，江枫同志已经站了出来，是一个好干部，很好的干部。

关于解放军，就是江青同志接見天津代表时所讲的那样，但不能说没有缺点，有意見可以提，搞打倒，大字报上街只能使敌者快，亲者痛，对日本记者可以警惕。日本记者是1966年世界得奖单位，得到美帝的奖金，因为得到中国文化大革命情况及时，日本人一上街就得到好多情报，要这样干，现在帝修一圈正搞我们，没有一支強大的人民解放军，敌人早就进来了。五一节前美国的远四一公里，载着导弹的飞机进来了，干什么，若是飞到北京一轰炸，情况就变了，气候，土壤，水分都很合适。国外有帝修，国内有地富反坏右，敌人为什么不敢打，因为中国有一支強大的解放军，氢弹一响就更吓坏了。有的地方地富反坏右露了出来，有的没露，没敢露面，这正像钻楼上的麻雀，对枪声听贯了，他们不敢动是因为解放军没有出，有的传单上说："66军要换防，现在监狱空出来了，五、六月要大屠杀"。军队调动这是国家机密，只有毛主席，林付主席及国家军委知道，他们怎么知道的，从那里来的情况，我们要追问一句，他怎么办，这纯粹是造谣，这是煽动群众情绪，靠造谣过日子是过不长的。有人说解放军是带枪的刘邓路线，江青同志说过66军是最好的军队，怎么成了带枪的刘邓路线了？这种提法是錯误的，特别是对天津驻军。

以上是天津形勢问题

分析形勢的主导思想贯穿了以下几了观点

1. 阶级分析观点，即用阶级观点去观察形勢，组织等一系列问题。

2. 透过现象看本质，分清支流和主流，离开这尺半尺去看武斗，五代会被搞，反复辟等々，就会把天津形勢看坏了。

3. 一分为二的观点，即主席的一关论，二关之间依据一定条件可以向二端转化（这了转化条件就是：

　　〔1〕毛泽东思想伟大红旗举得高不高。

　　〔2〕中央方针政策掌握的怎样。

　　〔3〕是否站在毛主席的革命路线上了。

　　〔4〕紧跟中央精神怎样。

二．另碎问题

1. 干部亮相问题：这是和客观情况联系在一起的。文化大革命不是镇反，不是审干否则就要犯西南的错误。如果经过调查分析这个干部是刘邓司令部一边的就要打倒，就要夺权。如果经调查分析这个干部是毛主席革命路线一边的，有了错误应该帮助。对于领导干部关键在于做好调查分析。正好站在中间的，不偏不正的，这是不可能的。所谓干部亮相有五方面(此略)做到了就叫亮相，目前干部亮相大体有三种情况：

(1) 干部是一个好干部，但本单位有对立面组织，怕一站出来变成二个组织之间对抗，挑起武斗，所以他的亮相很慎重。

(2) 糊里糊涂地亮相站了起来。

(3) 有的干部伪亮的，有意识地站在一方，挑起武斗，挑动群众组织之间打内战。

对领导干部而言，只有促进三结合的义务，而不应挑起武斗对前一种慎重亮相的干部，我们应理解他们，但是若是领导干部真的看准了，就应该立即站出来。对干部亮相，主要是调查研究，威望不清他站了出来，你怎么和他结合，这义组织要给领导干部亮相创造条件，十几不×入义叫他检查。要了解干部就要做外调、调查他们的历史，要外调不要满天飞，有的红卫兵用外调代替串联。你们要做适当外调和交左联系开介绍信，当然最近要下文叫组织介绍信去外调不行，要外调必须通过地北交左联络站。若看档案可派可靠的党员干部到二级机关去看。

问：有的单位已经联合了就一个干部站出来，他思想里不怎么办。
要做思想工作，进行帮助。

2. 夺权审权问题

要通过大联合夺权，夺权又不易。最近中央文件社论大都是关于夺权问题。这是有所指的《中央文件是通过三个方向传达的，党内文件(R)中央通知(3)社论。红旗社论了现在有的组织有的人，上班看电影，你一提意见他说自己教育自己嘛！我们要抓革命促生产业余闹革命，现在的形势是大民主向集中过渡。如北京航空学院现在已签课，从革命带教学，到九月份就以教学为主了。大中学应是这个形势，工矿企业要抓革命促生产。

3．当权派定性问题：对当权派要做全面的阶级分析，要做调查研究，经群众讨论，报上级机关批准，否则不行，主要是从运动中犯的错误为主，运动从前的主要做参政，但也非绝对，有人要涉及的，有的人可以不涉及，刘少奇就涉及历史了（如大叛徒集团）在对待干部上，造反派要敢于解放一大片，打击一小撮。问题不大的不解放那干什么，该放的就放，该结合的就结合，你们不去解放，谁去解放，不要这也不放心那也不放心。

问：有的犯错误干部，群众组织叫他工作，叫他到生产中去，他不干，非得叫群众给他平反。苏反问：打成反革命了？答：没有，苏答，那平什么反，如果不是那么回事，给打成三反分子，走资本主义道路当权派，就这老老实实给平反。

问：我们单位保守组织要经书去外调，我们是夺权单位，我们卡他经书怎么办。

答：不要从经济卡大，但对夺权单位要注意这个事，不要外调满天飞，夺权单位还要注意，不要大写组织生产革命来来卫访大搞宣传车，运动一年了，斗争的形势应向高级发展，不要还用运动初期热烈的老形式来访一、二人最好，围党理论，一趟工厂来访的也是一两个人为宜天津一来好几十，要大力宣传节约开销。

问：公安发觉，河大八一八是革命组织吗？

答，对天津组织一个不评论，你们自己去评论，你们心里的自，我上面说的是有所指的，关于这两个组织内思的，郑三生讲话中模云过了。关于八二五问题，看谢铺达同志关于天工八二五的讲话。

问：有的半工半读学生分配到厂，干了几天一看不合适，又回分配单位，带领导的反，当权派又重分配，又不合适，又回来造反，当权派没立场又给予分配，这究怎么办？

答，这不对，不要用文化大革命搞个人利益。

问、关于目前又成立新的行业组织所不搞大联合，这个问题怎么看法？

答 文化革命到现在已一年多了，各单位有走资本主义道路当权派大部分都已揪出来，现在还成立新能组织，又不搞大联合，在目前不是运动初期，再这样搞是不对的，再重审一遍，我们承认天津的五代会，五代会以外的行业性和跨行业组织我们都不支持。

红色造反团翻印

六七七十八

中央接待站苏同志谈天津形势

时间：一九六七年七月二十四日下午1：30～3：30

接待人：苏文光同志

上访者：工代会华糖所造反团指挥部"拔誊丁"、"战海嘯"、"反妖魔"战斗组，及其他组织。

七月二十四日下午一点三十分，天津上访的有关单位，向苏同志提出了一系列问题，苏同志看了大家所提问题之后说："天津市文化大革命形势很好，有三派政治力量：一派是拥护、支持"五代会"、"三结合"的；一派是反对"五代会"、"三结合"的，主张"砸烂"、"改组"、"打倒"、"活埋"、"扒皮"的；一派是我也不拥护，我也不反对，持"慎重"态度。今天在座上访的也有三派。首先讲好，今天，你们之间没有辩论余地，你们同我也没有辩论余地。要辩论的话，你们同天津去辩论。"接着，苏同志说："我们是中央国务院接待站，我们就是宣传中央指示精神。因此，我们只能站在你们当中一派一边来回答问题。"

一、关于天津的形势

要回答这个问题，首先必须要回忆四月份中共中央、中央文革接见天津代表时的三次讲话。这是我回答问题的基础。

1.关于天津"五代会"、"三结合"的问题：

陈伯达同志四月份接见天津代表时指出："大联合的主流，革命"三结合"的大方向，基本上是应该肯定的。"

周总理四月份接见天津代表时指出："今后的处理方针，是在现有的基础上，加强、扩大革命的大联合和革命的"三结合"。"这就不是"砸烂"、"解散"、"改组"的问题啦。

陈伯达同志五月八日关于天工八·二五的讲话中指出："天津的部署是中央定的。"就是这么一句，同志们去考虑。

同志們來到这里，最关心的是从四月份以后到现在中央对天津"一五代会"、"三结合"，有没有新的指示，态度有没有改变。告诉同志们，中央直到现在仍没有新的、反对的、不同的、修改的意见。中央对天津"一五代会"、"三结合"的态度是明朗的，立场是坚定的，旗帜是鲜明的。"五代会"有缺点有错误，一分为二嘛。又是一个新生事物，不可能没有缺点、沒有错误。个别的造反组织没有进来，个别保守组织进来了，但他们正在整风。对保守組织中的群众，有的脱离了保守組织加入造反组织这是应该欢迎的，有的保守組织经过整风反戈一击，矛头揆正了，也用不着解散，这样的组织也是应該欢迎的。

天津夺权筹备小组，已經改名为天津政府委員会筹备小组。这是中央规定的，为了和全国統一起見。

李雪峰同志在文化大革命初期执行了刘邓的资产阶级反动路綫，但是已經做了检查，中央有了批示，中央认为检查是好的，诚恳的。中央和毛主席派他到天津，让他去找解学恭同志、胡昭衡同志、江枫同志和天津驻軍領导同志，共同去促进天津文化大革命的进行。李雪峰并没有去內蒙。

对李雪峰同志的错误，周总理說："要用惩前毖后、治病救人、团结——批評——团结的原则，要允許人家犯错誤，也要允許人家改正错誤；允許人家再犯错誤，也要允許人家再改正错誤。"从总理对李雪峰同志的态度說明李雪峰同志的問題是人民內部矛盾，不是"打倒"、"活埋"、"扒皮"……。不久前，总理在人民大会堂接見內蒙代表时，还表揚了李雪峰同志，在乌兰夫的問題上，李雪峰同志立了一天功。

七人小組成員是中央任命的。

江枫同志是好干部，无論从历史上和現在都没有什么問題。他在公安局没有掌握实权，是受万張反党集团排斥，打成"黑邦"的一个干部。

胡昭衡同志的問題，一句話，由天津四百万人民去識別。不过，有几个陈象请同志们考虑：

(1)胡昭衡同志至今还是七人小组成员，中央并没有撤去他的职务。在运动初期是被万张反党集团打成"黑邦"的干部。

(2)七人小组成员不许揪。大大八·一三会把解学恭同志揪到北京，总理没接见他们，让他们回去作检查。

(3)日本电子仪器展览会开幕式，让胡昭衡同志去剪来。六月二十日纪念毛主席《关于正确处理人民内部矛盾的问题》发表十周年大会胡昭衡同志出席了。当然这两个会都被搅掉了，这是另一码事。

七人小组其他成员如刘政同志没什么问题。把矛头对准刘政、江枫、胡昭衡都是错误的。

对天津的一些大的群众组织在这里不加评论。但是要看这个组织的方向，矛头对准的是谁，是不是对准刘邓、万张和本部门的党内走资本主义道路的当权派。天津只有"五代会"是既定的唯一权力机构，是中央承认的。其他横跨系统的组织以及工代会外的假工代会，都是违犯中央精神的，中央是不支持的。现在不支持，将来也不会支持。不能象魏、蜀、吴三国时期，各占山头，唯一的就是"五代会"。

2.关于天津驻军问题：

江青同志在接见天津代表时说："人民解放军满腔热情地做群众工作，爱护革命左派。""六十六军做了大量的工作。""天津驻军是最好的一支部队。"天津是北京的大门，中央能不派一支好部队去吗？六十六军是中央军委直接领导的。

陈伯达同志六月三十日对天津工作指示中指出："军队做了大量的工作，他们很辛苦，很谨慎。要支持军队，支持军队是大方向。"把矛头对准"五代会"，对准天津驻军是完全错误的。有的人根据内蒙驻军犯了错误，青海驻军犯了错误，西南驻军犯了错误，推想天津驻军也有问题，这是资产阶级逻辑的三点論。內蒙的犯了錯誤，青海的犯了錯誤，所以天津度量就犯了錯誤，这不对，这是唯心的。我們要具体問題具体分析。天津庭軍是好的，是支左的。最近武汉軍区犯了錯誤那是武汉的事。关于"换防"問題，什么六十六軍换防，北京三十八軍介入的傳单我們早就接到了，这是造謠，没这回事！中央不知道。軍队换防，只有毛主席、林付主席、中央軍委决定，这是軍机密密。如果换防，也是中央軍委下命令，也不由你来公布，何況沒有这回事！

3.关于武斗問題：

近来天津发生了一系列武斗。中央发了六·六通令，三令五申，七令八申，十六条也指出要文斗不要武斗。

三五二七是化工厂，担負主要的援越任务。一个好端端的工厂毁度坏了。三五二七厂事件已远远超出武斗范围。这样大规模的破坏来，肯定是有幕后操纵的，是有人策划的，是跑不了的。参加这一破坏事件的組織一定要分化，它違背了天津四百万人民的利益。

陈伯达同志七月八日指示中要由"五代会"組織群众去参观，这是又一次肯定"五代会"。

参观的人越多越好，借积教育人民。陈伯达同志的七·八指示对誰講的，指示中講的很清楚，是对受蒙蔽的群众講的。

一位老工人对他的工具箱都十分爱护，破坏了，心疼的了不得！一位农民对庄稼好象心肝一样爱护，何況一个好端端的工厂让人家給砸了，几个月不能恢复生产！

东西被抢走了，手表你戴上了，料子褲你穿上了，这是什么阶級感情！有的用七首、长矛……捅别人，为什么不去捅你自己，这是什么阶級感情！这是资产阶級感情，是损人利己的。这些家伙还想一个个毁坏掉工厂，你們要提高警惕！

三五二七厂破坏案是要严肃的按六·六通令去处理。什么"三五二七厂的凶手在北京被捕",我们不知道。

关于几个传单:

苏同志一边翻着,一边说:什么"陈伯达同志派他的秘书到天津作了五点指示啦",什么"周总理最近四点指示啦,还有三月九日四点指示啦",什么"周总理没隔、时、空三军到天津视察,接见了'反复辟'和天工八·二五是革命左派组织啦",什么"反复辟直接同陈伯达、康生同志汇报工作啦",等等,这都是鬼话,没有这回事!造谣,这是阶级斗争尖锐、复杂、激烈时的必然反映,这是可以理解的。考茨基和列宁辩论,辩论不过时,就要造谣,没有理了!列宁专门写了一篇文章《不要撒谎》,你们回去查列宁文选。

天津这样的传单很多,前一段不有个《山西来电》吗?还有什么"天津五、六月份要大屠杀、大逮捕,监狱都腾出来了",造得有时间、有地点,又是什么"林付主席命令",用这个来迷惑人。《山西来电》天津头一天晚上撒出来,第二天早晨我们都见到了,我们给辟了谣。什么大屠杀、大逮捕,现在已经七月了,事实天津并没有大屠杀、大逮捕嘛!监狱、警察、军队是国家三大专政工具。监狱腾出来了,你进去看了吗?以前这样传单不少,现在有,将来还会有。我们要用阶级分析的观点来分析这些传单。还有的说什么"中央受蒙蔽了,陈伯达同志受蒙蔽",党中央、中央文革都没有发现就你发现了?你比中央还高明?这种讲法,应该批判!

二、回答几个具体问题

1.关于什么叫"革",什么叫"保"的问题:

这个问题没有具体定义,不过有这么几点是要考虑的:

⑴是不是高举毛泽东思想伟大红旗,对毛主席的指示、林付主席的指示是不是坚决执行,是不是理解的执行,不理解的也要执行。比如李雪峰同志

的检查，中央有文件，毛主席有批示："李雪峰同志的检查是好的，态度是诚恳的。"这是最高指示吧！你是不是理解的也执行，不理解的也执行。

我们要听其言，观其行，不能看几个美妙名词，什么"毛泽东思想捍卫队"，什么"井冈山"。现在他不敢公开喊反动口号，所以有的就打着"红旗"反红旗。

(2)是不是坚决地贯彻执行党的方针政策。毛主席教导我们说："政策和策略是党的生命，各级领导同志必充分注意，万万不可粗心大意。"你是粗心大意了，你还是注意了。六·六通令，中央三令五申，七令八申，北京市革命委员会重要通告公布了，可有的就执行，有的就不执行。

(3)是不是紧跟中央精神。中央的指示政策，一上来还是先怀疑，先反对，还是理解的、不理解的都坚决执行。报纸上署名任立新的文章大家要注意，好好看。

(4)是不是站在毛主席的革命路线一边。

(5)大方向是否正确。矛头对准的是谁，是刘邓、万张和本单位走资本主义道路的当权派，还是对准别的。

(6)对待犯错误的态度。犯了错误是不是敢承认，敢改正，改了就好嘛！陈伯达同志五月八日对天工八·二五的讲话指出了八·二五的错误，你改了没有？

2.关于外调干部的问题。

中央最近有个文件，可能都拨下去了吧！对"三结合"的或者打倒的干部都可以调查，通过当地公安局军管会，支左联络站，要派政治上绝对可靠的党员、群众。对领导干部执行了一段资产阶级反动路线，认识了检查就行了。厂长书记都可解放，但并不是把走资本主义道路的当权派也解放出来。经过详细调查，历史上确实没有什么问题，就可以解放。如果是人民内部矛盾问题就要采用惩前毖后、治病救人，团结——批评——团结的方法，如果矛盾就要打倒，就要夺权。

3.生产班子的问题：

夺权的地方要有两套班子，一个抓生产，一个抓革命；没有夺权地方，要成立临时生产第一线指挥部，负责抓生产。

4.四清上台干部问题：

四清上台干部，有的是好的，有的是一般的，有的是坏人，不能一概打倒，要具体问题具体分析。天津南郊四清的案是不能翻的，要搞王瑞军。

5.“天津政法公社”的问题：

“政法公社”的案不能翻，也翻不了。

一·二〇夺权是反革命夺权。

问题都回答完了。最后告诉大家，我上面讲的，你可以听，你也可以不听。一个人的政治立场、政治态度，要由自己去选择。

工代会华北局造反团总指挥部“拔毒丁”、
　　　　“战海塘”、“驱妖雾”整理
天津驻军支左联络站接待组翻印
　　　　　一九六七年八月一日
国印毛泽东思想无产阶级革命造反派红色联
　　　　合指挥部转抄
　　　　　一九六七年八月十四日

走訪 　中共中央办公厅
　　　　国务院秘书厅　文化革命联络站

时間：１９６７年６月２０日上午８：３０～１１：２０

接待人：張同志（解放軍）

上訪記要：

問：对天津五个代表会如何看：

答：概括說，天津形势很好，和全国一样。１９６７年４月１０日中央首长接見五代会代表时，陈伯达同志讲：“天津大联合的主流、革命的“三結合”的大方向，基本上是应该肯定的。但不是排除缺点錯誤。人民解放軍六十六軍，在天津做了很好的大量的工作。他們工作促进了天津市无产階級文化大革命秩序的建立，促进了各革命派的大联合，促进了城乡社会主义生产的稳定和发展。”解放軍支左工作是建軍史上第一次，沒有經驗，要看主流，可能产生这样或那样缺点錯誤。在游泳中学会游泳嘛！有的还不会游，有的还会喝几口水。陈伯达同志讲：“大方向是正确的，并不等于沒有曲折，沒有缺点和錯誤”。一个組織一点缺点錯誤沒有不可能。运动一开始，就說有反复。十六条中第二条主流和曲折中不也是提到有反复嗎？在大海航行中，有大风大浪。遇到暗礁还得繞过去。天津“三結合”八天开了五代会，比較仓促，后来想办法弥补了。

涉及到李雪峰，做为天津斗爭的焦点，內战很激烈。李雪峰同志問題，在那次会上也做了自我批評。陈伯达同志讲：“李雪峰同志在工作中有缺点錯誤。群众的批評有很多合理的东西。我認为李雪峰同志应该欢迎这些有益的意見。同时我們应该指出：“天津的主要矛盾是革命群众同万、张反党集团，斗爭的鋒芒应该針对万、张反党集团，而不是針对李雪峰同志”。可以学习一下５月１９日《紅旗》評論員文章和６月１日社論《伟大的战略措施》。

411

其它矛盾是次要矛盾。在无产阶级专政下，首先弄清谁是主，谁是次，誰的命。在无产阶级专政条件下，革命的对象就是党內一小撮走資本主义道路的当权派。十六条不也說这次运动的重点是整党內的走資本主义道路的当权派嗎？两个阶级的斗爭，是你死我活的斗争。两种意識形态的斗爭产生两条路级的斗爭。因此现在主要是广大革命群众对党內一小撮走資本主义道路当权派的斗争。6月1日社論讲到为什么說聂元梓等七人的大字报是馬列主义的大字报？主要是因为他們把矛头指向党內走資本主义道路的当权派。

人民日报前几天有篇社論讲到什么是"是"，什么是"非"？大"是"就是把矛头对准党內一小撮走資本主义道路的当权派。違背了这些就是"非"。比如人家搞党內走資本主义道路的当权派你破坏，人家搞大联合你破坏，这是錯誤的。

当前运动是大批判，大联合，你们应对准党內头号走資本主义道路的当权派，对准万張反党修正主义集团，对准他們伸进你們单位的黑手。出现了許多英雄，王杰、刘英俊、蔡永祥等。这个軍队經得起考驗。天津有人指着解放軍鼻子罵"打倒李雪峰，气死保皇兵"。解放軍不怕罵。有些人从解放軍头上搭跳板跳过去，压伤了二、三十人。解放軍一动不动。解放前国民党反动派兵，你敢这样嗎？

我們的解放軍是理解群众心情的，造反派的心情的。解放軍报不是指出"坚持好的，改正錯誤，早改早'主动'嗎？"因此，解放軍如果有缺点錯誤，对待人民子弟兵要邦助他們改正。为了无产阶级专政而热爱解放軍。

你們想想，哪个国家敢搞这場文化大革命，哪个社会主义国家敢搞？部长、总理的大字报都上了街，哪个国家行？

正如林彪副主席讲的："这是不上課的上課，不考試的考試。比上二、三十年的課强。"

现在出现"打、砸、抢"，中央首先很气愤，这不是搞革命，而是搞票！什么"謝副总理算老几"！就是他算老大，一点沒有无产阶级专政样子。

对于无政府主义，近日发表了毛主席的《关于正确处理人民内部矛盾的問題》一文，有些組織胡搞乱搞，就是不按党中央毛主席的指示搞。就他算老大。我們早就說过："集中指导下的民主，有愿学的自由。民主沒有集中。你愿意把誰的胸袋揪下来就揪下采。"还說："造反有理"，你造誰的反！？

現在最大的問題是联合不起来，打內战。5月19日"紅旗"評論員文章說："左派群众組織和認識不滿而参加保守組織的群众的关系，是人民內部矛盾，而不是敌我矛盾"。任何时候都有先进落后之分。哥三儿回到家里观点还可能不一致呢！5月19日評論員文章說："他們起来造反揪轉了政治方向，反扑一戈，把斗爭的矛头指向党內一小撮走資本主义道路的当权派，同样应当表示欢迎，同样不应当歧視他們"。不能像对阿Q。不能說："老子比你先造反，你靠一边站"。早晚得联合，当然得有原則的联合。現在不联合起来的关鍵是什么？可学习6月12日文汇报社論"正确地对待自己"。你得相信群众，人家是贊扬你，你起要謙虚、謹慎，不能沾沾自喜。毛主席教导我們："我們要当群众的小学生"。不能以为自己强，把原来官气十足的当权派打下去，你又是摆官架子，将来人家还是要打倒你的。不能固步自封，驕傲自满。有些組織挑别人毛病，能挑几卡车，而找自己缺点什么也沒有。上海魯迅兵团很好，严格要求自己。不能因"造反派有一点缺点就抓住不放"也不能把改掉保守的讓他們"靠边站"。上海东方紅造船厂（六月十五日报紙）經驗可以学习。人家反戈一击你用老眼光看問題不行。为什么有紀念毛主席的《关于正确处理人民內部矛盾的問題》发表十周年的今天，又重新发表了这个光輝文献，可以好好想想。要用毛主席提出的共产主义接班人的五个条件来衡量自己，不但要团結和自己意見相同的人，而且要善于团結那些和自己意見不同的人，最难的是要善于团結那些反对过自己并且正被实踐証明是犯了錯誤的人。

象肚子只装下一个小乒乓球还行？都能用毛澤东思想武装起来，任何事情就好办了。

有的受黑修养流毒很深，有保守思想，守旧，必須肃清这些影响。

有的过去是很好的阶級弟兄，結果現在互不說話，甚至打架，这是资产阶級反动路綫造成的。

紅旗四期社論中引用了毛主席的話："只要不是反党反社会主义而又坚持不改和累教不改的，就要允許他們改过，鼓励他們將功赎罪"。

李雪峰同志是党中央派去的！毛主席派去的！李雪峰同志过去犯了执行资产阶級反动路綫的錯誤，但做了检查，毛主席認为他的检查是好的，誠恳的，因此毛主席派他去天津。毛主席認为他还是回到了无产阶級革命路綫上来，回到毛主席身边。当然到天津不是一点缺点錯誤沒有，但还是人民內部矛盾，应本着"有則改之，无則加免，惩前毖后，治病救人"的原則。

前些日子，中央文革成員接見华北局的两派（打倒李雪峰的和支持李雪峰）时，明确告訴他們，李雪峰不是打倒对象。同时說，有缺点可以提出来。但李雪峰揭发了內蒙古問題，揭发了三反分子乌兰夫的問題，立下了很大功勞。

李雪峰在天津工作中的缺点，只是人民內部矛盾，在4月13日接見至今，中央仍是这个看法。

关于胡昭衡同志的問題，中央不是不知道。"叛徒"这不是小事，不能輕易說。这是涉及到一个人的政治生命。因此，对一个人的政治生命不能輕易下結論。如果揭发某个人是叛徒，应先把材料上报中央，中央批准才能公开。如果出很多叛徒，那又怎么体現我們的党是光荣的、伟大的、正确的党呢？这样做的結果，对我党造成极坏的影响。事情沒有搞清楚之前，不能上街。也要防止对干部陷害。有些材料未証实，暴露給敌人，敌人是願意你出多少叛徒的。因为你大字报一出去，就定性了，他們把大字报拍照下来，苏修、日本、美帝国主义等帝修国家就馬上报导出去，影响极大。所以中央对这样的問題要慎重处理。天津揭发的胡昭衡問題，是19岁的事情，还没入党，还不是叛党嘛！象中央指示华北局主要矛头对准李立三，李立三那个老說李沙才是个大特务，现在正在搞她。

关于江枫同志沒有听到什么反映。

問：对天津駐軍怎么看？

答：林彪副主席說："我們支持左派。首先应該从思想上支持。""要站穩立場，站穩革命的无产阶級立場。""堅定不移地站在左派这一边。"我們的矛头不能指向解放軍。林副主席領导的軍委，一直高举毛澤东思想伟大紅旗。

問：至今还打、砸、抢，他不执行六六通令怎么办？

答：中央的六六通令，任何人不能对抗。中央最近指示軍队不能再突破通令了。北京刹住了这个风。首要分子要依法懲办，不能消遙法外。对专政对象，大民主不給他，小民主也不給他。你們不能"老虎睡觉高枕无忧"。

問：軍管会拘留人，有的要求释放，有的靜坐示威，您怎么看？

答：靜坐就靜坐吧！北京不也拘留人嗎？党中央有令，三令五申，党中央是毛主席的党中央，你不相信，还相信什么。有人反映过砸天津北站調度室拘捕2人的事，拘捕两人是中央批准的。他們造成行車二十四小时，給国家帶来多大損失！当然不冤枉一个好人，但是决不放过一个坏人。

問：天津几个布告，經过中央嗎？

答：都是經过中央批准的。特別是砸北站調度室。

問：有人說李雪峰是万張后台，必須打倒李雪峰，才能打倒万張？必須改組五代会，您怎么看？

答：从大方向上講，现在是搞大批判，大联合，三結合，違背了这个大方向不行，抓住主要矛盾，掌握斗爭大方向。

問：有人說天津市批斗李立三，是轉移斗爭大方向，您怎么看？

答：一般講天津斗爭大方向是万張，李立三由华北局来批，如果李立三与万張有联系，可以批斗，关于天津批斗李立三問題，已向中央彙报。是否轉移大方向，中央沒說过。

問：如何对待天津打內战問題？

答：今天重新发表了毛主席的光輝文献《关于正确处理人民內部矛盾的

問題》我們要抓住主流抓本質，用唯物主义观点。保守組織可以轉变的。不能用形而上学的方法看問題。

問：过去保守，后来反戈一击了，牢牢掌握大方向，可否算无产阶级革命造反組織？

答：可以，河北大学毛泽东思想八一八红卫兵不就是这样嗎？

問：过去造反，后来矛头指向群众了呢？

答：不能算造反組織，吃老本不行。还可以轉化成保守組織么？

問：王效禹文章怎么看？怎么对待保守組織？党团員多的是保守組織嗎？

答：我們这以中央首长講話为准。王效禹是个人看法。对保守組織不能形而上学的看問題？片面看問題，只看現象，不看本質和主流。他們是属于认識問題，保守組織絕大多数是受蒙蔽的。我們的党团員絕大多数是好的，有个别的表現不好。

問：什么是革命造反組織？什么是保守組織？

答：人民日报4月12日登的"贵州军区部队支持无产阶级革命派夺权的体会"上左派的特点是坚决拥护毛主席，对毛主席有深厚感情，能掌握斗争的大方向，斗争矛头始终指向党内一小撮走资本主义道路当权派，其主要領导成員是无产阶级革命派，他們敢想敢說，敢冲，敢闖，敢于批判旧世界，有强烈的革命造反精神。

保守組織正相反，执行资产阶级反动路线，又不去批判，对党内走资本主义道路的当权派不揭发，或者实再混不过去了，用假像蒙蔽群众，这是保守組織。这个組織里面的群众大都是受蒙蔽的。

天津市六六联絡站上訪小組

1967年6月24日

六、六分站　国印紅联轉抄

1967年6月28日

国务院文革接待室回答

—————— 关于十六条中的一些疑难问题 ——————

一、问：斗、批、改有什么不同？

答：一般说斗是敌我矛盾，批是人民内部矛盾（一般情况下）。斗对被斗者在会上有压力，被斗的发言扠不那么自由。批可以发言。戴高帽子、挂牌子、剪头发、跪着、弯腰，都是刘邓的卫化。不是中央的政策，要在政治上思想上解决问题，让他们心服口服。

二、斗、批完了如何处理？

答：最后处理要根据他的性质，和他对问题的态度。

三、我们的目的斗垮走资本主义道路的当权派，包括不包括党外？为什么主要在党内？

答：斗争走资本主义道路的当权派，包括党外的，党外不是不整，有的要同时处分。主要在党内因为当权派大多数是党内。

四、当权派是指什么？室一级的干部算不算当权派？

答：中央司、局长以上的干部都是当权派。你们院校中央机关也是一样。主要指院校领导干部。室一级的领导干部一般执行院的指示，起小贩的作用，现买现卖。

五、土改时是阶级矛盾是敌我矛盾，现在对待敌我矛盾与当时斗地主有什么区别？

答：每个运动都有他的历史背景，社会的发展是螺旋形式上升的，有些斗地主的形式不完全同于现在。

六、什么叫革命干部？

答：这要靠群众公认，除去右派分子的干部就是革命干部。

七、对有错误而又愿意改正的同志应怎样放下包袱参加战斗？

答：有错误检讨得好，就是放下包袱，积极参加就是参加战斗。

八、什么叫左派？

答：工农兵、革命干部和革命的知识分子是文化革命的主力军，但不能算左派。左派是主力军中的骨干和核心。左派是党和群众公认的，在斗争中发现的。

九、第五条中"集中力量打击一小撮极端反动的右派分子、反革命修正主义分子……"修正主义前面为什么加上反革命三个字？右派分子和修正主义分子有何区别？

答：加反革命三个字是提得高。右派分子和修正主义分子从广义上讲是共性的，但修正主义分子是打着红旗反红旗，右派分子是公开反党的。

十、与第三类干部矛盾是什么矛盾，用什么方法对待？

答：是人民内部矛盾，用团结——批评——团结的方法去解决。

十一、在运动中领导出现错误怎么办？

答：运动中领导干下出现了错误大多属于好心救了坏事，想革命不会革命。老革命遇到新问题不是立场问题，在运动中犯了错误要和运动前联系起来看，要看他是不是右派，是不是黑帮，要区别对待。

十二、对右派分子如何给出路？

答：右派分子能检查彻底，认罪，给他劳动的工作的机会，就是给出路。

十三、苐九条（十六条）中"……共产党的领导……"具体是怎样体现？

答：如果支下是好支下，文革组织可以让支下领导，体现党的领导，是正确贯彻执行党的方针政策和毛主席的指示。

十四、批判资产阶级反动学术权威是指人反动，还是指学术反动？

答：当然是指人啰！反动学术权威主要反映在政治上，比如北航学院有一个航空"霸王"，就是批判这样反动学术权威，他有系统的修正主义教学纲领。

十五、什么是反动的学术权威，什么是具有一般资产阶级学术思想的人？

答：反动是具有一套系统，十七年来拒不接受改造，拒绝党的方针政策，站在反动的立场想要"改造"党，"改造"周围环境，这是敌我矛盾，一般的学术权威是指旧思想的影响，旧意识，有糊涂观念，你们单位如果有反动的学术权威，就没有。就批判旧的思想意识破"四旧"立"四新"。

十六、苐十三条中的一般工作人员是指什么人？

答：是指行政人员即一般工作干下，苐十二条与苐十三条中的"不论在……都不许用任何借口壁社员群众"及十六条中苐七条"大学、专科学校、中学和小学学生中的问题一律不整为了防止转移斗争主要目标，不许用任何借口去挑动群众斗群众，……"联系起来。

十七、什么叫"里通外国"？

答：指间谍活动。

十八、"团结——批评——团结"公式中的批评是包括斗争的，这个斗争与斗争倒走资本主义道路当权派的斗争有什么不同？

答："团结——批评——团结"的公式是包括斗争的，但以团结的愿望出发，是人民内卩矛盾。

十九、对有贡献的科学家应怎样保护？

答：科技大学要斗华罗庚就要保护。

二十、有贡献但反动的科学家，要保护吗？

答：这个问题没有中央有解释。不作具体回答。具体问题具体分析，由上级党委解释。

二十一、苐十二条中苐二句中"他们"是指谁？

答：指有贡献的好科学家。

答：文革是管文化革命的权力机构，生产方面由行政方面指定。比如：院长、部长、总理都是行政方面。

二十三、请谈一谈民主集中制如何贯彻？

答：应全面贯彻民主集中制。现在民主多了一些，在一个時期内这样作还是必要的。

二十四、什么是牛鬼蛇神和黑帮？

答：牛鬼蛇神是指地富反坏右的既低叫法。黑帮也就是右派分子。

转抄北京师大中文系一二班"红浪"战斗组

毛泽东主义第一学校

首都共产主义红卫兵翻印

天津井岗山中学毛泽东思想红卫兵翻印

天津市工农学荣复转退革命军人

战斗兵团卫东第二大队翻印

1967年1月13日

中共中央关于中学无产阶级文化大革命的意见

（供讨论和試行用）

一、中学（包括中等专业学校、半工半读、半农半读等学校）的无产阶级文化大革命，必须坚决执行以毛主席为代表的无产阶级革命路线，彻底批判资产阶级反动路线。按照中共中央关于无产阶级文化大革命的决定进行斗批改。中学校（包括一九六六年应当毕业而尚未毕业的学生）停止外出串联，一律复校。外出串联的一律回校，就地闹革命，另行加强军事性、科学性和组织纪律性，中学师生要认真地搞好四个月的军政训练。

二、要让革命的青少年学生无产阶级文化大革命的先锋，红卫兵组织应该在运动中整顿、巩固和发展。经过无产阶级人民群众（工农兵、革命干部和现役过来）出场的革命师生为主体，非无……群众也有学生，对毛主席特殊感情，对无产阶级的革命精神，一贯在政治思想上表现比较……的……

三、在学校中凡成立反动组织，如反动、红色恐怖这类反革命一律解散。对于受蒙蔽而参加过……的……要加强思想教育……才能坚持下去。在中学无产阶级革命派大联合的基础上，由革命学生、革命职工和现任革命干部民主选举文化革命委员会，去领导学校的文化大革命，并尽可能安排上课，搞好师生生活。一时可能选不出，可由各方面代表协商，成立一个临时领导机构。

四、中学课业和文化大革命紧密结合，认真学习毛主席著作，学习党中央关于文化大革命的文件，批判资产阶级的教育方针和教学制度，并在必要时间复习数学、物理、化学、外語和各种必要的常识，在农忙时，可以放假，可同时地组织师生参加劳动，向贫下中农学习。坚持国家生产任务的半工半读的学生，照此进行。

五、对破坏批斗和提问题的革命学生和革命的教职员工进行打击报复，对在文化大革命初期……打成反革命……少数的革命学生、革命教职员工，必须一律平反。中学的教员和干部大多数是好的……此教育、允许排除不……和一切……都是无产阶级文化大革命，坚决反对群众斗群众。群众之间的不同意见，要采取摆事实、讲道理……坚持文明斗争，并把错误者，要按照毛主席"惩前毖后、治病救人"的方針，积极地教育和帮助他们改正错误，同以毛主席为代表的无产阶级革命派团结起来。

六、整顿和清理教师队伍，对教职员工中坚持反动立场不接受改造的地、富、反、坏、右分子（是指本人，不是家庭出身）清查出去，但是对于学校的坚持反动……凡是忠诚执行毛主席"紧紧围着革命"的教师、革命的教职员工，对学校的设备勿须动手进行全面维修，对破坏国家财产者，分别轻重，調动教育以纪律处分，并酌情赔偿。

本文件可在全国城乡和中学中张贴。

一九六七年二月十九日

（中发（67）59号）

陈伯达同志講話

一九六七年二月六日与师大一附中620北京人……集……纪录

一、关于复课问题，初中下学期复课，高中七年级要復課，大学正在研究，可以半天上課，半天搞文化大革命。

可以通过复課把同学組織起来，认真……批判资产阶级反动路线，同时进行斗批、改。現在的涣散状态对你们很不利。

二、关于长征，……长征不一定搞了，你们是搞时间不……长着呢！

三、关于联动的錯误在于搞恐怖活动，他们早期的红卫兵大破四旧曾过一定的功劳，但后来走向反面，希望他们不要搞恐怖，过去搞的只要教育、教育就好了。联动分子可以让他们回校，不要哄他们，让他们安下心来，思想转变要有个过程，不要一棒子打死，不要开始就定商調子。

毛主席的十点要求

一、要忠诚老实，不要虚伪欺骗和投机取巧，更不要媚上压下，要用正确态度对待上级。

二、要有大无畏的精神，不要盛气凌人，好为人师，以为自己了不起，聪明伶俐把别人当做愚人！

三、态度和穆大方、热情，不要小头小脑。

四、肥量要大，受得住委屈，誤会，对非原则问题能够让步，不要过分敏感。

五、好胜心不要太强、风头露出，不要任何地方都露出你的鋭气，来表现自己。

六、說話要注意言詞方法及场合，不要认真直爽。

七、要善于照顾别人的痛苦及困难，需要从政治上帮助别人。

八、活泼严就适当運用，过分严志便成果板、冷酷孤僻，过分活泼就成为轻浮、浪漫和幼稚。

九、要有高度修养性，不要冲动意气，用事代替意愿。

十、要理智和实践的成……用，不要光动不做，不要光檢查不……

中国人民伟大的无产阶级革命家、杰出的共产主义战士周恩来同志永垂不朽！

周 恩 来 同 志 遗 像

421

周 恩 来 同 志
为共产主义事业光辉战斗的一生

周恩来同志是中国共产党的优秀党员，是中国人民伟大的无产阶级革命家，是中国人民的忠诚的革命战士，是党和国家久经考验的卓越领导人。

周恩来同志忠于党、忠于人民，为贯彻执行毛主席的无产阶级革命路线，争取中国人民解放事业和共产主义事业的胜利，英勇斗争，鞠躬尽瘁，无私地贡献了自己毕生的精力。在毛主席的领导下，周恩来同志对建设和发展马克思主义的中国共产党，对建设和发展战无不胜的人民军队，对夺取新民主主义革命的胜利，创建社会主义的新中国，对巩固工人阶级领导的以工农联盟为基础的各族人民的大团结，发展革命统一战线，对争取社会主义革命和建设事业的胜利，争取无产阶级文化大革命和批林批孔运动的胜利，巩固我国的无产阶级专政，对加强国际革命力量的团结，反对帝国主义、社会帝国主义和现代修正主义的斗争，都作出了不可磨灭的贡献，建立了不朽的功绩，受到全党全军全国人民的衷心爱戴和尊敬。

周恩来同志的一生，是为共产主义事业光辉战斗的一生，是坚持继续革命的一生。他是我们全党全军全国人民学习的榜样。

中国人民伟大的革命战士周恩来同志和我们永别了。我们要化悲痛为力量，在毛主席为首的党中央领导下，团结一致，以阶级斗争为纲，认真学习无产阶级专政的理论，坚持党的基本路线，坚持无产阶级专政下的继续革命，坚持毛主席的革命外交路线和政策，巩固和发展无产阶级文化大革命的胜利成果，为巩固无产阶级专政，反修防修，为把我国建设成为社会主义的现代化强国，为共产主义事业的胜利而奋斗。

团结起来，争取更大的胜利！

一九一九年五四运动时，
周恩来同志在天津。

一九二〇年至 九二四年，周恩来
同志先后到法国和德国勤工俭学，在旅
欧的中国学生和工人群众中宣传马克思
主义。 九二二年，周恩来同志加入中
国共产党，担任中国共产主义青年团旅
欧总支部书记，并在中国共产党旅欧总
支部工作。

一九二四年至一九二六年，周恩来同志先后担任中共两广区委员会委员长、黄埔军校政治部主任、国民革命军第一军政治部主任、中共两广区委员会常委兼军事部长。

一九二四年十月至一九二五年十月，周恩来同志参与中国工农红军胜利完成二万五千里长征的组织领导工作。这是在陕北时留影。

九四五年，毛主席和周恩来同志在延安。

一九三六年十二月西安事变发生，周恩来同志作为我党的全权代表，同被逮捕的蒋介石进行了谈判，在谈判中，坚决执行毛主席的方针，迫使蒋介石停止内战，实现了西安事变的和平解决，促成了抗日民族统一战线的形成和发展。这是周恩来同志从西安回到延安时在机场留影。

抗日战争时期，周恩来同志任党中央的代表，长期驻在国民党政府所在地重庆，临危不惧，坚定地执行了毛主席的方针，对国民党消极抗战、积极反共的反革命政策，进行了英勇的斗争。这是周恩来同志在重庆曾家岩五十号中国共产党代表团驻地。

一九四七年二月蒋介石军队大举进攻陕甘宁边区时，周恩来同志跟随毛主席留在陕北，参与人民解放战争的领导工作。

一九四九年二月，周恩来同志在中国共产党七届二中全会上。

一九四九年九月，周恩来同志在中国人民政治协商会议第一届全体大会上。

一九四九年十月 日，周恩来同志在天安门城楼上参加庆祝中华人民共和国成立盛典。

427

一九七〇年八月，周恩来同志在中国
共产党九届二中全会上。

周恩来同志坚持无产阶级专政下的继续革
命，为争取无产阶级文化大革命的胜利，建立了
不朽的功绩。

　　一九七三年八月　十四日，
周恩来同志代表中国共产党中央
委员会，在中国共产党第十次全
国代表大会上作政治报告。

　　九七四年九月一十日，
周恩来同志在庆祝中华人民共和国
成立二十五周年的盛大招待会上致
祝酒词。

一九五八年六月，周恩来同志在北京十三陵水库工地参加劳动。

九七五年 月，周恩来同志在中华人民共和国第四届全国人民代表大会第一次会议的小组会上。

一九六六年十月，周恩来同志在北京接见石油战线先进单位代表时，同大庆油田的"铁人"王进喜亲切握手。

一九六五年五月，周恩来同志访问山西昔阳县大寨大队。

周恩来同志和解放军战士在一起。

一九五五年
四月，周恩来同志
代表中华人民共和
国出席在印尼万隆
召开的首届亚非会
议。

一九六一年十 月至
一九六四年二月，周恩来同志
在陈毅同志陪同下，访问了阿
尔巴尼亚以及非洲十个国家、
亚洲三个国家，进一步加强了
中国人民同这些国家人民的友
谊和团结。周恩来同志、陈毅
同志结束访问回到北京时，受
到首都群众的热烈欢迎。

一九六四年十一月，周恩来同志率领中国党政代表团，参加苏联十月社会主义革命四十七周年庆祝活动期间，坚决回击了苏修叛徒集团对我党的恶毒攻击，捍卫了马克思主义、列宁主义、毛泽东思想。周恩来同志从莫斯科回到北京时受到首都人民隆重热烈欢迎。

周恩来同志在办公室工作。

《文革史料叢刊》六冊

李正中編著

第一輯共六冊，圓背精裝
ISBN：978-986-5633-03-5

文革史料叢刊　內容簡介

　　《文革史料叢刊第一輯》共六冊出版了。文革事件在歷史長河裡，是不會被抹滅的，文革資料是重要的第一手歷史資料。其中主要的兩大類，一是黨的內部文宣品，另一是非黨的文宣品，本套叢書搜集了各種手寫稿，油印品，鉛印文字、照片或繪畫，或傳單、小報等等文革遺物，甚至造反隊的隊旗、臂標也不放過，相關整理經過多年努力，台灣蘭臺出版社出版《文革史料叢刊》，目前已出版第一輯六鉅冊，還在陸續出版中。

第一冊	頁數：758
第二冊	頁數：514
第三冊	頁數：474
第四冊	頁數：542
第五冊	頁數：434
第六冊	頁數：566

9 789865 633035
古月齋叢書 3　定價　20000元

蘭臺出版社書訊

第一輯（六冊）目錄

前言：忘記歷史意味著背叛　李正中

序言：中國歷史界的大幸，也是國家、民族之大幸　張培鋒

第一冊：最高指示及中央首長關於文化大革命講話

　　最高指示

　　中央及有關負責同志關於無產階級文化大革命講話（二種）

第二冊：批判劉少奇與鄧小平罪行大字報選編

　　揭發批判劉少奇反革命主義罪行大字報選編（四種）

　　劉少奇鄧小平反社會主義反毛澤東思想的言論摘編

　　劉少奇在經濟方面的反革命修正主意言論摘編

　　紅砲兵——批臭黑《修養》

第三冊：劉少奇與鄧小平反動言論彙編

　　打倒鄧小平（農村版）

　　反革命修正主義分子鄧小平罪惡史

　　劉少奇鄧小平資產階級反動史學言論匯編

　　劉少奇鄧小平反革命黑話簡編

　　劉子厚反黨反社會主義反毛澤東思想黑話集

　　任白戈三反言行五百例

　　安源工人運動的歷史不容顛倒

　　以革命大批判推動鬥批改

第四冊：反黨篡軍野心家罪惡史選編

　　反黨篡軍野心家羅瑞卿罪惡史

　　反黨篡軍野心家賀龍罪惡史（二種）

　　憤怒聲討大軍閥大野心家朱德（大字報選編）

　　打倒李井泉（二種）

　　李井泉鬼魂東行記

第五冊：文藝戰線上兩條路線鬥爭大事紀

　　高舉毛澤東思想偉大紅旗

　　反革命修正主義分子胡喬木罪惡史

　　胡喬木的《三十年》必須批判

　　文藝戰線上兩條路線鬥爭大事紀1949~1967

　　江青同志關於文藝工作的指示彙編

　　十七年來出版工作兩條路線鬥爭大事紀1948~1966

　　三反分子侯外廬材料選編

　　《高教六十條》的出籠

第六冊：文革紅衛兵報紙選編

　　挺進報、文藝紅旗報、魯迅、紅太工、革命造反等報刊。

書款請匯入以下兩種方式

銀行
戶名：蘭臺網路出版商務有限公司
土地銀行營業部（銀行代號005）
帳號：041-001-173756

劃撥帳號
戶名：蘭臺出版社
帳號：18995335

100 台北市中正區重慶南路1段121號8樓之14
TEL：(8862) 2331-1675 FAX：(8862) 2382-6225
E-mail：books5w@gmail.com
網址：http://bookstv.com.tw/